森林親和運動としての木育

ものづくりの復権と森林化社会の実現

田口浩継
Hirotsugu Taguchi

九州大学出版会

森林親和運動としての木育
―― ものづくりの復権と森林化社会の実現 ――

Ⓒ 2010 熊本県 くまモン #K25195

目　次

序　章　森林に関する問題と関心……………………………… 1
- 第1節　森林問題と人間との関係回復……………………………… 1
- 第2節　森林と人間の関係性から見た問題構造…………………… 5
  - 2.1　生活・農業の完全依存期／2.2　近代産業と戦後復興への活用期／
  - 2.3　林業変動と生活との遊離期／2.4　林業衰退と生活との隔離期
- 第3節　森林化社会の概念…………………………………………… 15
- 第4節　森林化社会を目指す運動…………………………………… 18
  - 4.1　日本における森林保全運動／4.2　森林親和運動
- 第5節　研究の方法と本書の構成…………………………………… 22

第1部　森林化社会と森林を取り巻く現状

第1章　森林を取り巻く現状……………………………………… 29
- 第1節　カネ・モノを優先した時期（1960年代中期～1970年代）…… 30
  - 1.1　公社の設立と拡大造林／1.2　林道網の拡充／
  - 1.3　林業補助金制度の実態
- 第2節　カネ・モノをめぐる役割対立期（1980年代）……………… 33
  - 2.1　知床問題／2.2　「森は海の恋人」運動／
  - 2.3　「森林の公益的機能」への主張の転換
- 第3節　ヒト・クラシへの着目期（1990年代～現在）……………… 40
  - 3.1　資源がありながら輸入に頼る構造的矛盾／

3.2　森林を守るヒトの視点の欠如／3.3　生活技術の総合性の欠如／
　　3.4　自然と共生する力の欠如

第2章　木育活動の生成 ……………………………………………… 47
第1節　北海道木育推進プロジェクト ………………………………… 47
　　1.1　木育の生成の経緯と理念／1.2　北海道での木育の取組み
第2節　林野庁の木育 …………………………………………………… 50
　　2.1　木育の生成の経緯と理念／2.2　木育の位置づけと取組み／
　　2.3　林野庁における国産材の利用拡大のための木育以外の取組み
第3節　木育の現状と整理 ……………………………………………… 58
　　3.1　北海道の木育と林野庁の木育の比較／3.2　木育事業の推移と現状／
　　3.3　まとめ

第3章　木育活動の課題 ……………………………………………… 65
第1節　児童期の生活体験の不足 ……………………………………… 65
　　1.1　はじめに／1.2　調査および調査方法／1.3　結果および考察／
　　1.4　おわりに
第2節　ものづくり体験の不足 ………………………………………… 78
　　2.1　はじめに／2.2　熊本県におけるものづくり教育の状況
第3節　森林環境教育の課題 …………………………………………… 86
　　3.1　学校教育と森林環境教育／3.2　児童の環境意識／
　　3.3　小学校学習指導要領との関連／3.4　学校教育における課題／
　　3.5　社会教育における森林環境教育の課題

━━━━━━━━━━━━　第2部　森林親和運動としての木育　━━━━━━━━━━━━

第4章　森林親和運動としての木育の生成と展開 ……………… 97
第1節　正統的周辺参加論による木育のモデル化 …………………… 97

目　次

　　1.1　正統的周辺参加論／1.2　正統的周辺参加論の木育への導入
　第2節　熊本ものづくり塾 …………………………………………………… 102
　　2.1　はじめに／2.2　熊本ものづくり塾の生成／
　　2.3　熊本ものづくり塾の主な活動内容／2.4　主な構成員／
　　2.5　活動・運営が拡大した要因／2.6　まとめ
　第3節　くまもとものづくりフェア（子どもの木育）………………… 115
　　3.1　はじめに／3.2　熊本県におけるものづくり教育の状況／
　　3.3　生活農業論を導入した木育／
　　3.4　くまもとものづくりフェアの立ち上げ／
　　3.5　2010年度からの連携体制／3.6　まとめ
　第4節　木育推進員養成講座（大人の木育）……………………………… 123
　　4.1　はじめに／4.2　木育推進員養成講座の概要（一般市民を対象）／
　　4.3　くまもと県産木材アドバイザー養成研修（木材・林業関係者を対象）
　第5節　少年自然の家を活用した木育（森林の中での木育）………… 132
　　5.1　はじめに／5.2　小学校における木育の必要性／
　　5.3　少年自然の家を活用した木育カリキュラムの開発

第5章　森林親和運動としての木育の成果 …………………………… 145
　第1節　くまもとものづくりフェアなどの成果 ………………………… 145
　　1.1　はじめに／1.2　調査対象者／1.3　調査の内容／1.4　考察
　第2節　子どもを対象とした木育の成果 ………………………………… 151
　　2.1　小学生を対象とした木育／2.2　中学生を対象とした木育
　第3節　木育推進員養成講座の成果 ……………………………………… 160
　　3.1　社会人を対象とした木育講座／3.2　大学生を対象とした木育講義

第6章　木育運動推進のための資源 …………………………………… 179
　第1節　木育用教材の開発 ………………………………………………… 179
　　1.1　はじめに／1.2　開発の手順／1.3　掲載内容と活用法／

1.4　テキストの配布と活用／1.5　おわりに
　第2節　木育用製作題材の開発……………………………………………… 187
　　2.1　はじめに／2.2　製作題材の選定の観点／2.3　開発した製作題材
　第3節　木育カリキュラムの開発…………………………………………… 199
　　3.1　木育推進員養成講座（大人の木育）／
　　3.2　子どもの木育のカリキュラム開発／
　　3.3　大人を対象とした木育のカリキュラム開発

■■■　第3部　森林化社会における木育の現代的意義　■■■

第7章　生活農業論を導入した木育……………………………… 209
　第1節　林業を取り巻く消費者の現状……………………………………… 209
　第2節　木育への生活農業論の導入………………………………………… 211
　第3節　生活農業論を導入することによる成果…………………………… 215

第8章　都市部の住民を対象とした木育………………………… 220
　第1節　運動の社会学的位置づけ…………………………………………… 220
　第2節　都市部の住民を対象としたことによる成果……………………… 224
　第3節　対象を高齢者に広げることによる効果…………………………… 226
　　3.1　長洲町における木育活動／
　　3.2　介護予防拠点施設でのものづくり教室／
　　3.3　ものづくりの指導の効果／3.4　木育の介護予防への効果

第9章　木育運動推進のための資源の獲得と拡充……………… 236
　第1節　木育運動推進のための資源………………………………………… 236
　第2節　先導的担い手の獲得と拡充………………………………………… 237
　第3節　物的資源の獲得と拡充……………………………………………… 239
　第4節　人的ネットワークの獲得と拡充…………………………………… 241

目　次

終　章　森林化社会への展望……………………………………… *245*
　第 1 節　本書の総括………………………………………………… *245*
　第 2 節　森林化社会の展望………………………………………… *250*
　第 3 節　本書の残された課題……………………………………… *252*

謝　辞………………………………………………………………… *255*
資　料………………………………………………………………… *257*
索　引………………………………………………………………… *273*

コラム 1	里山と私たちのくらし・安全………………………… *25*
コラム 2	「木を見て森を見ず」でない視点を………………… *45*
コラム 3	木材を利用する意義について………………………… *63*
コラム 4	原体験の大切さ………………………………………… *77*
コラム 5	ものづくりが育む「生きる力」……………………… *84*
コラム 6	ものづくり教育の現代的意義………………………… *93*
コラム 7	ものづくりの後の掃除で生きる力を育てる………… *143*
コラム 8	木材の特徴を活かした使い方………………………… *177*
コラム 9	多様な視点で解決策を導く力を……………………… *218*

本コラムの一部は，2013 年 2 月から 2014 年 3 月まで熊本日日新聞の「学びのプリズム」に投稿した原稿をもとに再構成したものです。

序　章

森林に関する問題と関心

第 1 節　森林問題と人間との関係回復

　本書の課題は，近年注目を集めるようになった「木育」を，森林化社会を目指す社会運動の1つとして位置づけ，森林問題をめぐる社会や行政との社会過程におけるその特徴と役割を明らかにすることにある。さらに，「森林と人間との関係回復」のための啓発運動としての木育運動について着目し，生成から発展の過程を分析するとともにモデル化を試みる。このモデル化を通して木育運動を，森林保全を目的とするこれまでの市民運動や住民運動とは性格を異にする，都市部の住民を中心とする「森林親和運動」と位置づけた。最後に，森林と人間の関係性を高めるための木育運動の現代的意義，およびその可能性と限界について論考する。

　日本は森林国家であり，豊かな森や木の文化を育んできた。しかし，現在の日本は森林資源が充実しているにもかかわらず，1970年代より林業が衰退し，担い手不足や高齢化，過疎化など人口流出による山村社会の崩壊が危惧されている[1]。同様に，都市部においても物理的環境，生活環境，人間関係など，人間的生活条件の悪化が問題視されている［徳野 2007，2011］。一方，住居環境の変化，生活様式・構造の変化，木材に変わるプラスチック製

---

[1] 大野はこの過疎の質の変化を「限界」という概念で表し，よく知られた「限界集落」という概念をつくりだした［大野 2005，2008］。

品などの代替物の出現などにより，森林と人間との関係が遠のいてしまった。我々の生活の変化が森林と人間との関係性の悪化を生み出してしまっていると言える［浜田 2008］。

　森林と人間の関係性が密であった時代は，人間は森林や木から多くの恩恵を受けていた。それは，あるときは食料，燃料，建物や道具の材料などの生活資源となり，それらを利用することにより知恵と生活技術を得ていた［只木 2004］。それが，代替物の出現により，それらの物資を利用しなくなるにつれて，「生活技術の総合性」が低下していった。代替物の使用は，生活が豊かで快適になる一方で，人間の能力を後退させてしまったのである。

　一方，日本の森林は青々と茂り豊かであるにもかかわらず，今なお世界有数の木材輸入国である。これは海外の森林を直接・間接的にも破壊し続けており，各国の違法伐採も，その材を受け入れる輸入国がある限りなくならない。その一方見向きもされないスギ・ヒノキの森林があり，他方で外材を止めどなく輸入するという現在の日本の姿は矛盾に満ちている。

　このような中，1980年代に山村問題と都市問題を解決する1つの取組みとして，森林と人間との関係，森林と社会との関係を今一度構築し直すという試みが始まった［平野 1996, 2003］。同時に，地球規模での森林破壊に国民の関心を向けさせ，さらに国内森林問題に関する意識の形成に繋げることも意図している。これらの運動は，森林問題を山村問題と都市問題を一体として捉えた点において，また，経済・産業からの政策に人間・生活からのアプローチを含めたことは注目に値する。この間取り組まれた森林環境教育や里山保全運動は，森林（川上）をフィールドとし，人々を直接森林・里山と関わらせることにより国民の関心と意識の形成をねらったものであった［田中 1989］。これらの運動には，林野庁を中心とした多くの補助金が投入され，現在まで全国各地で取り組まれている。

　しかし，これらの運動が開始され三十数年が経過したにもかかわらず，森林化社会は実現されておらず，そればかりか森林と人間の関係はますます遠のいてしまった。これほど，森林と人間との関係が遠のいた時代は未だかつてなかった。今まさに，関係性が低下した要因の分析とともに，森林と人間

の関係回復のための新たな方策の提案が求められている。近年，その対策の1つとして，里山保全運動を中心とした川上からのアプローチに加え，川下（都市部）に注目した木育運動がいくつかの地域で見られるようになった［煙山 2008，山下 2008］。この木育運動は，森林とかけ離れた生活をしている都市部の住民を対象にした，森林と人間の関係性を高めるための運動である。また，この木育運動は，運動の担い手により分類すると利害的，地元主義的な住民運動や同じ価値観を持つ有志が行う市民運動とは，運動の目的や展開において異なる運動であり，都市部の住民を対象とした「賢い消費者」［徳野 2007］を育成しようとする「森林親和運動」としてモデル化することができる。

　木育運動は全国各地で取り組まれるようになったが，本書では木育に関連するイベントや講座が最も多く開催されている熊本県に注目する。熊本県における「森林親和運動」としての木育運動は，任意団体である「熊本ものづくり塾」を中心に多種多様な業種・団体の連携により「材料・資金の獲得」，「活動場所の確保」，「スタッフの獲得・養成」，「推進の各種ノウハウ・ノウホワイの蓄積・更新」がシステム化され，安定的に実施できる段階に入った。森林・林業に関係する行政・企業のみならず，教育関係者や各種 NPO（環境，子育て，福祉，地域おこしなど）にその広がりを見せている。子どもとその保護者を対象とした木育には年間2万人の参加者が，大人を対象とした木育推進員養成講座等には8年間で1,566人の参加があった。この熊本ものづくり塾の取組みは，木育運動としては，全国でも希有な事例である。さらに，木育運動は熊本ものづくり塾から離れて，県内各所，他県においても実施されるようになり，今後の森林と人間の関係性を高めるための啓発運動モデルとして示唆を与える活動と言える。

　本書では，「森林親和運動」としての木育運動の生成と，ある程度の成果を収めるようになった要因について分析する。本運動は子どもを対象とした「ものづくりフェア」と，その先導的な担い手である指導者養成を目的とした「木育推進員養成講座」などの連動が，成果を収めた要因の1つと見ることができる。なお，これらの運動については，正統的周辺参加論に基づきモ

デル化し一般化を試みることにする。また，「森林親和運動」としての木育運動の中心理念にヒト・クラシの視点を導入し具現化したこと，活動の場所を都市部にしたことにより，多くの参加者・理解者を得ることができたと考えられる。これまでに取り組まれてきた川上の里山保全運動に加え，川下の木育運動を連携しながら進めることに今後の可能性を見ることができる。これらの森林と人間の関係性の向上を目指した木育運動の現代的意義と展望に

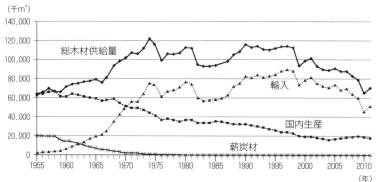

出典）農林水産省「農林水産基本データ集」より引用　http://www.maff.go.jp/j/tokei/sihyo/index.html

図0.1　木材供給量の推移

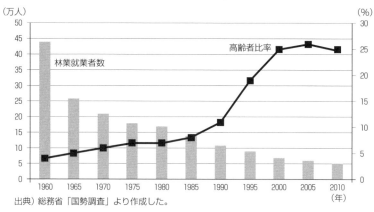

出典）総務省「国勢調査」より作成した。

図0.2　林業就業者および高齢者比率の推移

ついては、いくつかの事例分析を通して明らかにする。

第2節 森林と人間の関係性から見た問題構造

　森林と人間の関係性を見るために、図 0.1、図 0.2 に示した明治以降の木材供給量、薪炭材生産量、林業従事者数の推移に着目する。総木材供給量を見ると 1965 年までは緩やかに上昇し、それ以降急激な上昇を見せている[2]。これは、戦後復興と高度経済成長に伴う木材需要の拡大によるものである。特に、1964 年の木材輸入の自由化により外材の輸入量が増加している。一方、国産材の生産量は、1955 年以降右肩下がりで推移する。さらに、1969 年を境に輸入材の量が国産材を追い抜き、その差は拡大している［梶山 2009］。

　エネルギー源としての薪炭材の生産量は、需要の拡大すなわち都市消費者の膨張があった 1955 年までは上昇傾向を示した。農山村地域での自然と向き合う生活ならば、日々の燃料は地元調達であって商品化される必要はない。しかし、自然利用の自給的環境が断ち切られた都市に生活するとなると、燃料を農山村から購入する必要があり、しかもその場合、運搬に便利な木炭が重宝されたのである［秋津 2000］。その後、石油やガスなどの化石燃料の出現により、1958 年をピークに、その後急激に減少する。1969 年以降は減少したまま推移している。そして、2013 年の国内薪炭材の生産量は 237 km^3 で最盛期の 2 ％にも満たない量となっている[3]。

　一方、図 0.2 の林業に従事する労働人口を見ると、林業生産活動の停滞などの影響で、年々減少しており 1960 年と比較すると 1 割程度にまで減少し、2005 年には 4 万 7 千人となっている。林業所得も低下傾向にあり、2008 年には平均年収が 10 万円になっている。また、この間に高齢化も進行し、林業就業者の 26 ％が 65 歳以上の高齢者である［平野 2003］。

   2　林野庁、2010、『森林・林業統計要覧 2010』を参考に分析。
   3　林野庁、2015、『森林・林業統計要覧 2015』より。

これらの森林・林業に関わるデータを元に，森林と人間の関係性に視点をあてると4つの時期に区分することができる。第1の区分は，太古の昔から江戸時代までの森林と庶民の生活，特に農業が森林に依存していた時期である。第2の区分は，明治から1950年代初めまでの近代産業と戦後復興による森林資源の活用期である。第3の区分は，1950年代初めから1960年代中頃の林業変動と森林と生活の遊離期，そして第4の区分は，1960年代中頃以降の林業衰退と森林と生活の隔離期である。第1と第2の区分は森林と人々のクラシが一体化していた時代，第3の区分は燃料革命や人工造林の拡大など，これまでの林業がゆらぐ時代，またこの時代は森林と人間の関わりが遠のきつつある時期でもある。第4の区分は森林と生活が完全に隔離された時期でもある。これらの区分により，それぞれの時期の様子を森林と人間の関係性に着目し素描する[4]。

2.1 生活・農業の完全依存期（太古〜江戸）

日本の国土の68％は森林が占め，国土面積の3分の2が森林であり，この数字を見る限り，我が国は世界有数の森林国である。これは，我が国の降水量の平均が1,700 mmで多雨地帯であるとともに気候・土壌などの自然条件が，森林の育成に適していたことに由来する。太古の昔，人間は鳥獣を狩り，柔らかな葉や果実，貯蔵根などを集め，また水辺に魚や貝を求めて生活した。この時代，森は人間にとって生活物質の供給地であり，また居住地となっていた。道具を使い，火を利用することを覚えた人間は，やがて定住し農耕生活を営むようになる。農耕には豊かな土地が必要であり，その土地は森林を利用することによって得られていた。森林が蓄えてきた地力を，農業

---

[4] 2.1から2.4は，只木良也（2004）『森の文化史』，田中茂（1989）「森林と流域の社会史」，内山節編『《森林社会学》宣言』，宮本常一（1964）『山に生きる人びと』，藤田佳久（1981）『日本の山村』，梶山恵司（2009）「森林・林業再生のビジネスチャンス実現に向けて」『富士通総研（FRI）経済研究所研究レポート No.343』，大日本山林会編（1983）『日本林業発達史』，船越昭治（1981）『日本の林業・林政』を主な文献としている。

に利用していたのである。最も簡単な方法は，樹木を燃やすことであり，この焼畑農法は古くから各地で行われていた。

　さらに，定住して農耕をすると，さまざまな資材が必要となる。まず住居や道具を作るための木材，毎日の料理や暖をとるための薪炭（燃料），これらはその農村の周辺の森林から採ることができた。また，森林が作った豊かな土の生産力に頼ってはいても，農業のようにそこから収穫物を繰り返し採り出すばかりでは，農地の土が痩せてくることは当然である。その地力を補充するために，周囲の森林から落ち葉や下草を集め，農地に入れるなどの対策がなされた。これが，腐葉土などのいわゆる有機肥料である。

　はじめのうちは，落ち葉や下草を直接農地へ入れていたが，そのうちに，これらを積み上げておき，堆肥化して施用する技術が生まれ，農家の人はいつでも森林へ入って落ち葉を集め，積み上げておき，それを肥料として，必要なときに農地に入れるようになった。

　また，木を燃やした後の灰は，カリウムやリンなどの無機質肥料として有効であった。かつて農家では，1年中いろりに火が燃えていた。いろりは調理，採暖，家庭団らんの場以外に，木灰生産という役割を果たしていたのである。木灰は灰屋に蓄えられ，農地へ供給された。この頃は，農家の人たちは暇があれば，近在の里山へ落ち葉を採りに，また柴を刈りにいった。山仕事に出た帰りにも，その背中にはずっしりと柴が束になっていた。木灰に含まれるカリウムは植物の根の育成，リンは花・果実の育成に効果があり，桜の根の近くに施すと翌年たくさんの花が咲いたことから「花咲か爺さん」の話は生まれたとされている。また，「桃太郎」の「お爺さんは山へ柴刈りに」は，当時の農家の人々にとって日常的な生活風景であった。

　一方，「西洋の石の文化に対して，日本の文化は木の文化であった」とはよく言われる言葉である。宮殿，神社，寺院，住宅などの建造物をはじめとして，家具，建具，風呂から箸にいたるまで日常の道具や食器，農具など，さらには，水車，織機などの生産用具の材料など，日本人は多くのものに木材を使ってきた。仏像をはじめとする彫刻，工芸品にも木材の占める比率は西洋に比べ高い。

これは日本人の身近に木材が豊富にあったことが第1の原因であろうが，また我が国には使いやすくて美しい木材が多くあったこと，そして風土が育てた「木を好む国民性」も影響しているのである。さらに，農業を中心とした生活を継続するためにも，森林・木材との関わりは切っても切れないものであった。

　日本人の信仰の対象である寺社も，必ずと言ってよいほど森林によって取り囲まれている。これが「鎮守の森」であり，伐採されないため地域の原初的森林景観を現在もよく残しているところが多い。森林に囲まれている神域は社殿がなく，樹木そのものが信仰の対象になっているところさえある。

　江戸時代は個人所有の山は少なく，村民が総出で牛馬用や堆肥にする草，燃料にする薪の入会利用が行われた村持山が多かった。しかし，日本の歴史が進むとともに，農地開発，人口増加により木材消費も増加し，かつて豊かであった日本の森林資源が乏しくなっていった。18世紀後半になると，入会地の境界争いや草と薪の利用をめぐっての争いが，山論という形で多くなった。これは山林の経済的価値の上昇によるものである。天然林の枯渇と山野の部分的な荒廃も進んでいった。幕府は，水源山地における草木の根を掘り取ることや，山中における焼畑の禁止，森林の伐採を禁じる「留山」を定めるなど，森林の保護育成について制度化していった。

　以上のように，原始時代は，森林は木の実の採取の場所を提供し，また野生動物の狩猟の場であったが，それが時代を経て水稲作を中心とする農耕社会へと移行した。これは豊かな森林資源と森林が涵養している水資源と密接な関係がある。同様に，生産財や消費財の多くを，森林から得ており家庭で用いる薪炭（燃料），住宅・家具などの素材，水車，織機，農具などの生産用具の材料は，もっぱら森林から得ていた。このように，第1の時期区分は森林と庶民の生活，特に農業と密接に関わり，依存度が高い時期であった。

2.2　近代産業と戦後復興への活用期（明治～1950年代初頭）

　明治維新直後は旧藩の取り締まりがなくなり，現在のように森林政策も確立していない上に，旧藩士たちの帰農・開墾が奨励されたため，森林の乱伐

が進んだとされている．さらに，急速に西欧の文明を取り入れ近代化を進め，木材の利用についても，建築用はもちろん，たとえば，工事の足場や杭，鉱山の坑木，電柱，鉄道の枕木，貨物の梱包，造船材料，桟橋などの各種装置・施設，紙に加工されるパルプの原料など，近代産業の発展に伴ってさまざまな用途に木材が使われた．明治期後半には，それまで窯業や製塩，たたら製鉄などのために燃料材の採取が繰り返された地域に加え，近代工業の発展に伴う製紙原料，工業燃料，炭鉱坑木など木材需要の増加から，各地の森林は荒廃が深刻になっていった．

このようななか，明治新政府は森林の経営に関してドイツ流の方法を導入し，1897年には「森林法」が制定された．こうして，我が国の森林政策や森林の管理機構は着々と整備され，旧藩時代の荒廃山地の復旧，在来の原野の森林化も進められた．また当時，降雨時にはげ山から土砂が流出し，川を埋めるなどの災害が続発したこともあり，水源の涵養や土砂崩壊防止などの目的のために伐採を制限する保安林の制度が発足された．

明治から昭和の初期にかけての林政の基調は，林野所有の法的明確化と，未立地への造林を進めることであった．これにより，入会採草地は明治中期以降に薪炭林化が，大正に入って人工林化が進んだが，それと同時に，草肥農業の縮小により零細農が脱落し，山村農民の分解も起こっていった．

一方，明治から昭和は，諸外国との問題が次々と起こる動乱の時代でもあった．日清戦争後，1890年代末から土木建築，鉄道車輛，造船，坑木，パルプなどの木材需要が増え，伐採量と造林面積が急増した．木材も重要な資源であり，用材としては鉄やアルミ，ガソリンの代替としても貴重であった．そして，何もかも底をついた太平洋戦争末期，その資源の困窮は，航空燃料とするためマツの根を掘り起こし，蒸留して松根油をとるまでに至った．

こうして戦後の我が国は，主要な都市が戦災を受け，食料も物資も欠乏する中で，復興のために大量の木材を必要としたことから，我が国の森林は戦後も大量に伐採され，大きく荒廃した．伐採あとの造林が必要なことは分かっていても，誰もが食べるのに精一杯の時代であった．この結果，1948

年末には，伐ったままで植えていない森林が，全国で150万 ha，岩手県の面積ほどにも達していたのであった。
　一方，山村の経済状態を見ると，明治以降になると，先進林業地においては，経済活動としての林業が盛んになり，下流域の木材業者による上流域山村の経済的支配が見られるようになった。また中世以来，焼畑的生産力によって支えられ，当時としては相対的に高い生産力を持ち多くの人口を抱えていた山村も，近世以降の水田農村の発展とは対照的に，社会的な地盤沈下が進んだ。

2.3　林業変動と生活との遊離期（1950年代初頭～1960年代中期）

　終戦後の苦しい数年が過ぎ，物資も徐々に出回るようになり，人々も落ち着きを取り戻すと，治山事業による崩壊地などの復旧，造林事業による放置された伐採跡地への植林などが進められ，国土緑化の意識も高揚した。これは相次ぐ水害が山を荒らしたことによるものであるという反省の声でもあった。そして1950年，第1回の国土緑化大会が開かれる。これは，現在の全国植樹祭へと発展し，このために始められたのが「緑の羽募金」である。この国土緑化大会を契機として，全国の造林熱は高まり，急速に造林が進められた。そしてわずか数年を経て1956年，150万 ha の荒廃した山の造林はすべて完了した［田中 1989］。
　1950年代中頃，経済成長期に突入する。かつての木材の用途は，鉄，コンクリート，プラスチックなどにかなり取って替わられていたが，木材需要自体は大幅に減ってはいない。住宅用材，紙パルプ用材を中心に木材も需要増となるのだが，植林したばかりの木は使えない。そこで従来不便なために，手つかずになっていた奥地の森林に目がつけられる。その結果，皆伐された奥地林は，生長がよく価値も高いスギやヒノキ，あるいはカラマツを植栽した人工林に変わっていった。
　1960年代，所得倍増の掛け声のもと建設ラッシュが訪れ，好景気は木材の不足を招いた。まだ現在のように外国産材に多くを望めない時代でもあり，木材価格は高騰，これが引き金となって諸物価が上昇することとなる。

当時の新聞では、「木材の値上がりこそ物価上昇の元凶」、「木材をもっと供給せよ、国有林はなぜ伐り惜しむのか」と指摘された。そして国有林の増伐や天然林の伐採も進み、その跡の人工林も拡大していった。

戦後から高度成長期にかけては、住宅や紙パルプ需要が旺盛なことから木材価格が高騰しており、相対的に低い賃金コストと相まって、伐れば伐るほど儲かる時代が続いた。さらに、「役物(やくもの)」と言われる節のない高品質の材が飛ぶように売れた時代でもあり、当時はいいものを作れば高く売れた。また、林業があまりにも儲かったことから、伐った後に放置することなどありえず、次の収穫を夢見て自ずと植林した。いわば、この時期は「林業バブル」だったと言える［梶山 2009］。

一方、里山からの薪や有機肥料としての落ち葉の収穫は1950年代中頃まで続いたが、石油やプロパンガスは農村から薪や柴を締め出し、化学肥料の普及によって農地は落葉肥料を必要としなくなった。薪炭生産は1950年代後半まで、林業の主要な一部をなし、山村農民の重要な生業の1つであった。1900年代中頃から、木炭生産は産業の発達と鉄道網の整備につれて全国的規模で拡大し、奥地山村まで商品生産の世界に巻き込んでいった。木炭生産量は大正から昭和にかけて、100万トン台から200万トン台まで増加し、家庭用、産業用にその需要を伸ばしたが、石油燃料への大転換によって、その生産量は1957年をピークに激減し近年の生産量は約3万トンで、今は痕跡をとどめるに過ぎない[5]。

森林と人間の関係を見ると、1950年代後半以降は燃料革命による薪炭の需要低迷から、山村がゆらぐ時代であり、また、多くの生活資源を得ていた森林がその役目を終え、人間の生活からも遠のきつつある時代であった。

2.4 林業衰退と生活との隔離期（1960年代中期以降）

本格的な経済の高度成長が進む中で、木材需要は建築用材、パルプ用材を中心に急速に増大し木材需給は逼迫した。

---

5 林野庁、2010、『森林・林業統計要覧2010』より抜粋した。

木材需要の急増によって高騰した国産材の価格安定対策として，木材の増産や木材利用の合理化対策が進められたほか，木材の輸入が段階的に自由化され，1964 年には丸太，製材，合単板などがすべて自由化された。こうして米材，ソ連材，南洋材の大量輸入が始まった。経済成長は，ますます木材の需要を増大させ，これに伴い大量に安定供給できる外材が市場を席巻するようになり，国産材の供給量は低下の一途をたどった。ただ，この現象は低価格の外材輸入によるものだけでなく，高度経済成長期に国内の木材資源を伐り尽くしてしまったことも影響している。たとえば，林業が好景気であった 1960 年代前半の木材生産量は，6,000 万 m^3 にも達していた。これは，現在の 3 倍以上の水準である。ところが，当時の日本の森林蓄積は 20 億 m^3 に過ぎず，そうした中で毎年 6,000 万 m^3 もの木材生産を行うことは，30 年余りで日本の全森林を伐り尽くしてしまうほどの過伐状態だったことを意味する［梶山 2009］。

　高く売れるからといって，成長量をはるかに超える伐採を繰り返していけば，林業が成り立たなくなるのは当然である。日本の木材生産量が 1960 年代初頭をピークに，それ以降一貫してきれいに右肩下がりで推移してきている原因は，外材輸入の自由化のためだけではなく，過伐によって供給できる資源がなくなってきたためである。これは，日本の人工林の 8 割が未だ樹齢 50 年以下であることからも明らかである。

　そして，こうした国産材の供給能力の減少を補ったのが外材である。高度成長期の木材需要は 1 億 m^3 にも達しており，仮に外材が入ってこなかったとしたら，森林資源にはさらに負担がかかり，日本の山は完全に荒廃してしまっていただろう。外材のおかげで国内資源を育成する時間的余裕が与えられ，これによって現在の 50 億 m^3 にも迫る森林蓄積を築き上げることができたのである。

　一方，1970 年代になると都市には公害と称される環境汚染が広がり，人々はようやく経済至上主義の欠点に気づく。都市はコンクリートで埋め尽くされ，街路樹は活力をなくし，田園地帯は住宅・工場に侵略され，山村や森林地帯は別荘地やゴルフ場へと変貌していった。見渡す限りの伐採跡地

は，まだ緑を回復せず，山肌を切り裂き，谷を泥で埋めた道路，赤い地肌を無残にさらす砂利採り地，ドブのような川，ゴミ溜めのような湖や海岸という，経済成長の夢から覚めた人々の眼に映じたのは，変わり果てた自然の姿であった。1970年代中頃，人々の緑や森林に対する関心は，高く安定したように見えた。しかし，その後のバブル時代には，高度経済成長期に逆行した。そしてバブル崩壊後の再反省とその反動とも言えるエコロジー・ブームが到来した。社会の声は移り気で，その度に自然は翻弄され続けている。

　先にも述べたが，国内の森林資源の面では，将来の木材供給能力を高めるため，天然林や原野を対象として，成長が速く経済的価値も見込めた針葉樹人工林に転換する拡大造林施策が積極的に進められた。それまで山村地域の農閑期の収入源として薪炭を供給した広葉樹林は，薪炭需要が急減する一方，広葉樹がパルプ用原料になったこともあり，次々に人工林に転換され，従来人工造林が普及していなかった地域でも，拡大造林が活発に進められていった。また，森林所有者による造林が十分進まないところは，地域の実情に応じ，地方公共団体により設立された造林（林業）公社と林地の所有者との分収方式での植林も行われた。これらの結果，1957年当時，約570万haであった人工林面積は，1980年代中期には1,000万haを超えるに至った。

　以上のように，かつての広葉樹，薪炭林はスギ，ヒノキの針葉樹林に，奥山に入ればモミ，ツガ，ブナの天然林はカラマツ，スギ，ヒノキの針葉樹人工林に変わった。山林は針葉樹に覆われ，奥地まで公道，林道が入り，中心地にある役場，公共施設は都市と比べても遜色がない。しかし人工林の面積も蓄積も増えたが，国産材の需要低迷が続き中心地から奥地へ入るにつれ，さびれた集落と廃屋も増えた。この現象は，1960年代以降の20年間に急速に進んだ。里山においても，集落や人里に接しかつてはクヌギやナラ，シイなどの落葉樹が茂り，これらが薪や炭として使われ，落ち葉は堆肥として農業に有効活用された。しかし，石油エネルギーの普及や都市化現象などによって，荒れたまま放置された里山が目立つようになった。

　森林と人間の関係を見ると，1996年まで国内の拡大造林政策は見直されることなく続けられるとともに，木材輸入の自由化，そして外材需要の増大

の影響で，山には膨大な人工林と借金が残った。さらに，国産材の価格の低迷により，間伐を中心とした保育作業や伐採・搬出などにかかる費用も回収できず，林業はすっかり衰退してしまった。下草刈りや間伐をはじめとする森林の整備や主伐を行っても採算がとれず，赤字になってしまうのが我が国の林業の現状である。さらに近年は，各地で山から降りる林家（不在村地主）の増加により，境界不明森林は広がり続け，間伐などの手入れがまったく行われていない森林が増えていることも大きな問題である。手入れが行われなければ，木は育たず，建築材（商品）としては使用できない。林業経営者の意欲は低下し，若者は都市部へ雇用を求めるようになる。また，林業以外に目立った産業のない山村地域では，林業の衰退とともに，地域の活力も低下し，林業離れによる後継者不足，林業就業者の高齢化，過疎化，集落が消滅するなどの問題が起こっている。日本の林業は，このように手入れされず，放棄される山林が増加し，森林の保全・管理がますます遠のくという悪循環に陥っている。2010年現在，林業人口もわずか48,000人で，平均年齢は50歳を超え，65歳以上の就業者の割合も30％に迫るほど高齢化が進展している。このように山村社会は，木材の需要と価格の低迷，担い手不足，高齢化などにより，今まさに壊滅目前の危機にさらされているのである。

　このような現状にもかかわらず，都市部の住民は，時折山に入ると青々した森を見てきれいだと言う。しかし，そのなかには風倒木があり，間伐されない木々が含まれている。そこには，土砂災害を起こす危険性があり，保水力をなくした山肌があるにもかかわらず，気づくことができない。理解されず放置された山々では，近年多くの災害が発生し，都市部の生活もたびたび直撃している。人々はその原因が，山の手入れがなされていないことに起因することに気づかない。鳥獣被害の問題も，実感できないまま，自然養護，動物養護による偏った判断になってしまうことがある。これらのことは，森林と人間との関係性が薄くなることによる当然の結果と言える。

　さらには，都会人の理解不足とそれに伴う行動（国産材を購入しない，外材を購入するなど）が，山村問題（山の住民が都市部へ移り住む，家族の解体など）を引き起こしていることにも気づいていない。現状は，単なる無理

解ですまされない状況になっている。現在の日本には，危機状態に貧した山村と，山が荒れていることに気づかない都市部の住民の無理解が大きな課題と言える。

同様に，都市部においても物理的環境，生活環境，人間関係など，人間的生活条件の悪化が問題視されている。一方，住居環境の変化，生活様式・構造の変化，木材に変わるプラスチック製品などの代替物の出現などにより，森林と人間との関係が遠のいてしまった時期と言える。農村社会学者の徳野は，食と農の問題について，現代は「危機を危機として感じられない危機」があると指摘する［徳野 2007］。これは，危機が直接危機であれば対応する意識と行動が生まれるが，人間は代替え物により食べていけるので，いつも満足しているから危機感を持てない。そのため，よけいに危機が進行していくとする。これは，日本の林業と木材の問題においても同じことが発生している。日本の林業は危機的な状況にありながらも，代替物（外材，プラスチック製品，新建材）により，それを危機と感じることはなく，着々と最悪な状況に陥っている現状がある。なお，森林と人間の関係が遠のくことにより発生する諸問題については，第1部において詳細に述べることとする。

第3節　森林化社会の概念

日本は森林国家であり，豊かな森や木の文化を育んできた。しかし，現在の日本は森林資源が充実しているにもかかわらず，林業が衰退し，人口流出による山村社会の崩壊が危惧される。そこで，国は施策として「森林化社会」の実現を提言することにより，国民に地球規模での森林破壊や，国内森林問題に関心を向けさせようとした。本節では，「森林化社会」をめぐる社会や林野行政の過程分析を通して，主として1980年代末から今日に至るまでの三十数年間に生じた森林振興および林業振興に関する林野行政の変遷・展開過程を整理する。

「森林化社会」という言葉は，1987年制定の第四次全国総合開発計画（四全総）の作成過程で，当時国土庁事務次官の下河辺により，出口のない山村

論が国土管理上の問題として議論されたときに生み出されたものである。また下河辺は，五全総のテーマを「森林化社会」とすることを提案している［下河辺 1988］。

　当時，20世紀の近代化は，工業化と都市化によってなされてきたが，脱工業化社会（Post-industrial society）が唱えられ，ダニエル・ベルが情報化社会と命名したと同じように，当時始まっていた「脱都市化」の風潮を「森林化」と読み替えようとしたもので，脱都市化（Post-urban society）した社会を「森林化社会」と命名した。

　四全総の中で下河辺は，「この森林化社会は，情報化社会とともに未来社会をまるで車の両輪のように支え続けていくだろう。21世紀は「情報化社会」と「森林化社会」という2つの社会システムを目のあたりにすることになろう」と述べている。

　また，1989年に出版された『《森林社会学》宣言』の中で森林政策学者の北尾は，「日本人は長い時間をかけて伝統的な『半自然文化』をつくってきた。自然を改造しつつも自然の構造を根本的には変えないところの『半自然的生態系』をつくりだしてきたのである。（中略）かつての『共生社会』に学びつつ捉え直すこと，すなわち，自然と人間とのそして人間と人間との共生関係を新たな水準で獲得していくこと」が森林化社会としている。この運動提唱の背景には，地球規模での森林破壊に多くの国民が関心を持ち，それにより国内森林問題に関する意識形成がなされたことと，木材産出のための森林資源が充実してきたにもかかわらず，林業が衰退し，あいつぐ人口流出により山村社会が崩壊目前であることが起因しているとしている［北尾 1989］。

　このように国の施策として山村問題と都市問題を一体として捉えたところの「森林化社会」を構想したことは注目に値するが，未だ具体的な形をなすにいたっていないとしている［北尾 1989］。しかし，まったく未知に近いところの，単に未来社会に属するものというものでもないとの期待はなされていた。

　一方，1990年版の『現代用語の基礎知識』[6]によると「森林化社会」は，

「西洋型都市文明，合理効率主義に対抗する価値観として汗を流す喜び，生活者としての感覚と心の豊かさを取り戻す山村地域社会型価値観」と定義されている。

「森林化社会」は，その後も新しい循環型社会を説明するまちづくり（森林都市論や地域開発論）の中で使われてきている。平野は，『森林理想郷を求めて』の中で，「森林化社会とは，美しい景観をもち，そこではフレンドリーなコミュニケーションが得られ，生い繁った樹木に囲まれた家々には平和な生活がある。住民たちの人気(じんき)が実にいいところだ。そのような文化と風土に根ざした社会──いわば〈森林系に組み込まれた人類社会の極相（climax）の姿〉が目指す森林化社会である。その所在は大都市ではなく，地方（region）である。そこに芽生えるこぢんまりとしたまち（small town）──が森林化社会である」と述べている［平野 1996］。森林や木と自分たちの暮らしが繋がっていることが，人にとっては安定感を，森にとっては安泰をもたらすことにもなる［浜田 2008］。

時代は前後するが，1986 年に宮崎県の松形祐堯知事が唱えた「フォレストピアづくり」[7] も「森林化社会」を目指した施策であると言える。フォレストピアとはフォレスト（forest）：森林と，ユートピア（utopia）：理想郷という2つの言葉を合わせたもので，人々が森林の恵みを上手に利用して，いきいきと心豊かな生活ができるところ，すなわち「森林理想郷」を意味している。構想の背景として，山村地域では，若者を中心に人口が減少し過疎化・高齢化が進み，森林の適正な管理はもとより，集落の維持すら懸念される状況にあり，一方，都市部では 1950 年代中頃からのめざましい経済発展に伴い，人口が集中した結果，最近では過密から逃れ，精神的なゆとりの場を森林に求めるようになってきたことによるとしている。このようなことから，21 世紀には森林が人間の生活に欠かすことのできないような社会，す

6　自由国民社より 1948 年から発行。

7　第3次県総合長期計画の中で，21 世紀を拓くリーディング・プロジェクトの1つとして出された。詳細については，宮崎県「フォレストピア」を参照されたい。http://www.forestopia.jp/

なわち森林化社会が訪れるという予兆のもとに，森林・林業を切り口とした新しい山村社会の建設を試みる「フォレストピア宮崎構想」が提唱された。

この構想において，物質的には豊かで恵まれた要素の多い都市に対して，山村のすばらしさを示し，山村に住む人たちもあらためて「山村の良さを再認識し，自信と誇りをもって森と山村に生き続けよう」と活動をはじめ，県民一人一人も新たに森や山村との交流を活発にして，生活の質的向上と県土の均衡ある発展により「日本一住みよい宮崎県」を目指すものとしている。

このように「森林化社会」の重要性が提言されて，各地で取組みがなされて約30年が経過したが，現在，それが実現したとは残念ながら言い難い状況にある。この間取り組まれた森林環境教育や里山保全運動は，森林（川上）をフィールドとし，直接森林・里山と関わらせることにより国民の関心と意識の形成をねらったものであった。さまざまな取組みがなされたにもかかわらず，実現しなかったその要因について，さらには，今後どのような取組みが求められるかについて，次節で検討を行う。

第4節 │ 森林化社会を目指す運動

4.1 日本における森林保全運動

本節では，「森林化社会」の実現を目指した運動について着目する。「森林化社会」へのアプローチの仕方により種々の運動が存在するが，ここでは最もかかわりの深い「森林保全運動」を取り上げることとする。なお，森林保全運動とは，単に「木を伐らず森林を保全する」ことを指しているのではなく，「保全」，「適切な管理」，「回復」という3つの方針からなり，広く捉える必要がある。「適切な管理」の中に，木材資源の適切な利用も含まれている。この運動は，森林の違法伐採，森林の公益的機能の破綻，利用可能な国産材があるにもかかわらず輸入材に頼る現状などの，森林資源に関わる社会的矛盾に対して，これを改善しようという組織的・集団的な活動と言える［藤森 2004］。

この運動には，市民運動的なものと住民運動的なものがあり，前者の例としては「知床問題」や「森は海の恋人」運動が，後者の例では各地域の里山保全運動やゴルフ場などの造成に反対する運動がある。市民運動または市民活動は，理念的には市民が自らの価値観や信念，関心に基づき，自分たちの生活とコミュニティへの貢献を目的に，自発的に行う活動と言える。一方，住民運動は理念的には主として公共性の名による加害と抑圧に対抗して自発的に立ち上がる住民の運動であり，その特徴はイデオロギーや政党や知識人の指導によってではなく，住民自らが地域の生活に根ざして，生活防衛のために異議申し立てを行う，その意味で保守的な運動と言える［帯谷 2000］。

　これらは，同一視されることも多いが，その運動の活動主体の構成員が，何をもってまとまっているのかにより緩やかに区分けすることができる。住民運動においては，「ある地域に居住している」という点が構成員の共通点であり，地縁による繋がりがより重視される。つまり，この住民運動は特定の地域における問題を取り扱う場合が多いため，利害関係者は必然的に近隣地域の居住者ということになる。一方，市民運動や市民活動においても地域の共通性も構成員の活動動機の１つにはなりうるが，それ以上に活動の方向性や目的に対する関心が構成員によって共有されていることをもって，その活動が市民運動，市民活動であるということができる。

　これらの運動は，市民運動では「現在の森林環境問題に目覚めた人」，住民運動では「その地域に居住する人」，「森林に関わる人」が運動の担い手となった。これは，深く力強い運動であると言える反面，担い手の間口を狭めてしまう可能性がある。ここで，森林保全運動において，これらの「市民運動型」と「住民運動型」に加えて，担い手や運動手法を異にする第３の運動として「森林親和運動」[8]がある。この「森林親和運動」は，直接の目的を森林保全に置くのでなく，森林や木との関わりを増やすことを目的としていることから，森林保全運動の外縁的な位置づけとなる。

8　環境との関わりを深めることを目的とした運動を「環境親和運動」とし，そのなかでも森林を対象とした運動を「森林親和運動」と呼ぶこととする。この「森林親和運動」を以下の分析概念として用いることとする。

4.2 森林親和運動

　「森林親和運動」は，運動の始まりにおいて対立する対象（政府・自治体・企業など）を持たない，また，改善や回復を目的とした運動（抗議や交渉などの集合行動）を持たないという特徴がある。さらに，特定の地域的，利害的，価値的な関係性を持つ担い手に限定されたものでもないことから，森林保全を目的にしてはいるがこれまでの住民運動型や市民運動型とは異なる特性を持つ運動である。農業分野においてはすでに取り組まれており，たとえば，「エコツーリズム」や「グリーンツーリズム」，「田舎暮らし」や「スローライフ」の活動が近い位置づけとなる。また，「合鴨農法」や「逆手塾」[9]，「体験農園」の活動とも共通する点が多い[10]。

　ここでは，独自の理念とスタンスで活動を展開する「逆手塾」に注目する。「逆手塾」の理念として，「逆境は飛躍の輝爆剤」，「ナンバーワンよりオンリーワンを」，「遊び半分のまちづくり」，「楽しくなければ戦わない」の4つを挙げている。「逆境は飛躍の輝爆剤」は運動論のエネルギー資源であり，「ナンバーワンよりオンリーワンを」は運動の価値観の位置づけを，「遊び半分のまちづくり」や「楽しくなければ戦わない」は，従来の正当性を鼓舞する市場性や市民としての義務・正当性を排除した運動であることを表している。これらの親和性を持った理念で組織化していったことにより，緩やかなネットワークが生まれた。同時に，戦う運動ではないためピラミット型の組織を必要としないという特徴を持つ。

　「森林親和運動」としての木育運動については，第2部において詳しく述べるとするが，この森林親和運動により一部の市民による卓越主義的な運動

9　「逆手塾」は，2001年1月，広島県三次市で始まった前身の「過疎を逆手にとる会"通称「過疎逆」（カソサカ）"の名称を変更して新しく生まれた。逆境をバネにして輝く，地域づくり，コミュニティー・ビジネス，ベンチャー・ビジネス，そして，人づくりに挑戦をしている組織である。出典：http://www11.ocn.ne.jp/~miyazaki/index.html

10　これらの運動は，広義の「環境親和運動」に属すると見ることができる。

表 0.1　森林保全に関わる運動の分類

	志向性・論点	運動・活動の例	担い手
住民運動型	生活保全運動（補償の充実）計画の妥当性や公共性への疑義，権利防衛　モノやカネを対象	里山運動　ゴルフ場・スキー場などの造成に反対する運動	地域の住民　森林の関係者　地域完結型
市民運動型	自然保護運動（学術的に貴重な自然環境の保存）自然環境の保護　モノを対象（モノ保全）	「知床問題」「森は海の恋人」運動	都市部の有志市民　ネットワーク型
（森林）親和型	対立する対象（政府・自治体・企業など）を持たない，また，改善や回復を目的とした運動（抗議や交渉などの集合行動）を持たない　ヒトと森林や，ヒトとヒトの関係性を重点	「エコツーリズム」「グリーンツーリズム」「田舎暮らし」「スローライフ」	一般市民（特定の地域的，利害的，価値的な関係性を持つ担い手に限定されたものでもない）緩やかなネットワーク

出典）［帯谷 2000］を参考に，田口が作成。

ではなく裾野を広げる運動となる可能性がある。さらに，ネガティブに負を排除する運動でなくポジティブに価値を高める運動であるため参加が容易である。また，地域生活を対象としておらず，あくまで有志による運動であり，これまでの住民運動と違う。実際の担い手は，生活領域の課題（子育て，環境，福祉，地域おこし）に関心を持つ市民であり，その人たちが主体化していく活動になりえる可能性が高い。担い手を森林保全や環境問題との関係で見ると，それらの問題に目覚めた者ばかりでなく，また，この運動は目覚めさせることのみを目的としているものではない。それぞれの気づきを大切にしようという活動と位置づけることができる。これらのことから，現代都市住民の生活スタイルに立脚した運動として受け入れられる可能性も高い。

　以上のように，「森林親和運動」としての木育運動は，森林保全運動の一角をなすものの，市民運動型でも住民運動型でもない第 3 の森林保全運動と

言える。表 0.1 にそれぞれの運動の概要を示す。「森林親和運動」としての木育運動は，「楽しければよい」，「楽しい中から木の持つ魅力を学べばよい」，「それぞれの目的に応じて参加すればよい」からスタートし，楽しみながらライフスタイルを変える人が増えれば，結果的には「森林保全」という目的に近づくという構造を持っている。徳野の生活農業論的な分類で考えた場合，森林保全に関わる住民運動や市民運動は，対象をモノ（森林や自然，場合によってはカネ）に置いたのに対して，「森林親和型」の運動は，森林とヒトとの関係や木や森林との活動を通じてヒトとヒトとの関係を構築することに重点を置いていると考えることができる［徳野 2007，2011］。「親和運動」という分析概念で見ていくと，現在行われている運動や活動のカテゴリーがより明確になったと言える。先に述べた「エコツーリズム」や「田舎暮らし」，「スローライフ」，「合鴨農法」，「逆手塾」の共通性や特殊性が明確になり，それぞれの関係性が見えるようになったと言える。

　本書では，第 2 部において森林化社会の実現を目指す「森林親和運動」としての木育活動の有効性について検証していく。

第 5 節 ｜ 研究の方法と本書の構成

　これまでに，本書の主題とその背景となる森林と人間の関係性について整理した。以下に各部・章の概要を示して，本書全体の議論の展開について説明する。本書は本章を含め，3 部 11 章から構成されている。

　第 1 部では，本書の目的として森林化社会と森林を取り巻く現状について論を進める。まず第 1 章において，「林業衰退と生活との隔離期」について，森林問題を解決するための取組みの視点より 3 期に分け素描する。第 1 期は林業の不振を木材の生産性の向上や生産量の拡大により解決し，山村の活性化を図ることを目指した「カネ・モノ」を優先した時期である。第 2 期は森林開発と自然保護運動が対立し，森林の役割も木材生産から森林の公益的機能を前面に出した時期である。これは，森林の役割について「カネ・モノ」をめぐり主張が対立する時期と捉えることができる。第 3 期は環境保護・持

続的な社会の実現のためには木材も利用しつつ自然との共生を図るべきであるとする運動が開始されてから，現在までの「ヒト・クラシ」に着目し始めた時期である。第2章では，木育活動の生成と課題について，第1節で北海道木育推進プロジェクトの事例，第2節で林野庁の木育の事例を示し，第3節で両者を比較し現状をまとめる。さらに，第3章において木育の課題についてまとめる。第1節では児童期の生活体験の観点から，第2節ではものづくり体験不足から，第3節では現代の森林環境教育の現状から課題を整理し検討する。

　第2部では，木育への取組みとその成果について論を進める。第4章で「森林親和運動」としての木育運動の生成と展開について述べる。その第1節で木育運動を，正統的周辺参加論に基づきモデル化し一般化を試みる。第2節では運動組織の主体である熊本ものづくり塾の活動の始まりと発展，現状について論述する。具体的運動内容について，第3節でくまもとものづくりフェア（子どもの木育），第4節で木育推進員養成講座（大人の木育），第5節で少年自然の家を活用した木育（森林の中での木育）について検討を行う。第5章で森林親和運動としての木育の成果として，第1節でくまもとものづくりフェア，第2節で子どもを対象とした木育，第3節で大人を対象とした木育の成果について考察する。また，第6章においては，木育運動を推進するための資源の生成と獲得について整理する。第1節で木育用の教材（テキスト）の開発について，第2節では木育用の製作題材の開発，第3節では木育カリキュラムの開発について正統的周辺参加論を用いて説明する。

　第3部では，森林化社会における木育の現代的意義をマクロな視点で検討する。まず第7章において生活農業論を導入した木育の意義，第8章では都市部の住民を対象とした木育の意義，第9章では木育運動推進のための資源の獲得と拡充について論究する。終章では，これまでの議論を踏まえ，森林化社会への展望「セカンド・ステージ」の課題について述べる。そして，本書では明らかにすることはできなかったが，現在進行している木育運動について，今後の展望と限界について言及し結びとする。

　なお，本書は「森林化社会」の価値観を分析することを目的とはせず，そ

の社会を目指す組織的な人間活動（木育運動）の実態分析に主眼を置いている。

[参考文献]

秋津元輝，2000，「20世紀日本社会における『山村』の発明」日本村落研究学会編『年報　村落社会研究第36集　日本農業の『20世紀システム』—— 生産力主義を超えて』農山漁村文化協会.
―――――，2009，「集落の再生にむけて —— 村研究からの提案」日本村落研究学会監修，秋津元輝編『年報　村落社会研究第45集　村落再生 —— 農山村・離島の実情と対策』農山漁村文化協会.
大江正章，2008，『地域の力　食・農・まちづくり』岩波新書.
大野晃，2005，『山村環境社会学序説』農山漁村文化協会.
―――――，2008，『限界集落と地域再生』高知新聞社.
帯谷博明，2000，「漁業者による植林運動の展開と性格変容 —— 流域保全運動から環境・資源創造運動 —— 」『環境社会学研究』有斐閣.
梶山恵司，2009，「森林・林業再生のビジネスチャンス実現に向けて」『富士通総研（FRI）経済研究所　研究レポート No.343』富士通総研（FRI）経済研究所.
北尾邦伸，1989，「森林化社会の社会学」内山節編『《森林社会学》宣言』有斐閣.
煙山泰子・西川栄明，2008，『木育の本』北海道新聞社.
下河辺淳，1988，『国土開発と国立公園』国立公園.
神野直彦，2002，『地域再生の経済学　豊かさを問い直す』中公新書.
大日本山林会編，1983，『日本林業発達史』大日本山林会.
只木良也，2004，『森の文化史』講談社学術文庫.
田中茂，1989，「森林と流域の社会史」内山節編『《森林社会学》宣言』有斐閣.
徳野貞雄，2007，『農村の幸せ，都市の幸せ　家族・食・暮らし』NHK 出版（NHK 生活人新書）.
―――――，2011，『生活農業論　現代日本のヒトと「食と農」』学文社.
藤田佳久，1981，『日本の山村』地人書房.
藤森隆郎，2004，『森林と地球環境保全』丸善株式会社.
船越昭治，1981，『日本の林業・林政』農山統計協会.
浜田久美子，2008，『森の力　育む・癒す・地域をつくる』岩波新書.
平野均一郎，2003，「森林経営の担い手は」『2020年日本の森林，木材，山村はこうなる　森林化社会がくらし・経済を代える』全国林業改良普及協会.
平野秀樹，1996，『森林理想郷を求めて　美しく小さなまちへ』中公新書.
―――――，2003，『2020年日本の森林，木材，山村はこうなる　森林化社会がくらし・経済を変える』全国林業改良普及協会.
宮本常一，1964，『山に生きる人びと』未来社.
山下晃功・原知子，2008，『木育のすすめ』海青社.

コラム1 ● 里山と私たちのくらし・安全

　50年前の里山は，薪や炭を提供するエネルギー源でした。「お爺さんは山へ柴刈りに」が日常的に行われ，食料（木の実やキノコ，野生動物）や肥料（腐葉土・木灰），さらには建物・道具を作る材料として木材を得ていました。また，子どもたちは野山で遊び，木登り，秘密基地づくりに没頭しました。遊び道具も木で作るのが当たり前の時代でした。

　私たちは，里山で遊んだり生活資源を利用したりすることにより，多くの知恵と生活技術を得ていました。里山は人の成長にも欠かすことのできない場であったと言えます。このように日本は，里山を中心に豊かな木の文化を育み伝えてきました。

　しかし，近年の居住環境の変化や，生活様式・構造の変化，さらには，木材に替わるプラスチックや金属製品などの代替物の出現により，木や森林と人の関係は随分変わり，木や森林と人との関係性が薄れてしまいました。里山との関わりが減り木材を身近な材料として使用しなくなるにつれて，人は「生活技術の総合性」を低下させてしまったと言えます。代替物の使用は，生活が豊かで快適になる一方で，人間のある能力を後退させてしまったのです。木や森林・里山は50年前と何も変わっていませんが，私たちの生活の変化が自然との関係性を一方的に悪化させてしまったのです。

　改めて里山の構造を見てみましょう。私たちが日頃生活する場所を里と呼びます。里から少し外れたところが野良です。ここでは田畑を作り，農作業（野良仕事）を営み日常の食料を得ています。捨てられ家にいることのできない「野良犬・野良猫」の居場所でもあります。さらに外れると，牛や馬など家畜に与える牧草を得たり，屋根をふく材料となる茅（かや）の採取，果実などを植えた野辺があります。お墓を作ることもあり，故人を送る「野辺送り」の語源でもあります。そして，その外側に里山があります。ここは，先に述べたように燃料，食料，肥料の採取地です。ただし，大きく育った分，増えた分だけ里に持ち帰るだけで，すべてを取り去ることはしません。元本には手を付けずに利息だけで暮らす，理想的な自然との共生生活と言えます。その先には，奥山があり，神聖にして不可侵の場所です。広義には，野良から里山を「里山」とする見方もあり，単に自然に手を加えずそのままに保つという関わり方ではなく，積極的に関わりながらもその環境を破壊することなく，持続的に利用していく

という場所として「里山」を位置づけています。近年世界的に「元本には手を付けず利息で暮らす，理想的な共生生活」のことを，「SATOYAMA イニシアティブ」と呼び注目されています（出典：涌井雅之，2014 年，『いなしの知恵』，ベスト新書）。

　里山から燃料や肥料の搾取はなくなり緑豊かになった反面，国内の森林の活用率が低下したことにより，別の問題が発生してきました。下草刈りや枝打ち，間伐作業がなされないまま放置された山の出現です。間伐をしなければ樹木の生育が悪くなるばかりでなく，下草が生えないために，土がむき出しになったままになります。また，間伐はされたとしても，商品価値が低いために山に放置される丸太が増えているという現状があります。ひとたび大雨が降ると，それらの丸太は川に流れ込み，橋の決壊や決壊時に大量の水が一度に流れることによる被害（鉄砲水）も発生させます。さらに，大量に流れ出す土砂・泥水は下流域の災害を引き起こすことがあります。理科の時間に行った「水を入れたビーカーに生卵を入れると沈むのに対して，食塩を追加しながら混ぜるとプカプカ浮く」という比重の実験を思い出して下さい。きれいな水のままでは，浮くことのない車や家屋が，比重が高い泥水になると楽々浮き，流れていってしまい被害を大きくします。

　現在日本が抱える森林問題は，山に住む人，林業に従事する人だけに関わることではなく，下流に住む都市部の人たちにも関わる大きな問題であることを知る必要があります。里山・森林のことを通して，これからの林業・地域環境についても考えてみましょう。

第1部

森林化社会と森林を取り巻く現状

熊本県あさぎり町の人工林

第1章

森林を取り巻く現状

　前章で述べた時期区分の「林業衰退と生活との隔離期（1960年代中期以降）」について，森林問題を解決するための取組みの視点より，さらに3期に分け素描する。第1期は林業の不振を木材の生産性の向上や生産量の拡大により解決し，山村の活性化を図ることを目指した「カネ・モノ」を優先した時期である（1960年代中期頃から1970年代）。第2期は森林開発と自然保護運動が対立し，森林の役割も木材生産から森林の公益的機能を前面に出した時期である（1980年代）。森林の役割について「カネ・モノ」をめぐり主張が対立する時期と捉えることができる。第3期は環境保護・持続的な社会の実現のためには木材も利用しつつ自然との共生を図るべきであるとする運動が開始されてから，現在までの「ヒト・クラシ」に着目し始めた時期である（1990年代から現在）。以下に，それぞれの時期について説明する[1]。なお，これらの時期区分に年代を示しているが，ある時を境にそれらの時期区分が展開されるというものでなく，オーバーラップしながら徐々に変わり

1　第1節は，野口旭（2007）『グローバル経済を学ぶ』ちくま新書，および村嶌由直（2001）『森と木の経済学』林業調査会を主な参考文献とした。第2節は，北尾邦伸（1987）「知床問題を考える」『林業経済』467号，および四手井綱英（1974）『自然保護，森林，森林生態』農林出版，本多勝一編（1987）『知床を考える』晩聲社，北尾邦伸（1989）「森林化社会の社会学」内山節編『《森林社会学》宣言』有斐閣，吉良竜夫（1976）『自然保護の思想』人文書院，帯谷博明（2003）『河川対策の変遷と環境運動の展開 —— 対立から協働・再生への展望 ——』博士論文東北大学，帯谷博明（2009）「森は海の恋人」鳥越皓之・帯谷博明編『よくわかる環境社会学』ミネルヴァ書房を主な参考文献とした。

ゆくものであり，明確な期間を示しているものではない。

第1節　カネ・モノを優先した時期（1960年代中期〜1970年代）

1.1　公社の設立と拡大造林

　外材の輸入が本格化されはじめ，立木価格の下落や，産業の発展に伴う賃金の高騰が始まると造林事業の収支が悪化し，個人造林が急速に減少しはじめた。これを補うため，1959年から1970年代にわたって各県で林業公社が設立され，広葉樹林を対象に分収造林（拡大造林）が開始された。分収造林で行われた2者契約では，公社が造林者兼費用負担者となり，山林所有者と造林契約を結ぶものであり，造林費用はすべて公社負担で実施された。なお，この費用は農林中央銀行からの借入金（当時の金利は年6.5％）でまかなわれた。契約期間が終了し，伐採による収入は2者契約（公社と山林保有者）では公社が6割，山林保有者が4割の取り分，3者契約（公社，土地所有者，森林組合）では公社が6割，山林保有者が3割，森林組合が1割の取り分となる。林業公社の設立は地方自治体が中心になって行い，農林中央銀行の借入金は地方自治体が債務保証をしていることから，赤字になった場合は税金で補填される仕組みになっていた。

　この公社造林は，一時的に造林面積を確保し，林野庁の造林補助金予算を確保できた反面多くの課題を残した。公社造林はその設立当初から採算的に合わないことが予想されたが，林野庁の強い指導で全国一斉に強行された。2007年までに全国38都道府県に42公社が設立され，42万haの広葉樹林を伐採し植林する拡大造林が行われた。民有林に占める公社造林の割合は，県によっても異なるが，最も高い県で16％，低い県で3％である。林業公社の債務総額は1兆2千億円になり，長期収支の赤字は1,337億円に達するとされている。また，1961年に森林開発公団法が改正され，公団造林制度が発足した。公団は奥山の拡大造林を分収方式で推進した。現在45万haが分収契約継続中で，最終的には51万haの造林を目指している。公社の

事業費の3分の2は政府出資，3分の1は財政投融資金からの借入金でまかなわれる。そして，伐採収入の50％は山林保有者へ，残り50％は借入金の返済にあてられる。1996年度の公団の造林資産（予定立木売り払い代金）は3,300億円，借入金は2,013億円で公団造林は黒字と報告されている。しかし，造林資産は造林地1haあたり300 m^3 の立木が得られるという仮定で，単純に造林面積に300 m^3 の売り払い予定価格を掛けた値である。公団の造林が行われている場所は奥山の水源涵養保安林で，環境条件が厳しく，植栽した樹木が成林しない場所が多く，実際の造林資産は予想の3分の1以下と考えられる。

1.2 林道網の拡充

林道網の充実は，造林，下刈り，除伐，間伐などの施業を行う場合の，作業員の移動時間を短縮し，労働生産性を高めることや，間伐，主伐を行うときの林業機械の導入による素材生産コストの引き下げに重要な役割を果たす。日本は諸外国に比べ路網整備が不十分で，素材生産コストが高いことが問題になっている。この問題を解決するために林道網の拡充を図り，一般補助林道のほかに特定地域開発林道（スーパー林道），大規模林業圏開発林道（大規模林道）の開設を行った。しかし，スーパー林道，大規模林道は森林施業のための林道ではなく，大型バスが通れる観光開発のために開設される林道が多い。

日本の森林は地形が険しく，造林不適地が多いためこれらの大型林道の開設効果はほとんど期待できないとされている。現在，林内林道網はドイツの118 m/ha，アメリカの23 m/ha に及ばないが16 m/ha に達している。アメリカ，西欧の森林では年間600 mm 前後，多い地域でも1,000 mm 前後の降水量しかないが，日本の森林では2,000～3,000 mm 以上に達する。日本の森林は急傾斜地で降水による林道災害が多く，維持管理費に多大の費用を要する。森林面積あたりの林道網を単純に外国と同じ割合まで引き上げると山地災害の多発を招くことが予想されることから，恒久的に維持管理する林道よりも必要に応じて作る作業道の整備が効率的と考えられる。

1.3 林業補助金制度の実態

　戦時中の乱伐によって荒廃した森林を復興させるため1950年造林臨時措置法が制定され，造林に対する補助金制度が確立された。最初は造林の補助率が50％であったが1957年から拡大造林と再造林との間に差が設けられ，1971年には拡大造林だけが補助の対象になった。しかし，木材価格の低迷に伴い補助の対象となる施業は次第に多くなり，現在ではほとんどの施業が補助の対象となっている。補助率も次第に引き上げられ，基準単価の80％前後が補助される。毎年2 ha前後の森林を伐採できる経営基盤（およそ100 ha）を持ち，自家労働で保育作業をすれば，専業林家として経営が成り立つ条件が整っていると考えられていた。

　しかし，現在多くの公社造林地が伐期を迎えているが，予想以上に伐採収入が少ないため，伐期をさらに20年，30年と延長し，問題の先送りをしているのが実体である。公表されている赤字は全国で1,337億円に達するが，この額は当局から公表された額であり，実際はこの何倍になるか予想がつかない。また，この赤字には公社を運営するために生じた間接的経費は含まれておらず，これを加算すると膨大な税金が投入されたことになる。

　また林野行政は，林業の中核となるべき森林組合の育成に力を入れた。森林組合が行う各種の事業に対し用いられる各種の施設などに積極的に補助政策を打ち出し，育成を図った。具体的には，組合が利用する機械や施設に対する補助と，公社造林・公団造林を積極的に進め，森林組合の運営を支えた。公社，公団造林は不成績造林地を作り森林の機能を悪化させたことはあるが，過疎化する山村に現金収入をもたらす大きな役割を果たした。

　以上のように，林業活性化のために林業公社や公団を設立し，拡大造林を積極的に行った。さらに，林道網の拡充や作業への機械化の促進を含め森林復興のための林業補助金制度の拡充を推し進めたが改善されないばかりか悪化するばかりであった。これらの結果は，カネ・モノのみを重視した政策による破綻とも言える。

第2節　カネ・モノをめぐる役割対立期（1980年代）

2.1　知床問題

　林業の推進と自然保護の対立は各地で見られるようになった。たとえば，「知床問題」[2]では，知床を日本で原生的自然の生態系が残されている貴重な地域と考え，森林施業（森林を目的に沿って改変するためにある種の作業を体系的に施すこと）を，その生態系に対する挑戦と捉えて応戦した。これは知床の森林地帯を，特にその心臓部と言える伐採予定地を，一切の手を加えない保存的自然保護（preservation）を第一義的なものとする地域として認めさせる戦いであった。他方，林野庁はこれらの事態を，法的にも行政手段的にも認められた森林施業地での林業に対する挑戦と受け止めて応戦した。林野庁側は，木材収穫を前面とした自然保護，すなわち保全的自然保護（conservation）をアピールして応戦した［北尾 1989］。この1980年代を，森林の役割について「カネ・モノ」をめぐり主張が対立する時期と捉えることができる。

　前者には森林を観光資源と見る観光業者が，後者には林業生産の維持・推進の立場から，木材業者および労働組合が戦列に加わった。両者の対決の事態は広くマスコミの報道するところとなり国民の関心が高まった。開発に反対する側の力の置きどころは，この世論の形成にあった。権力のない側の当然の戦略である。やがて，さながら両者による国民へのアピール合戦の様相を呈するようになるが，国民の関心はもともと環境・自然保護問題であり，マスコミも主としてこの観点から取り上げたために，林業生産者側は不利な

---

[2] 1986年に，林野庁が知床原生林の択伐計画を発表し，ナショナル・トラストを進める会などの保護団体は，伐採中止を求める意見書や集会活動を始めた。しかしながら，1987年に林野庁は伐採を強行した。この問題は全国に報道され，広く国民的な関心を集め，その後の森林生態系保護地域の創設など，国有林政策の展開に影響を与えるひとつの契機となった。

闘いを強いられた。

　ここで主張された原生的自然を可能な限りそのままの状態で保護するという「自然保護」の思想は，19世紀後半のアメリカ合衆国にその起源がある。1つは，自然を「資源」として捉え，人間のために自然を持続的に利用し，賢明な管理（「保全」conservation）を行うべきだと考えたのに対して，他方は，自然はそれ自体価値があるものであり，人間が完全に保護（「保存」preservation）すべきであるとの主張である。「保存」を前面に出したアメリカの自然保護の思想が，国立公園に関する制度や政策とともに，日本の初期の自然保護運動と自然保護行政に大きな影響を与えた。この時の混乱が，「熱帯雨林や原生林の木は伐ってはいけない」の主張が，いつのまにか「森の木は伐ってはいけない」という天然林も人工林も混同した，間違った認識を日本人に植えつける結果となる。

　現在，日本経済に占める林業および木材加工業の比重がいたって小さなものとなったことを国民は知っており，木材は輸入できても森林は輸入できないことも知っている。ましてや国有林野事業が膨大な累積赤字を抱えているため，いかなる林野庁側の主張も自分本意なものを偽装しているだけではないかと，国民の側からひとまず疑ってかかられる素地を有していた。直接国民にアピールする世論形成における闘いは，もともと伐採側に大変不利なものとしてあったのである。

　ところで，自然保護運動は大きく2つに分けることができる。1つは原生的自然を破壊から守ろうとする運動であり，他方は身近な生活環境としての自然を破壊から守ろうとするものである。後者の自然には当然にも再生された2次的自然を含んでおり，その自然認識は多岐にわたる。ここではより強い自然破壊に対する，より自然的なものが保護の対象となる［四手井1974］。そして，前者が自然保護運動の原点と位置づけられ両運動は連動し，連携・連帯が図られるのであるが，両者のこの関係の仕方に問題が発生した。

　「知床問題」の場合，反対派が「原点」を意識した運動を展開したことは明らかである［本多1987］。そして，反対派側が全国各地に連携を求めるなかで，原点における自然保護運動の「思想」が，後者の自然保護運動の中に

ストレートに入り込んでくるとき，人間と自然との基本的・根本的な関係である「生産」が無視ないし軽視されて，生産点での多大の混乱を発生させることになる［北尾 1989］。

マスコミによってこの自然保護運動の原点における闘いが国民に伝えられる過程で，「知床国立公園の森林の伐採に反対」は「国立公園の森林の伐採に反対」へ，そしてさらに「森林の伐採に反対」へと主張のズレを発生させていった。「森の木を伐ってはいけない」，「木を伐るのはかわいそう」という生産的行為を全否定されることは，林業生産全体への軽視へと普遍化していく問題をはらんでいた。

これまでの『林業白書』は，「自然保護」問題をあえて避けてきたが，1986年度の白書ではじめて，「林業と自然保護」という項目を設けて，両者は互いに調和し両立しうるものであることを強調している。このように，林野庁は自然保護運動からの突き上げで，森林施業を「自然をより保全的に取り扱うもの」へと修正していった。この頃から，国有林野に生物遺伝資源保全林の設定などがなされるようになった。だが，やはり「木材」の視点から森を見る基本姿勢は変わらない。これらのことを踏まえ，北尾は「動物をも含めた種々の「木」から森を見つつ，自然の保護と利用を総合的に捉える政策および行政機構がいたって不備であったことが露呈した」としている。また，現在多くの国民が所持している観念的自然保護観は，現実的自然からあまりにも隔離されて生活していることの所産であると指摘している［北尾 1989］。

2.2 「森は海の恋人」運動

「森は海の恋人」運動は，宮城県唐桑町（気仙沼湾）で牡蠣などの養殖業を営む漁業者グループ「牡蠣の森を慕う会（約60人）」が中心となって，1989年に始まった植林運動である［畠山 2006］。この運動は，直接的には，気仙沼湾および同湾に流入する2級河川大川の環境保全を目的としたものであり，上流部の岩手県室根村において広葉樹の森づくりを展開してきた。運動のキャッチフレーズ「森は海の恋人」は，「流域」という視点から「森・

川・海」を連続的・一体的に捉えて環境保全を考えていく必要性を訴えるものであり，運動開始直後からマス・メディアの注目を集め，1990年代半ば以降に各地で復興した漁業者による植林運動やダム・河口堰に対する環境運動の代名詞の1つとなった。毎年6月に室根村役場および地元自治会と共同で植樹祭が開催されており，運動開始から2008年時点までの植樹面積は約13 ha，植林本数は28,000本を超えている［帯谷 2003］。近年は運動が全国規模で波及し，同様の取組みが広がっている。同時に，小中学校の複数の教科書にも運動が紹介されるなど，その社会的影響も少なくない。

本運動はそもそも新月ダム建設計画に対する危機感を背景として開始されたものであり，この運動によりダム建設を阻止するに至ったが，本書ではこれを環境運動・植林活動としての側面から見ていくこととする。

「森は海の恋人」運動の担い手となった漁民たちの多くは，気仙沼湾で牡蠣やホタテの養殖を営んでいる。牡蠣を含めた河口部の生物の育成と上流部の森林とが生態系として密接に関連していることを理解するようになり，「漁民による植林活動」が開始された。当時の漁民にとっては，上流の森林やダム建設のことは，「あくまで，よその問題」という認識であった。「海の磯焼け現象の原因は源流部の腐葉土から出た鉄分と関連があり，ダムはそれを止めてしまう」[3]ことや，長年海と関わりながら生活している養殖業者も，「雪や雨が多い年には，牡蠣やホタテの成長がいい」ということを生活知識として経験学的に学び取っていた［帯谷 2003］。これらのことから，漁民は「ダムによって川の流れが変わってしまい，湾内の養殖業にとって大きな脅威になる」という話を，現実味をもって受け入れることとなる。

このような過程を経て，「森は海の恋人」運動は，「大漁旗を掲げて山に木を植える」という行為様式で開始することになる。植樹祭やシンポジウムを中心に展開され，多くの参加者とマス・メディアにより大きく取り上げられることとなる。本運動の成功の要因には，「大漁旗を掲げた植林運動」とい

---

[3] 1990年北海道大学水産学部の松永勝彦教授（水産海洋化学）によるシンポジウムの基調講演より。

う新奇さに加えて,「ダム反対」を前面に掲げない運動戦略や,地球環境問題の顕在化などを背景とした当時の環境問題に対する世論の高揚がある。

　この運動は,宮城県志津川町の志津川町漁協と志津川町戸倉漁協の各青年部が主体となった「海の男たちの植樹活動」(1995年～)や,熊本県羊角湾の真珠養殖業者が中心になった熊本県パール青年会による「森は海の恋人in天草」(1996年～)につながり,全国に展開されていった。さらに,山村の住民組織による本格的な植樹活動や子どもたちを対象とした環境教育にも発展していった。

　この運動の功績を山側から見ると,森林が中流域,下流域のみならず,河口域において多くの影響を与えていることの認識を広く市民に認知させる契機となったことが大きい。また,植樹祭に合わせて,地元の特産品や漁業者の協力による海産物の販売,郷土芸能を地元の子どもたちが披露する場となり,山村における「地域おこし」としての効果も大きい。

2.3 「森林の公益的機能」への主張の転換

　内閣府が4年ごとに実施している「森林に対する国民の期待」調査(図1.1)において,1980年までは,森林の役割として「木材生産」が2位であったが調査をするたびにその順位は下がっており,2007年は8位であった。つまり,国民の意識は,森林の役割は木材資源の生産の場以上に,人間や社会に対して他の公益的機能にあるとしている。たとえば,地球温暖化防止であり,治山治水,水資源の涵養,大気浄化・騒音緩和,リクリエーション,野生動物の生息の場としての役割が強いことが分かる。なお,2003年まで1位は「治山治水」,2007年は「地球温暖化」である。これらの変化は,林業の不振と環境問題に対する国民の意識の変化が作用していると考えられる。

　森林環境教育や里山保全運動は,これらの森林の公益的機能を維持・継続させるための活動と言える。森林を木材生産の場としてより,生態系を守る場所,豊かな水資源を作る場所という,森林の公益的機能を前面に出した森林保全運動である。

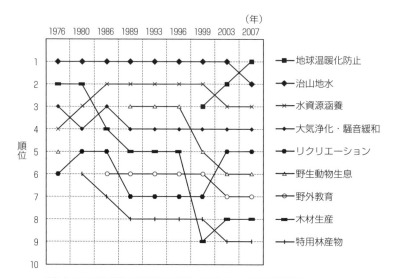

注）3つまでの複数回答結果（1976年のみすべての複数回答）。
1976年は風雪害防止が7位，また騒音防止が別項目で8位。
資料）内閣府世論調査

図 1.1　森林に対する国民の期待

　図1.1に示した2007年の世論調査[4]によると，「今後，森林のどのような働きを期待するか」については，「二酸化炭素を吸収することにより，地球温暖化防止に貢献する働き」を挙げた者の割合が54.2％と最も高く，以下，「山崩れや洪水などの災害を防止する働き」（48.5％），「水資源を蓄える働き」（43.8％），「空気をきれいにしたり，騒音をやわらげる働き」（38.8％）などの順となっている（3つまでの複数回答，上位4項目）。また，2003年の調査と比較してみると，「二酸化炭素を吸収することにより，地球温暖化防止に貢献する働き」（42.3％→54.2％），「空気をきれいにしたり，騒音をやわらげる働き」（31.3％→38.8％）を挙げた者の割合がそれぞれ上昇

4　世論調査報告書，2007，2011，森林と生活に関する世論調査，内閣府大臣官房政府広報室。森林と生活に対する国民の意識を把握し，今後の施策の参考とすることを目的に，全国20歳以上の者3,000人（層化2段無作為抽出）に対して，調査員による個別面接聴取により調査された。

している。また，最近の10年間を見ると，地球温暖化防止（3位から1位へ）の上昇が顕著で，近年の地球温暖化に対する国民の森林への期待が大きくなったことを表している。さらに，2011年の調査では，「災害防止」（48％）が，「地球温暖化防止」（45％）を上回り1位となっている。これは，東日本大震災や集中豪雨などによる災害が発生したことを受け，国民の防災意識の高まりが現れているものと思われる。

　これまで述べてきたように，森林はそれが存在することだけで，多くの面で環境にプラスの公共財として機能している。たとえば，水源の涵養，山地災害の防止機能，酸素の供給と二酸化炭素を吸収するなどの機能がある。しかし，近年森林を維持造成するのに要した費用を森林の市場メカニズムでは回収しきれなくなっているため，受益者が社会的コストとして応分負担すべきであるとの趣旨で構想されたのが，森林の水涵養機能維持を目的とした水源税などの環境税（たとえば，熊本県の場合は「水とみどりの森づくり税」）である。このような森林基金は，自然を利用する重要さと自然を保護する重要さとの双方が理解され，かつ，利用と保護が現実的に共存する関係がつくられなければ成り立たない［北尾 1989］。

　先にも述べたが，山村地域においては，過疎化・高齢化あるいは木材価格の低下など林業を取り巻く厳しい状況から，人工林の経営を放棄する事例が見られるようになり，そういった森林では公益的機能の低下が危惧されている。これまでのように森林の適正な整備を厳しい環境にある林業関係者の自助努力のみに委ねるには限界がある。都市部の住民を含めすべての者が等しく森林のもたらす恩恵を受けており，国民の財産である森林を守り育て，健全な森林を次の世代へ引き継ぐためには，社会全体で森林を支えていく新たな方策が必要である。その方策の1つとして，森林・林業の現状などを広く知らせ，森林の公益的機能の維持，増進をいっそう推進する活動が今後ますます重要度を増してくると言える。

第3節 ヒト・クラシへの着目期（1990年代〜現在）

3.1 資源がありながら輸入に頼る構造的矛盾

現在，我が国で毎年使用する木材量は約7千万m³であり，この量は毎年世界で使っている木材量30億m³の3％にもあたる。戦後9割を超えていた木材自給率も，2000年には20.6％，現在は若干持ち直したものの31.2％（2014年）と依然低い値で推移している。なお，割合が若干増加したのは，国産材の生産が伸びたのではなく，外材の輸入量が減少したためである。

現在，日本の山地はほぼ森林に覆い尽くされ，木材産出のための森林資源（戦後，植林されたスギ・ヒノキを中心とした人工林）が，伐期を迎えている。しかし，林業は衰退したままであり，人口流出も継続していることから山村社会が崩壊寸前の状況にある。

このような現状の中，「日本林業不要論」さえささやかれている。つまり，「国際レベルで劣位な生産性にある国内林業などやめて，公益的機能を発揮する森林管理だけやればよい」，「グローバリゼーションが進む中で，木材生産も国際分業化する方が短期的には効率がよい」などの主張から出された，「日本林業」の不要論である。しかし，今なお世界一の木材輸入国である日本は，海外の森林を直接・間接的にも破壊し続けており，各国の違法伐採も，その材を受け入れる輸入国がある限り，続けられる。自国内で持続可能な森林経営を放棄する一方，他国の森林破壊に関わっているのである。このように，日本の林業は，資源がありながら輸入に頼るという構造的矛盾を抱えている。

3.2 森林を守るヒトの視点の欠如

都市の住民は，森林から多くの公益的機能の恩恵を受けており，しかも，これまですべての維持管理・経費は，山に住む住民に頼ってきたと言える。しかし，現在山村は多くの問題を抱えているにもかかわらず，その現状を十

分に理解しておらず，またその問題の存在自体も知らないというのが現状である。しかし，このような状況が継続し，人工林が放置され手入れが進まないと，森林の保水力がなくなり洪水や鉄砲水などの災害が発生する。そして，災害の復旧には国民の税金が投入されるため，決して都市部住民にとっても無関係な問題ではない。また，野生の動物が里に出没し，人間に危害を加えたり，農作物を食い荒らすなどの被害が多く報告されている。さらに，密植した人工林は間伐しないと，木の生長につれ密集し，暗い森となり，下草も生えず土壌がむき出しとなり，水の涵養はおろか，ついには山の崩壊が起きてしまう。

　山主・林業関係者の生活の維持は，結果として健全な森林環境を守っていくことに繋がる。沢畑は，「棚田を守ることは，実は森の世話をしてくれる山の住民の暮らしを守ること。それは都市の生活とも繋がっている」ことを，水俣市の村おこし施設・愛林館から発信している。また，林業を守るための補助金だけでなく，環境税やカーボンオフセット制度を積極的に進め，健全な森林の整備・利用に役立てることも急がれる［沢畑 2005］。

3.3　生活技術の総合性の欠如

　森林と人間の関係性が高かった時代，たとえば1960年頃までは，電力，ガスなどとともに薪炭の利用があった。子どもたちは，山での薪拾いから始まり，大量の薪を運ぶ時の荷造り，薪割り，マッチによる点火，火力を調整するための薪のくべ方，火吹き竹や団扇による風の送り方による火力の調整など経験的に学んでいた。このような作業の中から，安全で合理的な「火の扱い方」を身につけていった。また，樹種により着火のしやすさや火力に違いがあり，薪に適する物とそうでない物の見分け方（樹種や乾燥具合），着火時と燃え始めてからの樹種や形状の選別など，モノを見分ける能力も身につけていった。さらに，うまくいかないときの対処法・工夫する力も必要とされ，必然的にそれらを身につけた。

　このように，薪を使って火を起こし煮炊きする事象からも，人間は多くの知恵と生活技術を得ていた。この生活技術は，他の作業にも応用できるもの

が多かった。それが，煮炊きする熱源である薪の代替物として，ガスや電気が出現したことにより，多くの手間が省け時間と労力が軽減されたかわりに，「生活技術の総合性」が低下していったと言える。代替物の使用は，生活を豊かで快適にする一方で，人間の能力を退化させてしまったのである。これは，単一の生活技術が欠損しただけでなく，種々の生活技術を総合的に活用してことをなす力も同時になくしている。単一の生活技術は，代替品の活用により補うことは可能であるが，「生活技術の総合性」は補うことはできないところに大きな問題がある。

　もう1つ例を挙げることとする。昔の子ども（特に男の子）は小刀（「肥後守」）を持ち歩き，自分の道具として使いこなしていた。木を切る，割る，削る，穴をあけるなど，いろいろな用途に使用していた。安全に効率的に作業を遂行する技を身につけることができた。さらに，種類による木の堅さの違い，削りやすい方向，小刀がよく切れる角度（適切な切削角），材料を持つ手と刃物を持つ手の連動した動き，微妙な力加減などについても，体験の中から身につけていった。

　ヒトは道具を使うことにより進化を遂げてきた。しかし，「カネを出せばモノは手に入る」，「刃物は危険」，「手が汚れる」，「めんどうだ」という理由によってこのような経験をしなければ，道具をしなやかに使いこなす「生活技術の総合性」の獲得には至らない。このような子どもたちの状況について，「手が虫歯になる」と指摘されて久しい［寺内・森下 1982］。

　現代の「すべての条件が整いヒトはスイッチを入れさえすれば，作業は完結する」，「カネさえ払えば必要なモノが手に入る」という生活環境からは，その条件のいくつかが揃っていない時や，必要なモノが手近にないときに対応する力・工夫し乗り切る力は生まれてこない。AがなければBで代用し，それもなければCを加工し代用品までも作ってしまう力は，森をはじめとする自然との距離が遠くなるにしたがい，弱体化しさらには消え去っていった。平常時には顕在化しないが災害などの非常時には，この「生活技術の総合性」を持つ人間とそうでない人間の行動には大きな開きが見られる。たとえば，子どもたちをキャンプに連れ出したときには，その能力の差を垣間見

ることができる．2016年の熊本地震において，筆者らもそのことを実感することとなった．電気やガス，水道などが寸断され，これらのライフラインが復旧するまでは，手元にある物で代用したり，獲得したりする方法を思考した．また余震が続くなかでは建物に入るのは敬遠され，避難所や車の中，広場で限られた機材・道具での生活を余儀なくされた．このような状況では，「生活技術の総合性」の有無が生活の質の保障に大きく影響を与えた．

また，1960年代頃までに子ども時代を過ごした人たちは，ほとんどお金を使わず遊んでいた．お金がなくとも，有意義な遊びは可能であり，多くの術を身につけていた．このような経験的認識を現在の50代以上の人は持ち，実感している人も多いだろう．現在の子どもたちの状況について良しとせず，この状況の改善を求める指摘もある[5]。

これまで述べてきた「木を燃やす」，「木を使った遊び」，「木を使ってものを作る」という行為は，身近な自然物を使って自己の能力を高める行為の象徴である．「木を使っていく力がない」とは，身近な物を使って工夫しながら生きていく力，課題を解決していく力，生活力がないことを表している．現代生活は，一見豊かだが，全部代替え物によって作られたモノで成り立っている．生活技術の総合性を取り戻すという点において，森や木との関わりというのは，出発点であり帰着点ともなる非常に重要な要素である．

3.4 自然と共生する力の欠如

日本人は長い時間をかけて伝統的な「半自然文化」をつくってきた．自然を改造しつつも自然の構造を根本的には変えないところの「半自然的生態系」をつくりだしてきたのである．このような社会が破壊されたのは，1960

---

[5] 徳野は講演のなかで，「現代の子どもは，お金で遊ぼうとするし，お金なしでは遊べない」と指摘する．さらに，周囲の大人（50代以上）に，「孫に銭やるな．銭なしで遊んでみろと言え」，「銭がなくても生きていけるという証は，俺だと言え」という．昔は，何もないところで生活できたし，工夫して乗り越える術を身につけていた．このことを事実として，今の子どもたちに伝えていく必要があり，さらに，自身も子ども達が工夫して遊ぶという経験を阻害していることを自覚すべきと指摘する．

年代以降とみなしてよいであろう。かつての「共生社会」に学びつつ捉え直すこと，すなわち，自然と人間とのそして人間と人間との共生関係を新たな水準で獲得していくことが大切なのである［北尾 1989］。

木と人間との関係で見てみると，私たちの周りでは1枚の紙から家具や建物にいたるまで，木から生まれたものがたくさん使われている。しかし，材料となった木やその木が生きていた森を想像できる人は一体どれだけいるであろうか。

近年我が国では，利便性や経済効果の追求などによる生活環境と自然環境の変化によって，人と人，人と自然，モノと自然とのつながりが希薄となり，社会や自然にさまざまな「ほころび」が生じている［西川 2007］。

家族に囲まれ，地域の中で助け合い，身近な自然材料で生活用具を作る暮らしが当たり前の時代があった。日常生活そのものの中に，感性や社会性を育む多様な機会があった。人間は森を離れ，山村を離れ都市部で暮らすことにより，「私たちも自然の一部であり多くの生命と共存しながら生きていること」を実感できなくなった。自然の脅威や自然からの恵みに対しても鈍感になってしまっているとの指摘もある［煙山 2008］。さらには，自然と関わる力や自然を活用する力も弱くなってしまったのである。

［参考文献］

大武健一郎，2005，『データで示す日本の大転換 「当たり前」への回帰』かんき出版．
大野晃，2007，「限界集落からみた集落の変動と山村の再生」日本村落研究学会編『むらの社会を研究する フィールドからの発想』農山漁村文化協会．
帯谷博明，2003，『河川対策の変遷と環境運動の展開 —— 対立から協働・再生への展望 ——』博士論文，東北大学．
―――，2009，「森は海の恋人」鳥越皓之・帯谷博明編『よくわかる環境社会学』ミネルヴァ書房．
北尾邦伸，1987，「知床問題を考える」『林業経済 467 号』林業経済研究所．
―――，1989，「森林化社会の社会学」内山節編『《森林社会学》宣言』有斐閣．
―――，2007，『森林社会デザイン学序説 第2版』日本林業調査会．
吉良竜夫，1976，『自然保護の思想』人文書院．
煙山泰子・西川栄明，2008，『木育の本』北海道新聞社．

左道健，1990，『木を学ぶ木に学ぶ』海青社．
沢畑亨，2005，『森と棚田で考えた』不知火書房．
寺内定夫・森下一期編，1982，『子どもの遊びと手の労働』あすなろ書房．
徳野貞雄，2007，『農村の幸せ，都市の幸せ　家族・食・暮らし』NHK出版（NHK生活人新書）．
―――，2011，『生活農業論　現代日本のヒトと「食と農」』学文社．
西川栄明，2007，『地球の歩き方　日本の森と木の職人』ダイヤモンド社．
野口旭，2007，『グローバル経済を学ぶ』ちくま新書．
畠山重篤，2006，『森は海の恋人』文春文庫．
平野秀樹，2003，「森林化社会の時代へ」森林化社会の未来像編集委員会『2020年日本の森林，木材，山村はこうなる　森林化社会がくらし・経済を変える』全国林業改良普及協会．
福田恵，2007，「森林問題と林野資源の可能性」日本村落研究学会編『むらの資源を研究する　フィールドからの発想』農山漁村文化協会．
本多勝一編，1987，『知床を考える』晩聲社．
松永勝彦，2010，『森が消えれば海も死ぬ　陸と海を結ぶ生態学』講談社ブルーバックス．
村嶌由直，2001，『森と木の経済学』林業調査会．
四手井綱英，1974，『自然保護，森林，森林生態』農林出版．

コラム2 ●「木を見て森を見ず」でない視点を

　現代の子どもたちは環境問題について，さまざまな事柄を学びます。地球温暖化や環境保全が大きなテーマですが，特定の現象だけに注目するあまり，全貌をつかめないことがあると感じることがあります。たとえば，「木材輸入が日本の林業を駄目にした」「森の木を切ってはいけない」といった事柄は，ある側面からの指摘ですが，互いの依存性や関連性に目を向けると，別のとらえ方が見えてきます。

　森林について考えてみましょう。世界では1秒間にテニスコート20面分，1分間に東京ドーム約2個分の森林が失われていると言われます。それでは100年前に比べ，日本の森林面積は減ったのでしょうか。実は増加しているのです。

電気やガスが普及する以前，森林の木は燃料として利用されました。建材も，そのほとんどが木材でしたし，化学肥料が出回るまでは腐葉土やかまどの木灰を肥料に使っていました。花咲かじいさんが，木灰をまくのも，草花の成長に役立つからです。木灰には，花・果実の育成に効果のあるリンや，根の発育に良いカリウムが豊富に含まれています。前の年に，木灰をたっぷり肥料としてあげたら，花がたくさん咲いたということから来ているお話だと思います。昔の人は，木灰さえも大切に保管し，肥料として使っていました。このように里山は，私たちに多くの生活資源を提供してくれる大切な役割を持っていました。

　このような木々の使われ方がどんどん少なくなり，さらに木材の輸入が増大したことが，森林の回復に貢献したとも言えます。確かに林業の衰退や，人の手が入らなくなった里山の荒廃といった問題はありますが，自国の木を切り尽くしていたら，豊かな森林は残っていなかったかも知れません。現在，日本は先進国の中では，フィンランド，スウェーデンに次ぐ世界第3位の森林率（国土に占める森林の割合）を誇っています。

　森が豊かになれば，地球温暖化の原因の一つとされる二酸化炭素の吸収量も増えます。樹木は光合成によって炭素を蓄え，大きくなるのです。では，森林の伐採が即，地球温暖化につながるのでしょうか。

　樹木に蓄えられた炭素は柱や板に加工されても，炭素はそのまま残ります。木材の重さの約半分は，炭素なのです。柱や板を燃やしたり，腐らせたりしない限り，炭素を保持してくれます。炭素をたくさん含んだ木材を使った住宅や家具を増やすことは，街中に「第二の森」をつくることなのです。標準的な木造住宅は1棟で約6トンもの炭素を蓄えています。

　また，樹木が1年間に炭素を蓄える量は，樹齢が長くなればなるほど増すのではなく，樹齢50〜60年を境に減少すると言われています。

　苗木を植えて大きく育て，二酸化炭素の吸収量のピークが過ぎた後に収穫し，また新しい苗を植える。そして，伐採した木々から作った住宅や木製品を，できるだけ長く使う。これを繰り返すことが，持続可能な社会の実現にもつながります。

　一つ一つの問題を深く学ぶことと併せ，それぞれを大きな視野でとらえ，結びつけて考える学習が必要です。「木を見て森を見ず」とならぬよう，欠かしたくない視点だと思います。

第2章

木育活動の生成

第1節 北海道木育推進プロジェクト

1.1 木育の生成の経緯と理念

　歴史的に見ると「木育」は，2004年度に北海道において発足した「木育推進プロジェクトチーム」の中で検討され，生まれた言葉（造語）である。その後，2007年度には林野庁の「木づかい運動」の中に「木育」が新たに加えられた。現在，木育は全国に広がりつつある。たとえば，北海道では木育のテキストの開発や研修，秋田県では高校生を対象とした「木育スクール」，岐阜県では「木育のいっぽ」として木育プログラム集や推進員の認定制度，熊本県ではテキストの開発と研修・認定制度，ものづくり教室の開催などがある。その他，埼玉県，島根県，宮崎県で各県の特色を生かした取組みがなされるようになった。

　本節では，北海道で「木育」が開始された経緯について概観する。2004年9月6日に，北海道庁において，水産林務部木材振興課の「協働型政策検討システム推進事業」の一環として木育推進プロジェクト会議(第1回)が開催された。これは，道産の木材需要拡大が最終目的にあり，それを林業関係機関・関係者だけに止まらず協働して，需要拡大を目指すプロジェクトであった。第1回目の会議では，「木育」の意義，理念，検討の方向などについて審議された。参加者は，実務家として5人，公募道民として4人，公募

市町村職員として2人，公募道職員1人，関係部局職員3人，事務局2人の合計17人であった。職種から見ると公務員が8人で，水産林務部木材振興課，知事政策部（政策企画），緑化環境部公園と花の課，企画商工課，教育庁生涯学習部小中・特殊教育課，保健福祉部子ども未来づくり推進室（子育て支援），北海道立林産試験場の所属となる。教育関係者として，短期大学保育科（美術担当），学校法人理事，また，NPO法人では，子育て，環境，地域おこしに関連する団体，企業としては，住宅・木製品の製作，木工作家，事務用品販売，出版社などであった。

　これらは，水産林務部木材振興課が目指す「木育」に関連した人員構成であると言える。中心は木材の需要拡大であり，それに教育や子育てという視点から道民の木材需要拡大に対する理解と行動の変容を目指していた。プロジェクトのリーダーとして（財）北海道環境財団理事長を配置し，環境保全活動や環境教育的な色合いも強い。

　北海道木育推進プロジェクトで検討された「木育」の理念は，「子どもをはじめとするすべての人が木を身近に使っていくことを通じて，人と，木や森との関わりを主体的に考えられる豊かな心を育むこと」とし，木育を通して心や人間を育てるとしている。この理念が構成された段階では，木材需要拡大についての言及はなく，人間としての豊かな心や感性の向上を目指す人間教育について主眼が置かれている。さらに，「ただ単にじっとしたまま考えるだけでは育っていかない」，「木を使って，様々な経験を通した行動が必要である」と述べられ，木を使った活動や森林における活動も重視している。

　北海道では，「木を身近に使っていく」ための多種多様で具体的な活動を伴った木育のプログラムが考案され，道民へ提供されている。これらの中では，木育の理念がよく分かる活動プログラムや先進的なプログラムが開発され実践されている。このような北海道における木育は，全国に先駆けた事例として，国民運動としての「木育」の発展に影響を与えた。

1.2 北海道での木育の取組み

北海道木育推進プロジェクトでは,「木育がめざすもの」として,以下の4点を挙げている [煙山・西川 2008]．

① 五感とひびきあう感性を育む：木と五感で触れあい，手でつくり，考える経験を通して人と自然に対する「思いやり」と「優しさ」を育みます．

② 共感を分かち合えうる人づくりをめざす：身近な人と木で遊び，木に学び，モノをつくる経験を通じて楽しさや喜びを共感し，地域や社会，産業への関心につなげます．

③ 地域の個性を生かした木の文化を育む：地域の森や木の良さを見直し，木が身近にある北海道ならではの暮らしや文化を提案します．

④ 人と自然が共存できる社会をめざす：循環利用が可能な資源である木の可能性や，森と木に携わる仕事のすばらしさを伝え，持続可能な未来へ向けた社会をめざします．

また，木育が取り組むフィールドとして，以下の3つを挙げている．
① 感性や社会性を育む
- 木製遊具や木の道具などに触れ親しむことによる五感の育成
- 森林に親しむことによる情緒の育成
- 森や木による「遊ぶ力」と社会性の育成
- 木や緑に囲まれた施設，住環境，街並みや景観の形成

② 人と木のつながりを育む
- 北海道の木の文化や技術の再発見・再評価と伝承
- 木材と地球環境に関する知識の向上
- 木によるモノづくり教育の推進
- つくり手と買い手，使い手の顔の見える関係づくり

③ 人と森のつながりを育む
- 森林づくりと木材生産・利用のサイクルの理解に向けた森林体験や学

習などの推進
- 森林と地球環境に関する知識の向上

さらに，具体的な取組みとして，木育の普及活動を行うための組織「木育ファミリー」をつくりメディアによる情報発信を行っている。また，道民と木や森とのふれあいの場の提供として，ものづくり教室や公園への木製遊具の設置，木育の担い手づくりとしてテキストの開発と養成講座の実施を挙げている[1]。

第2節　林野庁の木育

2.1　木育の生成の経緯と理念

　林野庁における木育に関連する施策として，2006年9月に「森林・林業基本計画」が閣議決定された。この基本計画のなかで，国民・消費者の視点の重視が施策に取り込まれた。それが具体的には，「林産物の供給及び利用の確保に関する施策」の中の「企業，生活者等のターゲットに応じた戦略的普及」で，「木材利用に関する教育活動（木育）の促進」が明記された。これが国レベルで登場した最初の「木育」と言われている。

　また，2007年2月に，「木材産業の体制整備及び国産材利用拡大に向けた基本方針」が林野庁より発表され，この基本方針の中の「国産材の利用拡大に向けた基本方針」に，木育は「木材利用に関する教育活動」であると記述された。このなかで，林野庁における「木育」の定義を，「子どもから大人までの木材に対する親しみや木の文化への理解を深めるため，多様な関係者が連携協力しながら，材料としての木材の良さやその利用の意義等を学ぶ，木材利用に関する教育活動」としている。林野庁では，2007年6月に学識経験者やNPOなどからなる「木育推進体制整備総合委員会（座長：島根大

---

[1] 詳細については，平成16年度協働型製作検討システム推進事業報告書を参照されたい。http://www.pref.hokkaido.lg.jp/sr/rrm/mokuiku/H16_kiseki.htm

学・山下晃功)」を設置し,「木育」の指導者の養成や体験プログラムの作成などを進めている。

　その後,林野庁の委託を受け「木育」の推進に取り組んだ(財)日本木材総合情報センターでは,「木育」を次のように定義している[2]。

　　「木育」とは,子どもをはじめとする全ての人が木を身近に使っていくことを通じて,人と,木や森とのかかわりを主体的に考えられる豊かな心を育むことである。具体的には,木材を利用してゆくための単なる普及活動に留まるものではなく,木材を利用することを通じて,「産れた時から老齢に至るまで木材に対する親しみをもつこと」,「木材の良さや特徴を学び,その良さを生かした創造活動を行うこと」,「木材の環境特性を理解し,木材を日常生活に取り入れること」と位置づけられる。また,これらを通じて,様々な素質を持った人間(たとえば,森林育成活動へ参画する人間や自然環境及び生活環境について自ら考え行動できる人間など)を「育む」きっかけとなる活動であると位置づけられる。

　その推進方法については,「木育フラワー」(図2.1)を例示し,「触れる」という段階,「創る」という段階,そして「知る」という段階の3段階での実践を提唱している。まず,「触れる」ということは,いろいろな木製品,木製遊具で遊ぶ。または,直接樹木に触れる。それらを通して,木の良さを体験して理解させるというものである。これは,単に木材に触れるだけではなくて,木材を使った文化,歴史,社会に触れるという意味も込められている。「創る」というのは,ものづくりなどであるが,創造的な思考で問題を解決できる力を育成し,それを通して木の材料としての良さ,特徴を理解して欲しいという願望も含まれる。単にものをつくるだけではなくて,「豊か

---

[2] なお,定義が公開される段階では,特定非営利活動法人　活木活木森ネットワークが事業を引き継いだ。詳細は,木育.jpを参照されたい。http://www.mokuiku.jp/

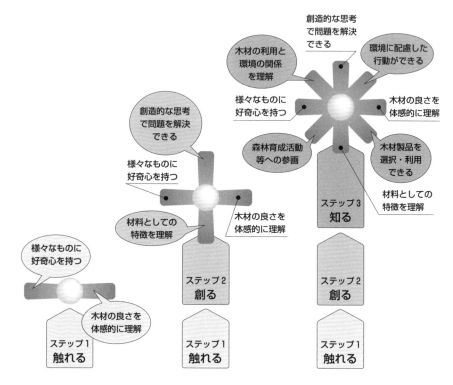

図 2.1　木育フラワーのイメージ図 [3]

な社会づくり」もねらっているとしている。最後の「知る」については、このような活動を通して、木材の利用と環境との関係を理解してもらう、環境に配慮した行動、森林育成活動などの実際の行動につなげて欲しいという願いがあるとしている［山下・浅田 2008, 2011］。

3　詳細は、木育.jp　活木活木(いきいき)森ネットワークの「木育推進サービスパック」を参照されたい。http://www.mokuiku.jp/

2.2 木育の位置づけと取組み

　林野庁においても生産者側への取組みだけでなく，消費者側への取組みが重視されたことに注目したい．それは，その双方が重要であるにもかかわらず，生産者側からの施策に対して，消費者への取組みが明らかに遅れ，良いものを生産してもそれを理解し（適切に評価し），購入できる消費者を育ててこなかったこれまでの国策に対する反省からの変更点と言える．

　これらを踏まえ，林野庁は国産材の利用拡大に向けた基本方針の中で，国民への戦略的普及，木材利用に関する教育活動（木育），海外市場の積極的拡大，木質バイオマスの総合的利用の推進，違法伐採対策の推進に取り組むとしている．

　また，木育活動への取組みについて，国産材の利用拡大に向けた基本方針では，以下のような記載がある．

　　木育を促進するために，関係府省と連携し，NPOや関係企業など関係者の間で木育に関する意識や認識の共有を図ることが必要である．さらに，木育活動の実施に向けて，テキストや指導者向けの解説書などを作成するとともに，これを実践しうる人材を育成する取組を進めていく．その上で，学校教育においては，木材加工学習などを補い木材利用に関する理解が深まるような取組を推進する．また，学校教育の場以外にも裾野を広げるため，環境NPO，一般企業，住宅生産者などを取組主体に含め，成人に対しても普及していく必要がある．たとえば，すでに国産材製品を調達したり，社員がボランティアとして森林整備に取り組んでいる企業があれば，まずはこうした企業を取組主体の対象とすれば効果的である．あわせて，大工などの木材加工技術者の養成や地位の向上などに取り組むことにより，木材に触れる仕事が好まれる社会にしていくことも重要である．

　　一方，木育は，国産材利用を推進するためのツールとしても有効である．すなわち，最近では身近な生活用品から木製品が少なくなり，ま

た，遊びなどを通じて木材に慣れ親しむ機会が少なくなっていること，木材に関する知識や技術を持つ人も少なくなったことから，木に関する適切な情報を提供することともなる木育は，こうした課題を解決する上できわめて有効である。このため，木材の特性に関するデータの整備を行い，木材利用について消費者に分かりやすく直接訴えかけていく取組みを推進する。たとえば，地域において，大学や試験場等と連携を図ることにより，住宅，家具などへの木材利用について的確に答えられる人材を育成していくことも方策として考えられる。また，消費者と直接接する機会がある大工，建築士，DIYの専門家などに国産材に関する知識を付与できるようにして，その利用推進を図ることも効果的である。

さらに，木を伐り利用することにより森林の手入れがなされること，すなわち，間伐材などの国産材の利用により森林整備に必要な資金が確保され，森林の有する公益的機能が発揮できることを訴えることが大切であり，木育と森林環境教育との連携についても具体的に検討する。なお，木育は実際に木に親しむ体験的な活動が原点となるが，理解を深めるためには，木材利用の意義や木材の良さなどについて知識と技術をバランスよく行っていくべきであり，その際には分かりやすい情報提供とその科学的裏付けが不可欠である。

また，2009年度森林・林業白書[4]でも木育を取り上げ，次のような記載がある。

　　我が国の国土は南北に長く，気候帯も亜寒帯から亜熱帯に及ぶなどの自然条件を背景に，多様な樹種からなる森林が形成されている。我が国では，このような森林から得られる木材を各地の風土に合わせ，食器・玩具などの身の回りの生活用品や家具・住宅・大規模建築物に至るまで様々なところで古くから利用し，長い年月をかけて「木の文化」を培っ

---

[4] 林野庁，2010，『平成21年度森林・林業白書』（2010年4月公表）。

てきた。しかしながら，生活スタイルの変化や代替品の進出に伴い，日常生活において木材を使う機会が減少している。このため，木材利用を進めるにあたっては，市民や児童の木に対する親しみや木の文化への理解を深め，多様な関係者が連携・協力しながら，材料としての木材の良さやその利用の意義を学ぶ「木育」と呼ばれる教育活動を進めることが重要である。

2.3 林野庁における国産材の利用拡大のための木育以外の取組み

　林野庁は，2007年2月に公示した「木材産業の体制整備及び国産材の利用拡大に向けた基本方針」[5]において，「木材産業の体制整備に向けた基本方針」および「国産材の利用拡大に向けた基本方針」を示した。具体的には，木材産業の体制整備として，国産材シェアの拡大，製材・加工体制の整備，流通改革の3点を挙げている。また，国産材の利用拡大のために，国産材需要の約6割を占める住宅資材での利用拡大を中心に，これを含めた消費者重視の新たな市場の形成と拡大に努め，木材とりわけ国産材の利用拡大を図ることが重要としている。その中で，「国民への戦略的普及と木材利用に関する教育活動」として，消費者，一般企業，住宅生産者などの木材に関する関心や理解を高め，木材製品が売れる環境をつくるなど戦略的な取組みが重要であり，科学的かつ分かりやすい情報を提供しつつ，国産材の良さをPRすることを挙げている。

　以下に，林野庁を中心に実施されている木育以外の「国産材の利用拡大のための取組み」について，概略を示す。

2.3.1 木造住宅に国産材を使用する取組み

　2007年5月に内閣府が行った「森林と生活に関する世論調査」によると，「木造住宅を選ぶ際，価格以外に重視する項目」の上位3項目に，「健康に配

　5　「木材産業の体制整備及び国産材の利用拡大に向けた基本方針」は，以下を参照されたい。http://www.rinya.maff.go.jp/puresu/h19-2gatu/0207mokuzai.html

慮した材料が用いられていること」（70.6％），「品質や性能が良く，耐久性に優れていること」（67.6％），「国産材が用いられていること」（34.1％）が挙げられている。また，住宅メーカーの中には，国産材を利用する利点として健康や快適性の面だけでなく木材利用を通じた森林づくりや地球温暖化防止への貢献を掲げ，国産材へのこだわりを打ち出した住宅を提供する取組みが見られる。このように，製材需要の多くを占める住宅分野において，品質・性能だけでなく健康面などへの志向が高まる中，国産材の需要拡大に取り組む木材産業などにおいては，品質・性能の明確な製品を安定的に供給するとともに，住宅生産者などと連携して品質や性能などの表示や国産材を利用する利点の普及を推進していくことが重要としている。

　また，木材の樹種や産地にこだわりを持って木造住宅を新築や改築したいという要請も根強い。「顔の見える木材での家づくり」[6]は，このような消費者の要請にも応えた住宅を提供する取組みであるが，全国各地で広まっている。これらの取組みでは，消費者のために伐採現場の見学会や木造住宅の勉強会などを開催し，木の良さのPRを行っている。2006年には全国で241グループが取り組み，年間6,460戸の木造住宅が供給されている。

　しかし，松下によると，「顔の見える木材での家づくり」による取組みは，生産者と消費者の関係性は依然として改善されておらず，消費拡大にも大きく寄与しているとは言い難いとしている［松下 2009］。

2.3.2 公共施設における国産材利用

　地域での展示効果の高い公共施設や公共土木工事において木材を利用することは，国民が身近に木造建築物と接し，木材利用の重要性や木の良さへの認識を深める上で重要であることから，農林水産省においては，公共事業や庁舎などの施設，事務用品などの調達において木材製品の積極的な利用に取

6　身近な地域で生産される木材にこだわって，木造住宅を建てようとする運動。林野庁を中心に，森林所有者から住宅生産者までの関係者が一体となって取り組んでいる。

り組んでいる。

　また，このような分野において性能や施工性に優れた国産材製品が開発され公共施設で利用されることは，民間の建築物などにおける国産材利用を誘導する上でも重要であるとしている。今後とも，意匠性や技術的な面を含め，公共施設や公共土木工事などで国産材の先進的な利用が広く進むことを目指している。

　2010年には「公共建築物等における木材の利用の促進に関する法律」が施行された。学校施設は，児童生徒の学習の場であると同時に，1日の大半を過ごす生活の場でもあり，それにふさわしい豊かな環境を整備することが求められる。木材は，やわらかで温かみのある感触，高い吸湿性などの優れた性質を持っており，この性質を活用した木造校舎や，内装に木材を使用した教室などは，豊かな教育環境づくりを行う上で大きな効果が期待できる。また，木材の使用は，地球温暖化防止への貢献，地域の文化の継承などの観点からも，大きな意義があるとしている。このように，文部科学省や関係省庁においても，学校施設などを含めた公共建築物における木材利用推進の施策が講じられるようになった[7]。

2.3.3　木づかい運動

　2005年，京都議定書の目標達成に向けた国産材利用拡大のための国民運動として木づかい運動を開始し，消費者に国産材利用をPRするためのさまざまな取組みを推進している。具体的には，国産材を使用した製品などにこの運動のロゴマークである「サンキューグリーンスタイルマーク」を添付し，国産材を利用した製品であることや企業のCSR活動として木づかい運動に参加していることを表示している。サンキューグリーンスタイルマークは，2016年3月末時点で299の企業や団体で使用されており，さらなる使用の増加を目指している。さらに，自治体や企業などの取組みにおいては，

　7　詳しくは文部科学省，2011，「学校施設における木材利用の促進」を参照されたい。
　　http://www.mext.go.jp/b_menu/hakusho/nc/t19980123001/t19980123001.html

木材利用が森林づくりに繋がることを分かりやすく訴えていくため，地域の間伐材から作られた紙や雑貨などをイベントなどで利用するなど，さまざまな工夫を行っている。

第3節　木育の現状と整理

3.1　北海道の木育と林野庁の木育の比較

前節までに述べた，北海道の木育と林野庁の木育の特徴を比較したものを表2.1に示す。木育を進めた主体は，どちらも行政であり国産材（あるいは道産材）の木材の需要拡大が最終目的にある。事業を開始するにあたり委員会を立ち上げているが，共通する点として事務局は行政（または関連財団），構成員は行政の他，有識者として大学の教員・教育関係者，NPOとしては環境教育，さらに実際に木の玩具などを制作・販売する木工作家が入っていることである。異なる点としては，北海道が行政関係者の割合が多いこと。さらに，行政でも林務，生涯学習，緑化環境部，企画商工課，保健福祉と幅広い部署の職員を集めていることである。同様に，NPOについても環境教育の他，子育て支援，地域おこしの関係者が入っている。このことから，北海道の木育が，多岐にわたる構成員であり，木育の範囲を広く捉えようとしていたと推察できる。それに対して，林野庁は構成員の幅の狭さを補う意味もあってか，有識者として大学の教員を2名入れているが，単に木材や森の専門家ではなく，木工や木材加工教育に精通する教員を入れていることが特徴である。

最終目的は木材の需要拡大にあると述べたが，委員会が立ち上がり具体的な活動方針や活動内容を検討する中で，どちらも最終目的を前面に出さないようになる。北海道では，「木や森とのかかわりを主体的に考えられる豊かな心を育む」とし，豊かな心・感性などの人間教育を重視している。林野庁は，「材料としての木材の良さやその利用の意義を学ぶ」や「木材に対する親しみや木の文化への理解を深める」とし，木材需要拡大を含めた消費者教

表 2.1　北海道の木育と林野庁の木育の比較

比較項目	北海道の木育	林野庁の木育
主催・提唱者	北海道知事政策部参事，水産林務部木材振興課	林野庁林政部木材利用課，(財) 日本木材総合情報センター
理念等の作成	木育推進プロジェクトチーム	木育推進体制整備総合委員会
開始年度	2004 年度	2007 年度
上位事業	協働型政策検討システム推進事業	木づかい運動の一環
主催・提唱者の最終目的	道産の木材需要拡大	国産材の需要拡大
理念等の作成主要メンバー	プロジェクトリーダー：辻井達一　北海道環境財団理事 事務局：水産林務部木材振興課 構成員：道庁職員（水産林務部，生涯学習部，緑化環境部，企画商工課，保健福祉部），NPO（環境，教育，子育て支援，地域おこし），公募道民（木工作家，文具メーカー社員，出版社社員）など 17 人	座長：山下晃功島根大学教授 事務局：(財) 日本木材総合情報センター 構成員：大学教員，教育関係者，公務店会長，NPO（環境教育），木工作家など 12 人
木育の対象	子どもをはじめとするすべての人	子どもから大人まで
木育の担い手	行政，NPO，企業，地域	多様な関係者（教育関係者・林業・行政・NPO）
主な活動	木を身近に使うことを通した活動	「材料としての木材の良さやその利用の意義を学ぶ」活動
木育の目的	・木や森とのかかわりを主体的に考えられる豊かな心を育む（豊かな心・感性などの人間教育）	・材料としての木材の良さやその利用の意義を学ぶ ・木材に対する親しみや木の文化への理解を深める（木材需要拡大のための消費者教育）
具体的な取組み	・木育の普及活動（情報発信） ・ふれあいの場の提供 ・木育の担い手づくり ・ライフスタイルの提案	・木育の活動促進・支援事業 ・テキストや説明者向けの解説書の作成 ・指導者の育成

注）本書で扱う「森林親和運動としての木育」の特徴については，第 7 章の表 7.1 を参照されたい。

育を重視している。このように林野庁での定義では，はっきり「教育活動」としていることについて山下は，「単に，遊びやイベント，娯楽とされるものではなく，あくまでも，木育を通して何らかの学習を伴った「教育活動」と位置づけられているものである」と述べている［山下 2008, 2011］。

　木育の対象は，若干表現は違うがどちらも「子どもから大人まで」としている。また，木育の担い手についても，ある一部の職種・団体でなく「多様な関係者」としている点も共通している。しかし，林野庁は，有力な担い手について，「既に国産材製品を調達したり，社員がボランティアとして森林整備に取り組んでいる企業があれば，まずはこうした企業を取組主体の対象とすれば効果的である」としているように，木材・森林関係者を想定していることが分かる。これは，担い手を養成する講座において，各地の「日本木材青壮年団体連合会」への参加を呼びかけていることからも明らかである。

　具体的な取組みとしては，北海道は木育の普及活動（情報発信），ふれあいの場の提供，木育の担い手づくり，ライフスタイルの提案など幅広く行っている。それに対して，林野庁は，木育の活動促進・支援事業，テキストや指導者向けの解説書の作成，指導者の育成のための講座の開催など，特化した活動と言える。しかし，林野庁の国産材の需要拡大の施策は，木育だけではなく，木育以外の取組みを見るならば，北海道以上に広範囲に及ぶ取組みがなされていると言える。

3.2　木育事業の推移と現状

　林野庁における木育推進事業は，2009年度より事務局が（財）日本木材総合情報センターからNPO法人活木活木森ネットワークに移り事業が継続された。木育インストラクター研修会や木育セミナーを開催し指導者の養成を行うとともに，木育インストラクターテキストやアクティビティシート，「子どものための木工具の使い方」，「木育ノート」「木育紙芝居」などテキスト・教材の開発も行った。

　さらに，2010年度より木育推進事業の事務局が，日本グッド・トイ委員会に移り，木育推進人材養成，木育フェスティバル，赤ちゃん木育サロン，

木育教室カリキュラム開発，ウッドスタート，木の玩具セットを貸与する「全国赤ちゃん木育広場」，全国の木工職人が作った玩具・家具などを出展する「森のめぐみこども博」などを開催している[8]。

　2007年度からのこれらの事業は，林野庁の補助事業として取り組まれ，年間数千万円の予算で実施されている。事務局の変更はあるが，木育活動の全国展開に向け，テキストや指導者向けの解説書などを作成するとともに，これを実践しうる人材を育成する取組みを進めている。日本グッド・トイ委員会が事務局になることにより，木育が子育てや福祉の分野へも取り入れられその広がりが見られる一方で，木材の需要拡大や森林への注目度はそれほど向上が見られないという一面もある。この他，2012年度からの3年間は電通が，2015年度からはNPO法人木づかい子育てネットワークが，林野庁の「新たな木材需要創出総合プロジェクト事業」の受託を受け，全国的な木育活動（特に教育活動への支援）を行っている。

3.3　まとめ

　「木育」という言葉が初めて使われたのは，2004年度にできた北海道の木育推進プロジェクトにおいてである。その後，京都議定書などで環境問題について重要視されるようになり，内閣府，環境省，林野庁が，「木材・木質利用の拡大・推進」，「研究開発の必要性」，「教育の活性化（木育の推進）」を推し進めることになった。このように教育の重要性，教育の活性化が望まれ木育の推進を行っている。2007年に出された「木材産業の体制整備及び国産材の利用拡大に向けた基本方針」の中に木育という言葉が使われた。

　この木育は，子どもから高齢者の方までを含めたすべての人を対象とし，その内容は，木の良さを学んでもらうことにある。さらに，創造活動・ものづくり活動について学ぶこと，木材の環境特性を理解して木材を日常生活に取り入れることのできるような人を育てるということまで目標として掲げて

　8　詳しくは，日本グッド・トイ委員会・木育ラボを参照されたい。http://mokuikulabo.info

いる。木育に期待される役割は，まず個人に対して人格の形成，諸能力の発達を促すこと。そして，地域に対しては，木材を活用してもらうことによる地域の活性化および文化の再構築もねらっている。さらに，地球規模での環境保全に対する意識を持ってもらうこともそのねらいに含まれている。

　これらの活動が，現在，全国に広がりつつあるが，中でも林野庁の木育を地域で具現化するとともに，独自の資源を生かして活動している熊本県については，第2部において「木育運動の生成と展開」として述べることとする。

[参考文献]

煙山泰子・西川栄明，2008，『木育の本』北海道新聞社．
特定非営利活動法人　活木活木森ネットワーク，木育.jp，木材のよさやその利用の意義を学ぶ教育，http://www.mokuiku.jp/
徳野貞雄，2007，『農村の幸せ，都市の幸せ　家族・食・暮らし』NHK出版（NHK生活人新書）．
―――，2011，『生活農業論　現代日本のヒトと「食と農」』学文社．
松下修，2009，『林業政策における「顔の見える木材での家づくり」の可能性と限界の考察～農山村の地域再生の道筋を求めて～』熊本大学博士論文．
山下晃功・原知子，2008，『木育のすすめ』海青社．
―――，2011，『大学の棟梁　木工から木育への道』海青社．
―――・浅田茂裕，2008，『木育インストラクター・テキスト』活木活木森ネットワーク．
―――・浅田茂裕，2011，『木育の現状と将来展望』木材工業．
林野庁，2007，『木材産業の体制整備及び国産材の利用拡大に向けた基本方針』．http://www.rinya.maff.go.jp/puresu/h19-2gatu/0207mokuzai.html．

コラム3 ● 木材を利用する意義について

　皆さんは，マイ箸運動をご存じでしょうか。行政機関や企業が一時期，外食で割り箸を使わず持参した箸を使おうという啓発を進めました。環境保全の一環としてマイ箸を使い，割り箸の膨大な消費量を減らして，森林保全や二酸化炭素の削減につなげるのが運動の趣旨でした。
　この運動の影響もあり，割り箸の使用は環境破壊につながる，と一般的には考えられるようになりました。しかし実は，割り箸はエコ商品なのです。
　もともと割り箸は，国産の木材，しかも，廃材だけを材料としていました。柱や板を切り出して残った部分（端材）や間伐材を使い，木材の有効利用を実践していたのです。そうやって作った割り箸が売れれば，捨てるだけの廃材が代価を生みます。利益として得られたお金で新たな木を植えたり管理を行えば健全な森が生まれるのです。
　しかし，割り箸はいつの間にか新しい丸太から作られるようになり，さらには原材料のほとんどを中国産の木材に頼るようになってしまいました。
　現在，国内で間伐された木材の半分は，そのまま山に置き去りにされています。運び出しても利用価値が少なく，赤字になるからです。これらの多くは腐敗して森の木の栄養になりますが，腐敗する前に大雨が降れば川に流れ込み，流木となって大きな災害を引き起こすこともあるのです。橋の橋脚に貯まり，橋を壊したり，橋上流の水位を上げ氾濫を引き起こします。
　割り箸を使うことの是非に限らず，私たちの生活は環境問題やエネルギー問題など，多くの課題に囲まれています。そして，これらについて教育の場で取り上げることは大変重要です。しかしその際，「○○は環境にいいけど，□□は環境に悪い」と教えていないでしょうか。
　物事にはそれぞれメリットとデメリットがあり，どちらが善で，どちらが悪と単純に言い切れないことが多々あります。条件が一つ変わるだけで，評価が逆転してしまうこともあります。たとえば，エアコンや冷蔵庫の冷媒として使われるフロンガスは安全な物質と言われてきましたが，近年は環境破壊を起こすものと認識されています。ある事象にかかわるデメリットが，技術開発によって一気に解決し，状況が一転することもあります。
　割り箸に関して言えば，最近は捨てずに回収し，紙に再生する取組みが行われています。割り箸1膳でティッシュペーパー2枚分，3膳だとはがきやＡ4

判のコピー用紙1枚になるのです。割り箸を未使用のまま捨てる人は少ないでしょうが，一方で割り箸と同じく木材を利用しているティッシュペーパーやコピー用紙を無駄遣いしてはいないでしょうか。割り箸だけを環境破壊の象徴のようにとらえるのではなく，さまざまなものにも目を向けたいものです。

　環境・エネルギー教育は，何が良くて何が悪いかを教えることではなく，常に問い続けることのできる力を付けてあげることこそが重要なのです。教育の場で，子どもに身に付けさせるべき力の一つは，物事のメリットとデメリットについて幅広い眼を向け，冷静に判断し，行動できる力です。

第3章

木育活動の課題

第1節　児童期の生活体験の不足

1.1　はじめに

「木育」は，北海道で生まれ，その後，林野庁の「木材産業の体制整備及び国産材の利用拡大に向けた基本方針」の中で使われている。これらの活動が推進される原因として，国産材の需要低迷がある。安価な外材の輸入に加え，素材としての木材自体の需要低迷も影響している。プラスチックや金属製品等の代替物の出現により，ヒトが代替物に移行していった原因については，その機能性や経済性などが考えられる。

本節は，消費者が製品や住宅を購入するときに，どのようなヒトが木製品や木造住宅を選んでいるのか，また，選ぼうとしているのかについて明らかにすることを目的としている。具体的には，児童期の生活体験および環境（特に，森林と生活）に対する意識を調査し，各年齢層，生活圏による意識の違いについて比較分析を行う。今後，木育を行っていくうえで森林や木材に対する知識を得ることももちろん重要なことである。しかし，このような知識の真の定着は児童期の生活体験と密接に関係するという指摘がある［片岡 1990］。したがって，木育の展開を議論するうえで子どもおよび大人の児童期の生活体験の実態と森林，木材に対する認識の関係を明らかにすることは重要と言える。

対象は，全国で最も木育に関連したイベントや講座が開催されている熊本県内の子どもおよび大人とした。熊本県は中心部に都市があり，そう遠くないところに森林があることから，広い流域としてのイメージがしやすく，木育の意義と役割が明確に指摘しやすい地域であることからも，木育の調査地としては適すると判断した。

1.2 調査および調査方法

1.2.1 調査対象・方法

児童期の生活体験および環境に対する意識を調査するために，各地で開催されたものづくり教室に参加した児童・生徒および保護者を調査対象とした。地域ごとに分類すると，県北（山鹿市・和水町）42人，熊本市110人，県南（八代市・水俣市）80人，合計232人である。年齢ごとの内訳は，6〜15歳：94人，16〜25歳：25人，26〜35歳：36人，36〜45歳：68人，46歳以上：9人であった。性別では，男性：78人，女性：154人であった。

2009年6月から7月にかけて調査対象者に，年齢，性別，児童期の生活環境および生活体験，現在の日常生活における時間の使い方，森林と生活との関係，木材の利用に関する意識などについてアンケートによる調査を行った。なお，「児童期の生活体験」の項目は，中学生以上の対象者については，小学校までの生活体験を調査の対象とした[1]。

1.2.2 調査内容

表3.1の質問項目は，生活体験を調査するため片岡［片岡 1990］，深谷ら［深谷 1982］の調査を参考にして，人間関係，自然体験，野外活動，技術体験から見た生活体験の度合いを調査したものである。なお，評点については，「よくある」，「ときどきある」，「何度かある」，「一度もない」をおのおの4，3，2，1点として，項目ごとに加算してそれぞれの集団の平均値を算出した。また，調査結果は，年齢，性別，生活環境（小学生までの居住地

---

1 調査用紙の中で、小学校時代の生活体験を想起し記述するよう指示している。

表3.1　生活体験に関する質問事項の分類

項　目	質　問　事　項
人間関係	1. 一人で一晩以上，留守番をしたことがありますか 2. 家族の誰かを看病したことがありますか 3. 近所の子どもと遊んだことがありますか 4. 赤ちゃんをおんぶしたことがありますか 5. 家族の服を洗濯したことがありますか 6. 家族のために食事をつくったことがありますか
自然体験	7. クモの巣づくりをみたことがありますか 8. カエルに触ったことがありますか 9. 犬や小鳥の死に出会ったことがありますか 10. 牛や馬を近くでみたことがありますか 11. 野生の動物（タヌキやリスなど）をみたことがありますか
野外活動	12. わき水や井戸の水を飲んだことがありますか 13. 川や海で魚つりをしたことがありますか 14. 山登りやハイキングをしたことがありますか 15. カキ，クリを自分でとって食べたことがありますか 16. 木の苗を植えたことがありますか
技術体験	17. 小刀やナイフを研いだことがありますか 18. アイロンをかけたことがありますか 19. 小刀やナイフで鉛筆を削ったことがありますか 20. りんごの皮をむいたことがありますか 21. マキを使って火をたき料理をしたことがありますか 22. 製材所や木工所で木を加工しているところをみたことがありますか

注）あなたのこれまでの体験について，次の項目についてその度合いを番号で回答してください。
　　（中学生以上の方は，小学校までの経験でお答えください。）
　　　4：よくある　3：ときどきある　2：何度かある　　1：一度もない

域）の3観点により分類し集計を行った。

1.3　結果および考察

1.3.1　生活体験調査

① 年齢・性別

　調査結果を年齢層ごとに分類したものが表3.2である。26歳以上については，項目により若干の差異はあるが，年齢が高まるにつれ生活体験の度合

表3.2 生活体験に関わる得点　　　　　　　　　　　　　　　N＝232（ポイント）

調査項目	調査対象（年齢）					1位と5位の差
	6～15	16～25	26～35	36～45	46～	
人間関係	2.04 ⑤	2.09 ④	2.88 ③	3.11 ①	2.89 ②	1.07
自然体験	2.13 ⑤	2.41 ④	2.84 ①	2.44 ②	2.42 ③	0.35
野外活動	1.96 ⑤	2.19 ④	2.83 ②	2.33 ②	2.53 ①	0.57
技術体験	1.62 ⑤	2.09 ④	2.85 ③	2.70 ②	2.84 ①	1.22

注）○内の数値は，年齢ごとの順位を示す。

表3.3 生活体験に関わる得点（6～15歳・性別）　　　　　　N＝94（ポイント）

調査項目	調査対象			
	男性	女性	平均	男女差
人間関係	1.88	2.14	2.04	△0.26
自然体験	2.13	2.13	2.13	0.00
野外活動	1.92	1.98	1.96	△0.06
技術体験	1.47	1.72	1.62	△0.25
（平均）	1.85	1.99	1.94	△0.14

注）男女差は，（男性の値－女性の値）を示す。以下，同様である。

表3.4 自由に活動できる時間の使い方（6～15歳・性別）　　N＝94（ポイント）

調査項目	男性	女性	合計
1. 休養や家族との団らん	12(32.4%) ③	15(27.3%) ⑤	27(29.3%) ⑤
2. 仕事や家事	0(0.0%)	3(5.5%)	3(3.3%)
3. テレビ・ゲーム・インターネット	27(73.0%) ①	40(72.7%) ①	67(72.8%) ①
4. 学習活動	11(29.7%) ④	17(30.9%) ③	28(30.4%) ④
5. 音楽鑑賞・読書（新聞・雑誌）	6(16.2%)	25(45.5%) ②	31(33.7%) ③
6. 見物（美術館・博物館・映画館）	3(8.1%)	7(12.7%)	10(10.9%)
7. 旅行・ドライブ	6(16.2%)	10(18.2%)	16(17.4%)
8. 飲食・ショッピング	0(0.0%)	10(18.2%)	10(10.9%)
9. 友人などとの交際	11(29.7%) ④	16(29.1%) ④	27(29.3%) ⑤
10. 園芸・庭いじり	1(2.7%)	2(3.6%)	3(3.3%)
11. 軽い運動やスポーツ活動	20(54.1%) ②	14(25.5%)	34(37.0%) ②
12. ボランティアなどの社会的活動	1(2.7%)	0(0.0%)	1(1.1%)
13. ものづくり活動	10(27.0%)	12(21.8%)	22(23.9%)
14. 通院	1(2.7%)	2(3.6%)	3(3.3%)
15. その他	2(5.4%)	1(1.8%)	3(3.3%)

注）○内の数値は，項目ごとの順位を示す。

第3章 木育活動の課題

表3.5 生活体験に関わる得点（16～25歳・性別）　　N＝25（ポイント）

調査項目	調査対象			
	男性	女性	平均	男女差
人間関係	2.00	2.11	2.09	△0.11
自然体験	2.60	2.16	2.41	0.44
野外活動	2.38	1.82	2.19	0.56
技術体験	1.98	2.18	2.09	△0.20
（平均）	2.24	2.07	2.20	0.17

表3.6 生活体験に関わる得点（26～35歳・性別）　　N＝36（ポイント）

調査項目	調査対象			
	男性	女性	平均	男女差
人間関係	2.62	2.96	2.88	△0.34
自然体験	2.80	2.39	2.48	0.41
野外活動	2.83	2.20	2.33	0.63
技術体験	2.43	2.46	2.45	△0.03
（平均）	2.67	2.50	2.54	0.17

表3.7 生活体験に関わる得点（36～45歳・性別）　　N＝68（ポイント）

調査項目	調査対象			
	男性	女性	平均	男女差
人間関係	2.39	3.26	3.11	△0.87
自然体験	2.52	2.44	2.44	0.08
野外活動	2.42	2.33	2.33	0.09
技術体験	2.29	2.70	2.70	△0.41
（平均）	2.41	2.68	2.65	△0.27

いが高く，現在の児童・生徒が最も生活体験が低い傾向が見られた。差が大きかった項目は，技術体験（1.22），人間関係（1.07）であった。これらの結果は，児童期の遊びの内容の変化，生活用品の商品化，ものづくり離れなどが影響していると推察される。同様に，核家族化や少子化などの社会的現象が，児童期の生活体験不足に関係している可能性がある。

男女別に比較すると自然体験については，男女差は見られなかったが，人間関係，技術体験については顕著な差が見られた。いずれも，女性の方が高

表 3.8　生活体験に関わる得点（6〜25歳・居住地別・男性）　N = 47（ポイント）

調査項目	調査対象			
	都市部	地方の市街地	農山漁村	平均
人間関係	1.85	1.87	1.97	1.91
自然体験	2.14	1.97	2.47	2.24
野外活動	1.92	1.93	2.15	2.03
技術体験	1.63	1.46	1.66	1.59
（平均）	1.89	1.81	2.06	1.94

表 3.9　生活体験に関わる得点（6〜25歳・居住地別・女性）　N = 65（ポイント）

調査項目	調査対象			
	都市部	地方の市街地	農山漁村	平均
人間関係	2.16	2.05	2.22	2.15
自然体験	2.06	2.11	2.36	2.15
野外活動	1.92	2.01	2.05	1.98
技術体験	1.73	1.88	1.86	1.80
（平均）	1.97	2.01	2.12	2.02

表 3.10　生活体験に関わる得点（26歳以上・居住地別・男性）N = 23（ポイント）

調査項目	調査対象			
	都市部	地方の市街地	農山漁村	平均
人間関係	2.31	2.47	2.56	2.47
自然体験	2.33	2.37	2.78	2.56
野外活動	2.20	2.20	2.80	2.49
技術体験	2.23	2.30	2.53	2.39
（平均）	2.27	2.34	2.67	2.48

表 3.11　生活体験に関わる得点（26歳以上・居住地別・女性）N = 88（ポイント）

調査項目	調査対象			
	都市部	地方の市街地	農山漁村	平均
人間関係	2.84	2.97	3.43	3.17
自然体験	2.03	2.43	2.71	2.43
野外活動	1.91	2.24	2.54	2.31
技術体験	2.47	2.57	2.79	2.71
（平均）	2.31	2.55	2.87	2.66

い値を示した（表3.3）。これらについては，男女による遊びの種類の違い，家庭での生活体験の違いなどが関係している可能性がある。表3.4の「自由に活動できる時間の使い方」の調査結果からは，1位はいずれもテレビ，ゲーム，インターネットであったが，それに費やす時間の長さについては，調査していない。男性は女性に比べ，ゲームに費やす時間が長く，その遊びの多くを占めている可能性が高いため，生活体験の不足に繋がっているのではないかと推測される。なお，表3.5〜3.7は，生活体験に関わる得点を年齢ごとに分類したものである。

② 生活居住地・性別

調査対象者を男女に分けるとともに6〜25歳および26歳以上に分類し，児童期までの居住地域ごとに分析した結果が表3.8〜3.11である。表3.10および表3.11より，26歳以上の女性においては，居住地域による生活体験の差が顕著に見られた。それに対して，26歳以上の男性においては，都市部と地方の市街地との差は少なく，農山漁村の値が高く生活体験が多いことが分かる。一方，6〜25歳の年齢層においては，男女とも自然体験は農山漁村が多いが，他の項目については，地域による差が少なくなっている。特に，都市部と地方の市街地との差が見られない。いずれの調査項目でも，農山漁村の各項目の値が高いことから，児童期の生活体験は，居住地の自然環境の豊かさと関係すると言える。

1.3.2 木材利用拡大に関連する項目

① 男女間の比較

木製品や木造住宅を積極的に購入するかなど，木材需要拡大に関連する質問の結果が表3.12〜表3.14である。表3.12より，男女間での顕著な差は見られなかった。

② 性別・年齢層別の比較

表3.13および表3.14より，男性においては，36歳以上の年齢層において，購買意欲が高い。実際に木製品を使用しているかについては，6〜15歳の年齢層が最も低く，26〜35歳が高い値を示した。なお，その要因につい

表 3.12　木材需要拡大に関連する調査結果（男女間の比較）　　N = 232（%）

Q 1. 自分用の机やイスを購入するとき，	男性	女性	合計
①木でできた製品を購入したい	66.7	69.7	68.8
②金属やプラスチックでできた製品を購入したい	1.4	5.9	4.5
③どちらでもよい	31.9	24.3	26.7

Q 2. 家を購入するとしたら，	男性	女性	合計
①木がたくさん使われている家を購入したい	66.7	64.5	65.2
②鉄筋やコンクリートでつくられた家を購入したい	14.5	9.9	11.3
③どちらでもよい	18.8	25.7	23.5

Q 3. 気に入った木製品があったとき，	男性	女性	合計
①高ければ購入しない	64.7	66.9	66.2
②高くても購入したい	35.3	33.1	33.8

Q 4. 友達と比べて木製品を使っている方ですか	男性	女性	合計
①そう思う	38.0	23.2	27.9
②あまりかわらない	43.7	58.3	53.6
③使っていない方である	18.3	18.5	18.5

表 3.13　木材需要拡大に関連する調査結果（男性・各年齢層の比較）　N = 78（%）

Q 1. 自分用の机やイスを購入するとき，	6〜15	16〜25	26〜35	36〜45	46〜
①木でできた製品を購入したい	66.7	62.5	57.1	75.0	75.0
②金属やプラスチックでできた製品を購入したい	3.0	0.0	0.0	0.0	0.0
③どちらでもよい	30.4	37.5	42.9	25.0	25.0

Q 2. 家を購入するとしたら，	6〜15	16〜25	26〜35	36〜45	46〜
①木がたくさん使われている家を購入したい	51.5	64.5	57.1	91.7	100.0
②鉄筋やコンクリートでつくられた家を購入したい	24.2	9.9	0.0	8.3	0.0
③どちらでもよい	24.2	25.7	42.9	0.0	0.0

Q3. 気に入った木製品があったとき，	6〜15	16〜25	26〜35	36〜45	46〜
①高ければ購入しない	62.5	66.9	71.4	66.7	50.0
②高くても購入したい	37.5	33.1	28.6	33.3	50.0

Q4. 友達と比べて木製品を使っている方ですか	6〜15	16〜25	26〜35	36〜45	46〜
①そう思う	25.7	43.8	85.7	41.7	50.0
②あまりかわらない	60.0	25.0	14.3	41.7	25.0
③使っていない方である	14.3	31.3	0.0	16.7	25.0

表3.14　木材需要拡大に関連する調査結果（女性・各年齢層の比較）　N = 154 (%)

Q1. 自分用の机やイスを購入するとき，	6〜15	16〜25	26〜35	36〜45	46〜
①木でできた製品を購入したい	51.9	30.0	77.8	87.5	100.0
②金属やプラスチックでできた製品を購入したい	11.1	20.0	0.0	1.8	0.0
③どちらでもよい	37.0	50.0	22.2	10.7	0.0

Q2. 家を購入するとしたら，	6〜15	16〜25	26〜35	36〜45	46〜
①木がたくさん使われている家を購入したい	44.4	60.0	66.7	80.4	100.0
②鉄筋やコンクリートでつくられた家を購入したい	18.5	10.0	7.4	3.6	0.0
③どちらでもよい	37.0	30.0	25.9	16.1	0.0

Q3. 気に入った木製品があったとき，	6〜15	16〜25	26〜35	36〜45	46〜
①高ければ購入しない	83.3	80.0	63.0	56.4	0.0
②高くても購入したい	16.7	20.0	37.0	43.6	100.0

Q4. 友達と比べて木製品を使っている方ですか	6〜15	16〜25	26〜35	36〜45	46〜
①そう思う	20.8	9.1	22.2	25.5	60.0
②あまりかわらない	64.2	63.6	55.6	56.4	20.0
③使っていない方である	15.1	27.3	22.2	18.2	20.0

表 3.15　木材利用意識と生活体験との関係　　　　　　N = 232（ポイント）

	意識が高く実践	意識が高い	意識が低い	全体平均
人間関係	2.90	2.79	2.31	2.56
自然体験	2.59	2.48	2.17	2.34
野外活動	2.56	2.31	1.96	2.19
技術体験	2.71	2.50	1.99	2.21
人数（割合）	20人(9.0%)	50人(22.4%)	34人(15.2%)	232人

ては，分析の余地がある．

1.3.3　木材利用意識と生活体験

　木製品や木造住宅を積極的に購入する意欲が高い者が50人（22.4％）であった．さらに，そのなかで実際他の人に比べ自分は木製品を使っている方であると答えた者は，20人（9.0％）であった．一方，木製品に対する購入意欲が低い者は，34人（15.2％）であった．これらの対象者について，児童期の生活体験について分析したところ，表3.15に示す結果となった．すべての項目について，木製品購入の意識が低い者が，最も低い値を示した．一方，意識が高い者は，全体の平均値よりもすべての項目において高い値を示した．さらに，実際に他の者と比較し木製品を使用する頻度が多いとする者が，すべての項目において高い値を示した．

　これらのことから，木材利用意識と児童期の生活体験の度合いについては，何らかの関係があるものと言える．

　次に，木製品や木造住宅を積極的に購入する意欲が高い50人について，詳細に分析した結果が表3.16である．

　性別は，男性：16人（全体の20.5％），女性34人（全体の22.1％）で，性別による差異は見られなかった．年齢については，6〜15歳：9人，16〜25歳：5人，26〜35歳：8人，36〜45歳：11人，46歳以上：7人であった．それぞれの年齢層に占める割合は，9.8％，25.0％，23.5％，16.2％，77.8％と，差異が見られたがその要因については，分析していない．児童期の居住地は，都市部：16人（全体の23.2％），地方の市街地：17人

表 3.16　木材利用意識と生活体験との関係　　　　N = 232（ポイント）

調 査 項 目	全体の平均	意識が高い者
1．木を植え育てて、切って利用し、また木を植えることをくり返すことは良いことですか。 ①良い　②なんとなく良い　③あまり良くない　④良くない	3.4	3.46
2．木材を利用することは、森林づくりにつながると思いますか。 ①そう思う　②少し思う　③あまり思わない ④まったく思わない	3.23	3.38
3．あなたは友達と比べて木材でできた製品を使っている方だと思いますか。 ①使っている方である　②あまりかわらない ③使っていない方である	2.1	2.2
4．木材を使ったものづくりにもっと取り組んでみたいと思いますか。 ①取り組みたい　②少し取り組みたい ③あまり取り組みたくない　④取り組みたくない	3.47	3.48

（23.3％），農山漁村：17人（21.0％）であり，居住地による差異は見られなかった。最終学歴については，戦後の高校：7人（全体の21.9％），戦後の大学・短大・高専・専門学校：32人（34.0％）と，若干差異が見られた。

　木材利用の意識などについて調査した結果を，調査対象者全体の平均値と木材利用に高い意識を示した50人の平均値を比較したものが，表3.16である。本表より，すべての項目について木材利用への意識が高い者が高得点を示し，特に「木材を利用することは森林づくりにつながる」においては，顕著な差が見られた。このことから，積極的に木材を利用しようとする者は，その行為が森林づくりにつながるという意識は，一般の対象者よりは，若干高い意識を持っていると言える。また，実際に他の人に比べ，木製品を使用しているという意識も見られた。しかし，木材を使ったものづくりに取り組んでみたいという意識においては，差異は見られなかった。同様に，最近の1年間にものづくり体験教室に参加した度数を示す値においても，全体平均が2.51ポイントに対して，木材利用に意識の高い者は2.48ポイントと差異は見られなかった。

以上のことから，木材を積極的に利用していこうという意識と，従来のものづくり体験(経験頻度)は，直接的な関わりは少ないことが明らかとなった。同様に，木材利用意識とものづくりへの参加意欲についても関係は見られなかった。

1.4　おわりに

　児童期における生活体験については，男女間に大きな差が見られるとともに，児童期の居住地域によっても差異が見られた。この傾向は，若い世代よりも年齢の高い世代に顕著に見られた。具体的には，年齢については，高い者ほど生活体験の度合いが高く，現在の児童・生徒が最も低い値となった。また，人間関係，技術体験については，女性の方が高い値を示した。居住地については，児童期に農山漁村に住んでいた者の値が高い。これらについては，遊びの内容，家庭での生活体験，自然環境などが影響していると推察される。

　木材利用の意識の高い者とそうでない者を比較すると，児童期の生活体験の度合いに差が見られ，生活体験や自然体験などの体験が豊かな者が，木材を積極的に利用する意識が高いことが分かった。また，木材利用への意識が高い者は，その行為が森林づくりに繋がるという意識が高いことが分かった。

　しかしながら，木材を積極的に利用していこうという意識と，従来のものづくり体験は，直接的な関わりは少ないことが明らかとなった。同様に，木材利用意識とものづくりへの参加意欲についても関係は見られなかった。今後，木材を積極的に利用しようとする意識に対して，どのような要因が影響しているかについて詳細な調査が望まれる。

コラム4 ● 原体験の大切さ

　原体験とは，その後の学習（例えば，小学校の国語や算数）の基礎，基本的な捉え方を作り出す先行経験です。自己形成のきっかけとして継続的に影響する体験ともなります。植物の成長では，根の張り具合や土壌の豊かさに例えられます。つまり，原体験が豊かであれば，同じ学習をしたとしても，それらを吸収する力，花開かせる力が大きいということです。原体験を木や森に関連したことで考えると，木登りをする，基地をつくる，竹とんぼや竹馬をつくるなどでしょうか。皆さんは，どれくらい体験したことがありますか。

　先日，マスコミでも取り上げられましたが，「遊ぶ子は賢くなる」「難関大学合格者は，小学校入学前に遊ぶ割合が高い」という調査結果がありました（お茶の水女子大学・内田伸子名誉教授）。遊び＝原体験と捉えるなら，早期教育を競うより，子どもの頃は，たっぷり遊ばせ，その中で集中力ややる気を起こさせることが大切であるということでしょうか。

　私たちが熊本県内各所で実施しているものづくりフェアなどに参加される家族を見ると，いろいろな気づきがあります。危険がないか見守りながらも，自由に取り組ませている家庭もあれば，すぐに手を出してしまったり，口を出してしまったりという家庭もあります。これでは，集中力もやる気も高まることはありません。待つことも親の仕事なのかもしれません。また，カッターなどの刃物を使わせる場面もありますが，最初は不器用でも数分後には使いこなしているお子さんがたくさんいます。「子どもの手が虫歯になった」と言われ始めて十数年たちますが，今の子どもたちが生まれながらに不器用ということではなく，器用さが発揮できないまま，放置されている状況というのが正しいのかも知れません。

　危ないからといって使わせないから「不器用」であり，子どもには道具を使いこなせる可能性があり，さらに，じっくり時間をかければ完成度も高く，独創的な作品を生み出す力も十分に持っていることが実感できます。単純な道具でも，それを使いこなすには工夫が必要です。子どもたちは，試行錯誤の過程において，多くの経験をし，使いこなせるようになっていきます。単に道具が使いこなせるようになることが目的でなく，使えなかった物を使えるようになる過程が重要であり，その中で「学ぶ力」を身に付けています。

　さらに，こちらが提示したサンプルを参考にしつつ，独創的な（スタッフの

> 大学生が考えもつかないような）作品を作るお子さんがいます。このような場面に出会うと，この子たちがものづくり立国である日本を支えてくれる，という可能性を感じます。
>
> 　幼い頃からの原体験が，難関大学合格につながるかはわかりませんが，その子の能力の向上と開花を支援してくれていると確信しています。野山で遊ぶ体験や，木などを使ったものづくりに取り組める子どもたちが増えることを期待しています。その実現は，保護者や周りの大人がその重要性を理解できるかが鍵となります。

第2節　ものづくり体験の不足

2.1　はじめに

　近年，都市化や過疎化の進行，地域社会の連帯感の希薄化などから，地縁的な地域社会の教育力が低下する傾向にあると考えられるなか，文部省より1996年に中央教育審議会第一次答申が示された。その中で，子どもたちの健全な成長を考えるうえでは，地域社会の中でさまざまな人たちと交流し，種々の生活体験，社会体験，自然体験を重ねることが大切であるとし，これら地域社会における教育力充実の重要性が述べられた。2001年には，「学校教育及び社会教育における体験活動の促進・社会教育活性化21世紀プラン」[2]の中で，ボランティア活動など社会奉仕体験活動，自然体験活動，その他の体験活動の充実を挙げている[3]。さらに，2007年11月の教育再生会議合同分科会[4]においても，学校と社会との垣根をできるだけ低くして，連

---

[2] 文部科学省：21世紀教育新生プラン〈7つの重点戦略〉の取組状況を参照されたい。http://www.mext.go.jp/b_menu/shingi/chukyo/chukyo0/gijiroku/011201c.htm

[3] 文部省，1998，教育課程審議会答申を参照されたい。

[4] 文部科学省，2007，教育再生会議合同分科会議事要旨を参照されたい。http://www.kantei.go.jp/jp/singi/kyouiku/goudoubunka/dai1/1gijiyousi.pdf

携して取り組んでいくことの必要性が述べられた。ものづくり教育においても，学校教育だけでなく，地域や社会の中で育んでいくことが重要と言える。

これらのことから，熊本県内においても，社会教育の一環としてものづくり教育の普及活動である振興事業が数多くなされてきた。本節では2004年および2010年度に実施した「ものづくり教育の普及活動である振興事業」の調査結果を再度分析する。

2.2 熊本県におけるものづくり教育の状況

熊本県では，県民の自発的で主体的なさまざまな活動を支援する拠点施設として「熊本県民交流館（パレア）」を設置するとともに，県および市町村，大学・高専，各種団体が主催する生涯学習ネットワーク（学びネットくまもと）が整備されており，県内で行われる公開講座，催し物，各種学習機会の情報をインターネット上で閲覧できる[5]。そのため，市民は興味のある活動について検索し参加できるシステムが構築されている。2004年1月現在，508の組織・団体，3,036の事業が登録されている。その中で「ものづくり教育」に関連するものは，21の組織・団体，109の事業があった。

2.2.1 調査内容

本調査においては，上記データおよび2002年度の田口らの調査［田口2004］をもとに，幼児・児童・生徒を対象としたものづくり教育の啓発活動を組織的，継続的に実施している公的機関，高専・大学，官公庁を調査対象とした。以下に，調査対象の組織・団体名を示す。

　a．公的機関：熊本県伝統工芸館，くまもと工芸会館，熊本市子ども文化会館，熊本市立博物館，熊本市内の公民館（10施設），熊本県環境センター，荒尾総合文化センター，熊本県立装飾古墳館

---

[5] 生涯学習くまもと（熊本県総合調整局広報課）：http://www.pref.kumamoto.jp/education/menu

b．高専・大学：熊本電波工業高等専門学校，八代工業高等専門学校，熊本大学教育学部
c．官公庁：商工観光労働部職業能力開発課，地域振興局農林部林務課

各事業について，イベントの要項および聞き取りにより調査を行った。

調査項目は，①主催者および後援・共催者名，②会の名称，③種類，④開催日時・期間，⑤開催場所，⑥代表者または指導者，⑦事務局および連絡先，⑧事業内容，⑨参加費，⑩参加対象などである。

2.2.2　調査結果

① 調査結果の概要

2004年度の調査結果の概要が表3.17である。今回調査した事業は14の組織・団体で，ものづくり教室などの事業の開催は169回，参加人数11,630人であった。運営形態も産学官それぞれの分野で積極的に実施され

表3.17　熊本県におけるものづくり事業

No.	主催・共催	事業名称	回数	対象	人数
1	熊本市子ども文化会館	創作室，ものづくり事業	24	幼児・小学生	800
2	菊池地区林業研究グループ	学校の木を生かした森林教室	2	小学生	100
3	熊本市立公民館（10施設）	夏休み工作・ものづくり教室	10	小学生	100
4	熊本市立博物館	子ども科学・ものづくり教室	20	小4〜中学生	3,000
5	県技能士会連合会	ものづくりふれあい教室	4	小学生・中学生	600
6	荒尾総合文化センター	発明クラブ活動	20	小学生・中学生	700
7	八代工業高等専門学校	わいわい工作わくわく実験	10	小学生・中学生	600
8	熊本大学実行委員会	青少年のための科学の祭典	2	小学生・中学生	4,000
9	くまもと工芸会館	ものづくり体験教室	3	小3〜中学生	150
10	熊本県立装飾古墳館	縄文食と勾玉・編布作り等	10	小・中学生	300
11	熊本県伝統工芸館	伝統工芸技術伝承講座	4	小5〜中学生	160
12	熊本電波高専	ものづくり・ロボット講座	11	小5〜中学生	160
13	熊本県環境センター	リサイクル・親子工作教室	48	小・中学生	960
14	熊本大学教育学部	知的財産・ロボット製作講座	2	中学生	40

ている。熊本県の代表的な施設として,「熊本県伝統工芸館」,「熊本市立くまもと工芸会館」,「熊本市立子ども文化会館」,「熊本市立博物館」,「熊本県環境センター」などがあり，それぞれの施設でものづくりやエネルギー，環境教育，木育に関する事業が多数実施されていた［田口 2000，2004］。また，県内の高等専門学校では，1990年代からものづくり教育の啓発と自校のPRを兼ねて小・中学生を対象とするものづくり教室が実施されていた。特に近年は「大学等地域開放特別事業」[6]が開始され，さらに多くの実験・ものづくり教室が行われている。熊本大学においても，生涯学習教育センターが設置され，一般市民を対象とした公開講座に力を入れている。さらに，林業関連団体などでは，森林の大切さ，林業の重要性，ものづくりの楽しさを体験させることを目的に種々の活動がなされていた。

講座の指導者としては，職員（非常勤を含む）や地域のボランティアによるものがある。「子ども文化会館」および「熊本県伝統工芸館」には，ボランティアの登録制度があり，自らが研修会やサークルで学び，講座などでは指導者として活躍する学生や一般市民も多い。なかでも，仕事を退職後ボランティアとして活躍している方が多く見られた。特に多かったのが，小中学校の教員を退職された方であった。指導方法はもとより，教材の開発，活動のプログラム作り，施設の環境整備に，これまでの経験を活用されている状況が見られた。また，高等専門学校や大学では，学生が教育活動の一環として講座の補助員として活躍する事例があった。

② 参加者数

熊本市内でのものづくり教室などの開催は16事業で61回，児童・生徒の参加人数は1,267人である。これ以外に開催されている事業もいくつかあると思われるが，今回の調査による参加人数は熊本市内の小・中学生（63,563人）のわずか1.9％である。さらに，熊本県で開催された109事業に市内の小・中学生のみが参加したと仮定しても全体の9.4％である。また，筆者ら

---

6 文部科学省「文教・科学技術施策の動向と展開」を参照されたい。http://www.mext.go.jp/b_menu/hakusho/html/hpab200101/hpab200101_2_105.html

の調査によると熊本市内の中学生（8校320人）において，学校外でのものづくりの経験者（家庭でのものづくりを含む）は13.0％であった［田口2000］。

　参加者が100人を超す事業は，「子ども文化会館」，「伝統工芸館」，「博物館」，「大学・高専」など公共の「箱物」を持つ組織・団体が主催するものや，「県技能士会連合会」，「菊池地区林業研究グループ」が実施しているような，当該学校に出向し行う授業（出前授業）であった。

　以上のことから，近年ものづくりに関連する学校外の学習機会（社会教育）は増加傾向にあるが，その数は十分と言えず経験できる児童・生徒は全体の2割にも満たないことが推測される。これは，開催の回数，募集人数などの絶対数が少ないことや，会場が限定され小学生では参加を希望しても，保護者の同意や協力（車での送り迎え）がなければ，参加することが困難なことなどが原因と考えられる。学校週5日制の導入による教育機会授受の二極化が指摘されたが，社会教育（ものづくり教育）においても同様の傾向がある。

③　体験内容

　子どもたちは，専門の職員や技能士，研究者から直接指導を受けることができ，ものづくりに関わる専門家の技術や現代のものづくりの基礎的な科学技術に触れることができる。今回の調査においても，それぞれの組織・団体の特徴を生かした実験や題材が準備されていた。また，各年齢層の興味・関心や製作の難易度を考慮した題材が多く見られた。さらに，学校週5日制の実施にあたり，親子での参加が多く見受けられ，その役割分担を意識した題材もあった。しかし，全体的に見ると内容の充実した活動は極端に人数制限がある一方，多くの参加者を受け入れているものは，画用紙や紙コップ・紙皿を使った紙工作など単純なものが多いのが現状である。

　また，参加対象を小学校，中学校としてあっても，その多くが未就学児や小学校の低・中学年の児童で，小学校高学年や中学生の参加が少ないという傾向が見られた。小学校高学年以上は，塾や部活動の関係で参加数が急激に減少したと推測される。さらに，単発的な教室が多く，年間を通して同じ対

象者に継続的にものづくりを提供しているのは，荒尾総合文化センターの発明クラブ活動（35人）だけであった。

2.2.4 課題と対応策

多くのものづくりの機会が保障されているように見えるが，実際は受け入れ可能な人数は，極端に少なく，開催地にも偏りがあり，恩恵を受ける子どもには限界がある。文部科学省が求めるような社会教育（子どもたちの健全な成長を目指した社会教育）は実現されていない現状を明らかにすることができた。また，実施しているものづくりは単発的で，アドバルーン的，予算消化的なものがあることも，効果が望めない理由の1つである。その他の課題として，指導者が少ない，今後の拡大が見込めない，単独開催がほとんどで他団体との連携がない（同じような目的を持ったイベントがバラバラに実

表3.18 ものづくり教室の現状と課題

	企画運営者の有無	スタッフの確保	活動場所	材料・資金の確保	教材の質	参加者数	継続性	運営・教授法	ポイント（点）
NPO・団体	◎	△	△	○	○	△	○	△	5
民間企業	○	○	△	◎	△	△	○	△	5
公共施設	○	○	◎	○	△	◎	◎	△	9
行政	○	○	○	◎	○	○	○	○	9
大学・高専	◎	○	○	◎	○	○	○	○	10

◎：大変良好（2点）　○：良好（1点）　△：課題あり（0点）

```
NPO・団体：菊池地区林業研究グループ，青匠会，熊本県技能士連合会
民 間 企 業：九州電力，ホームセンターサンコー
公 共 施 設：熊本県伝統工芸館，くまもと工芸会館，熊本市子ども文化会館，県立装
　　　　　　飾古墳館，熊本市立博物館，熊本県環境センター，荒尾総合文化セン
　　　　　　ター，公民館（熊本市内10施設）
行　　　　政：九州森林管理局，熊本県農政局
大 学・高 専：熊本大学，八代高専，電波高専
```

施されている）ことが挙げられる。

　これらの団体が，質的・量的に良好な状況が作り出せない理由として，スタッフ，施設，教材（教材費），指導ノウハウ・ノウホワイ，教材開発のノウハウ・ノウホワイが不足していることが明らかとなった。この時，やり方（ノウハウ）だけでなく，なぜそうしなければならないか（ノウホワイ）も重要な要素となる［中竹 2009］。また，それぞれのイベント（主催団体）ごとに，その状況（得意な面と不得意な面）が異なることも明らかになった。たとえば，大学はスタッフ（学生）と指導のノウハウ・ノウホワイはあるが，一般市民が参加しやすい場所（施設）や教材を購入する費用が少ない。一方，装飾古墳館などの公共機関は，施設はあるがスタッフの数が少なく困っている。公民館においては，児童・生徒を対象としたものづくり活動はほとんど実施されておらず，実施していても紙や牛乳パック，トレイによる工作程度である。

　それらの状況を主催団体ごとに分類したものが表3.18である。なお，表中の◎はその項目について大変良好，○は良好，△は課題があることを示している。さらに，それぞれ2点，1点，0点とし，合計のポイントを示している。

コラム5 ●ものづくりが育む「生きる力」

　「ものつくり」とは，広辞苑によると「耕作をすること。農作。また，農夫」とあります。日本語の語彙には農業（林業も含む）に由来しているものが多く，「ものづくり」も例外ではないようです。ものづくりを巡っては近年，高知大学名誉教授の鈴木堯士氏の解釈がより具体的にものづくりの実態を表しています。それは，ものづくりを①人間が頭・手・足を使って，社会特に人間生活の便利・向上のために役立つ形ある「もの」をつくること。②人間のニーズを満たし，「もの」に付加価値をつけながら，製品を産出する活動様式，としています。

　つまり，「ものづくり」とは，目的を持って「もの（素材）」に人為的な行為

を加え，最初の「もの」より付加価値のついたものに変化させることと言えます。この定義によれば，紙と糊を材料に，切ったり，貼ったりして，最初の紙より有用な小物入れを作ることはものづくりです。同様に，木を使った工作や電気工作，料理や裁縫もものづくりであり，コンピュータを使って，文字や絵，写真という素材を駆使し，チラシやCMを作ることも含まれます。忘れてはならないのは，種を土に埋め，水やりをして，きれいな花やおいしい野菜を作ることもものづくりの一つだということです。長い年月が必要となりますが，林業もものづくりです。

脳の発達を研究している東北大学加齢医学研究所教授の川島隆太氏は，親子でおやつを作ることが前頭前野の発達に良い影響を及ぼすと言っています。脳の前頭前野は，思考力や創造性，やる気，集中力，学習能力，コミュニケーション力などをつかさどる部位であり，最も「生きる力」と関わりのある部位とも言えます。先ほどの定義によれば，おやつ作りは，「ものづくり」。特にこれらの活動において，「指先を使ったり，わくわくしたりする場面，ほどよい難易度の活動」で，前頭前野は活性化するとしています。川島氏と著者らの研究・実践の結果をもとに，ものづくりの留意点を整理してみます。

①コンピュータなどを使ったものづくりより，実際に手先を使ったものづくりの方が効果的であり，②これから作るものが，子どもにとって「わくわくする」対象であるかどうかが重要です。興味もなく怒られながらやらされるものづくりは，脳の活性化にはつながらず，マイナスの効果さえ発生してしまいます。さらに，③作るものは，子どもにとって易し過ぎても，難し過ぎてもいけないということです（ちょっと難しいが，頑張ればクリアできるという範囲が適切）。

以上の観点を踏まえ，子どもの発達段階に応じて，ものづくりを実践して欲しいと思います。個人差に応じてある程度，難易度が調整できるものがおすすめです。休日にお子さんと一緒にものづくりに挑戦してみませんか。子どもだけでなく大人の脳の活性化にもつながります。

第3節 森林環境教育の課題

3.1 学校教育と森林環境教育

　地球温暖化など環境問題の重要性がより高まりつつある現在，適切に管理された森林から伐採された木材を使うことは，森林の整備に貢献するだけでなく，二酸化炭素の固定や大気・水・土壌などの環境の維持に貢献するという意義がある。ところが，身近な生活用品から木材，とりわけ国産材の利用が減少している状況にある。また，木製品が生活の中から著しく減少している。さらに，余暇活動から日曜大工や趣味の木工芸などを行う人が減少している。その結果，それらの材料である木材からも疎遠になる傾向にある。

　このような観点から，2006年9月に閣議決定された「森林・林業基本計画」[7]において，市民や児童の木材に対する親しみや木の文化への理解を深めるため，材料としての木材の良さやその利用の意義を学ぶ教育活動を「木育」と呼び，その活動を推進することが明記された。

　小学校の現状としては，総合的な学習の時間において環境教育に取り組む学校が多いが，社会科，理科，図画工作など各教科の内容の中で木や森林，環境に関する事項が組み込まれており，総合的な学習の時間にとどまらず各教科と関連を図りながら，取り組むことが求められる。特に2008年に改訂された小学校学習指導要領により，総合的な学習の時間が縮小されたことからも，各教科での環境教育の充実が望まれる。これらのことから，小学校において木育を推進するためには，高学年を対象とした社会科，理科，図画工作，総合的な学習の時間などにおいて相互に関連を図りながら行うことが望ましい。

　また，2012年度に全面実施された中学校の学習指導要領技術・家庭解説[8]

7　林野庁，2006，森林・林業基本計画を参照されたい。
8　文部科学省，2008，『中学校学習指導要領解説　技術・家庭編』教育図書

において，新たに4つの学習内容が設定された。木育は，「A　材料と加工に関する技術」，「C　生物育成に関する技術」において実施される木・森林の学習と関連が深い。具体的には，「持続可能な社会の構築の観点から計画的な森林資源の育成と利用等」を取り扱うとともに，「木材が多孔質であること」など性質を生かした利用方法について知らせる，「森林は二酸化炭素を吸収したり洪水を防止したりする」など，「農林水産業が持つ多面的な機能」について学習させることとなった。

ところで，木や森林は私たちの生活と非常に関連が深いが，現代の子どもたちにはそれらの意識が高いとは言えない。同様に，木の性質や森林の多面的機能を理解している子どもも少ない。そこで身近な教材を用い，木や森林との関わりを自ら捉えさせることで子どものよりよい発達につなげることが重要である。生涯を通して取り組むべきとされている「木育」において，小学校の段階で学校教育に導入することは，今後の学習の基礎となる。これらのことから，小学校における「木育」の推進は重要であると言える。

3.2　児童の環境意識

小学校5・6年生を対象とした「環境に関して最も関心のあること」についての調査結果[9]が表3.19である。なお，本調査は1つだけ回答させる方法で調査が行われている。最も関心のある項目は「野生動物の減少」，次に多いのが「海や川の汚染」であった。小学生にとって動物は身近な存在のようであり，近年「絶滅危惧種」に関する報道も多くなされていることから，関心が高いと言える。また，「海や川の汚染」についても，身近な現象であり，実際に体感した児童も多いと言える。この点については，関東地域の値が21.4％と他の地域に比べ高い数値を示し，海・川の汚れの深刻さを物語っている。それに対して，中国・四国・九州は5.3％と，関東に比べかな

9　環境意識アンケート　B&G財団（2000.7～9）から引用。
沖縄県で開催された「国内体験海洋セミナー」に参加した小学校5年・6年生432人に対して調査された。対象者の内訳は，男子224人，女子208人。北海道・東北地区90人，関東地区112人，中部・近畿地区126人，中国・四国・九州地区104人。

表 3.19 小学校への環境意識調査「環境に関して最も関心あること」 (%)

回答項目	全体	男子	女子
野生動物の減少	17.6	16.1	19.2
海や川の汚染	13.4	14.3	12.5
森林伐採による環境破壊	13.0	9.4	16.8
ゴミのリサイクル	11.6	9.4	13.9
化学物質によるオゾン層の破壊	8.1	11.6	4.3
化学物質による環境ホルモンの発生	7.9	9.8	5.8
地球の温暖化による気候の変動	7.4	6.3	8.7
新しいエネルギーの開発	5.3	8.0	2.4
地球の砂漠化	4.9	4.5	5.3
大気の汚染	3.9	4.9	2.9
その他	6.0	5.3	6.7
無回答	0.9	0.4	1.4

り関心が低いという結果であった。以下，「森林伐採による環境破壊」，「ゴミのリサイクル」などが1割以上を占め上位に入り，「オゾン層の破壊」，「環境ホルモンの発生」，「気候の変動」，「大気の汚染」など目に見えない事柄は下位を占め，小学生は目に見える環境問題に関心が向きやすい傾向にあると言える。

　ここで注目すべきことは，第3位にある「森林伐採による環境破壊」という項目である。熱帯林の森林伐採が問題となり，日本でも自然保護の重要性が主張されていた頃，人工林と天然林の区別もなされないまま「森の木は伐ってはいけない」という認識が広がってしまった。児童もその区別がつかないまま，回答してしまっている可能性は否定できない。

3.3　小学校学習指導要領との関連

3.3.1　社会科との関連

　2011年度に全面実施された小学校学習指導要領において，第5学年社会

科[10]の目標では,「環境の保全や自然災害の防止の重要性について関心を深め,国土に対する愛情を育てるようにする」とあり,その内容として「国土の保全などのための森林資源の働き及び自然災害の防止」が取り上げられている。そこでは「森林の働きと国民生活との関わりを取り上げ,国土に広がる森林が,国民生活の舞台である国土の保全などに欠かすことのできない資源として重要な役割を担っていることを調べる」ことや,「森林面積の割合や森林の分布の現状,国土の保全や水資源の涵養などの森林資源の働き,森林資源の育成や保護に従事している人々の工夫や努力などを取り上げる」ことが記されている。このように現行の学習指導要領には,従前のものよりもさらに明確に森林環境教育に関する記述がなされている。

3.3.2 理科との関連

小学校理科[11]においては,第6学年の目標である生物と環境との関わりの中で,「水の循環」や「植物は光が当たると二酸化炭素を取り込んで酸素を出すことなど,生物が空気を通して環境とかかわって生きていることをとらえるようにする」ということが記されており,これらも森林の役割と関連がある。

3.3.3 図画工作との関連

図画工作[12]では,表現および鑑賞の活動において,全学年を通して,「身近な自然物」を材料として取り扱っている。

第1学年および第2学年では,「土,粘土,砂,小石,木の葉,小枝,木の実,貝殻,雪や氷,水など,学校や地域の実態に応じた様々な材料」,第3学年および第4学年では,「前学年までの材料に加えて,木切れ,空き容器,何かの部品などの,切ったり,分解したり,組み合わせたりできるよう

---

10 文部科学省,2008,『小学校学習指導要領解説　社会編　環境意識アンケート』を参照されたい。
11 文部科学省,2008,『小学校学習指導要領解説　理科編』を参照されたい。
12 文部科学省,2008,『小学校学習指導要領解説　図画工作編』を参照されたい。

表3.20 従前と現行の学習指導要領との比較（小学校 社会・理科）

	2002年度実施	2011年度実施
社会第5学年	目標(2) 　我が国の国土の様子について理解できるようにし，環境の保全の重要性について関心を深めるようにするとともに，国土に対する愛情を育てるようにする。	目標(1) 　我が国の国土の様子，国土の環境と国民生活との関連について理解できるようにし，環境の保全や自然災害の防止の重要性について関心を深め，国土に対する愛情を育てるようにする。
	内容(4)-ウ 　国土の保全や水資源の涵養のための森林資源の働き	内容(1)-エ 　国土の保全などのための森林の働き及び自然災害の防止
理科第6学年	目標(1) 　生物の体のつくりと働き及び生物と環境とを関係付けながら調べ，見いだした問題を多面的に追究する活動を通して，生命を尊重する態度を育てるとともに，生物の体の働き及び生物と環境とのかかわりについての見方や考え方を養う。	目標(2) 　生物の体のつくりと働き，生物と環境，土地のつくりと変化の様子，月と太陽の関係を推論しながら調べ，見いだした問題を計画的に追究する活動を通して，生命を尊重する態度を育てるとともに，生物の体の働き，生物と環境とのかかわり，土地のつくりと変化のきまり，月の位置や特徴についての見方や考え方を養う。
	内容A　生物とその環境 (2)動物や植物の生活を観察し，生物の養分のとり方を調べ，生物と環境とのかかわりについての考えを持つようにする。 　ア　植物の葉に日光が当たるとでんぷんができること。 　ウ　生物は，食べ物，水及び空気を通して周囲の環境とかかわって生きていること。	内容B　生命・環境 (2)植物の養分と水の通り道 　植物を観察し，植物の体内の水などの行方や葉で養分をつくる働きを調べ，植物の体のつくりと働きについての考えを持つことができるようにする。 　ア　植物の葉に日光が当たるとでんぷんができること。 　イ　根，茎及び葉には，水の通り道があり，根から吸い上げられた水は主に葉から蒸散していること。 (3)生物と環境 　動物や植物の生活を観察したり，資料を活用したりして調べ，生物と環境とのかかわりについての考えを持つことができるようにする。 　ア　生物は，水及び空気を通して周囲の環境とかかわって生きていること。

な材料」，第5学年および第6学年では，「これまでに経験してきた材料や用具に加え，厚みのある板材，広い布，麻袋，針金など」を図画工作の材料としている。

このように，全学年を通して，木を材料として取り扱っていることから，木に触れ，木に興味を持ち，木の性質などを知ることは，児童の想像力や創造力をふくらませ，よりよい造形活動や鑑賞に繋がると期待される。

表3.20に2002年度の学習指導要領と2011年度から全面実施になった学習指導要領を示す。ここでは，小学校の社会，理科において森林環境に関連する記載がどのように変化したかを整理した。

3.4 学校教育における課題

このように学校教育においても森林環境教育[13]は取り上げられるようになったが，その実践は少なく，現場の教師にとっては暗中模索の状態である。また，全国共通の教科書はあったとしても，地域に即した教材は少ない。また森林環境教育については，地域の実態に応じた教育が効果的であり，各地域においてどのように進めるべきかについては，未だ明確に示されているとは言えない［田口 2010a，2010b］。

同様に，教える立場の教師について見ると，自らが児童・生徒であった時には学習した経験もなく，教員養成の課程においても「森林環境教育」はなされていないのが現状である。このようななか，具体的にどのような教材を使用し，どのように指導していくかについては，研究と実践の蓄積を待たねばならない。

13　林野庁：「森林環境教育の推進」において，推進の意義について次のように説明している。
　　21世紀を迎え，環境や資源の有限性が認識され，「循環型社会」の構築が求められる中で，「地球温暖化防止」など森林の多面的機能や森林資源の循環利用の必要性等に対する理解を醸成するため，森林内での多様な体験活動などを通じて人々の生活や環境と森林との関係について学ぶ「森林環境教育」の機会を，子ども達をはじめ広く国民に提供していくための取組を推進しています。http://www.rinya.maff.go.jp/j/sanson/kan_kyouiku/index.html

3.5　社会教育における森林環境教育の課題

　これまでに，森林環境活動，里山再生，森林インストラクターの育成など，森や森林環境について学ぶ教室は開催されてはいるが，極端に参加者は少ない。たとえば，熊本県林業研究指導所が主催する「立田山森林教室」[14]は，年間8回，児童・保護者20組（40人）を対象に実施されている（2013年度は19組39名の参加）。小学校4・5・6年生とその保護者を対象に，植物観察，キノコ観察，昆虫観察，木工体験，ネーチャーゲーム，葉っぱでアート，炭焼き，バードウォッチングなど，広範囲にわたる学習であり，内容的には充実しているが，対象が年間40人と少ない。

　また，水俣市・久木野の愛林館では，「水源の森づくり」（春の植林），「働くアウトドア」（夏の下草刈り），秋のつる切り，間伐，遊歩道づくりなど，実際に山を育てる事業を毎年実施している。2007年度の参加者を見ると，水源の森づくり：10人，働くアウトドア：140人，環境まちづくり研修：10人，森林研修：70人，その他研修：86人で，年間来館者は，1,340人である。こちらの事業も研修場所や研修内容としては，森林環境教育としては，有効で充実している。しかし，こちらも参加人数としては，限られたものとなっている。

　以上のように，これまでの森林環境教育は，森林保護活動に重点が置かれるとともに，多くの人が参加する体制とはなっていないという状況であった。森林保護活動は，人が森に出向き実践することが多い。しかし，啓発活動としてはそれだけでは不十分と言える。川上における森林保全，里山運動に加え，川下（都市部）の住民が気軽に参加でき，森林や環境のことについて学べる体制づくりが望まれる。

14　熊本県林業研究指導所の「立田山森林教室」を参照されたい。http://www.pref.kumamoto.jp/site/ringyoukenkyusidousyotop/

[参考文献]

片岡徳雄，1990，「子どもの感性を育む」『NHK ブックス 603』NHK．
須藤敏昭・森下一期・松本達郎・名和秀幸・山中泰子・鈴木隆・こどもの遊びと手の労働研究会編，2007，『子どもの「手」を育てる ── 手ごたえのある遊び・学び・生活を！──』ミネルヴァ書房．
田口浩継・大迫靖雄・山田緑，1999，「生活体験による環境意識の形成について」『熊本大学教育学部紀要，48，自然科学』：157-166．
───・田尻安洋・岩田健作，2000，「学校と家庭及び地域社会の連携に関する意識調査」『熊本大学教育学部紀要，49，自然科学』：103-111．
───，2004，「熊本県におけるものづくり事業の展開」『日本産業技術教育学会誌，46』：43-46．
───，2010a，「地域活性化をめざした社会教育の展開 ── 熊本ものづくり塾の地域的な活動展開の限界と可能性 ──」『西日　：5．
───，2010b，「社会教育におけるものづくり活動に関する一考察」『熊本大学教育学部紀要，59，人文科学』：257-264．
中竹竜二，2009，『リーダーシップからフォロワーシップへ』阪急コミュニケーションズ．
深谷昌志・深谷和子，1982，「第 34 回日本教育社会学会資料」．

コラム6 ● ものづくり教育の現代的意義

　現在の日本は，科学技術離れ，ものづくり離れが進んだと言われています。1950 年代までは，国民の半数以上が農村や漁村に住み，農業，漁業，林業に従事していました。生活や仕事に必要な道具の多くは自作。購入した物も，壊れれば自ら修理して使っていました。

　当時，ものづくりができるかどうかは，生活や仕事に直結する重要な能力でした。人間の成長という観点から見ても，身の回りの生活資源を利用して，ものを作り上げることは，知恵と生活技術を学ぶ機会でした。

　このように，当時の一般家庭や地域では，ものづくりは不可欠であり，生活と密接な関係にありました。

　60 年代以降，材料や食料を供給する農林水産業が急激に衰退し，第 1 次産業に代わって，第 2 次産業，第 3 次産業が増大しました。これは消費者層の増

大を意味し，結果的に，ものづくりと生活の関係も薄くなってしまいました。

　資本主義社会において，日用品は「カネ」との交換で手軽に手に入れることができる「モノ」となりました。工業製品の増加，海外からの輸入による低価格化などにより，自ら作ったり，修理したりする，ものづくりの機会も失われました。

　このように「モノ」は，「作るもの」から「買うもの」へと変化し，ものづくりに対する国民の意識も低くなりました。生活や仕事の中から遠ざかってしまったのです。産業構造，生活様式の大きな変化によって，日本人のものづくりへの関わりは大きく変わりました。

　ものづくりは，実感を伴って知識や技能を理解できるという点で，学びの「能動部分」の充実につながり，プロセスを考えることは筋道を立てて考えることにつながります。そこには，工夫や主体性，集中力の育成，積極性，協調性などのさまざまな要素がおのずと含まれています。その結果，満足感や達成感，あるいは次の活動・学習への意欲にもつながるのです。ものづくりは，子どもの生きる力を育てるのに，最適な学習活動と言えます。

　家庭や地域で経験する機会に恵まれていた数十年前には，ものづくりを，それほど時間をかけて学校で教える必要はなかったかも知れません。しかし，家庭や地域の教育機能が低下したと言われる現代においては，学校教育や社会教育において意図的にものづくりに関わらせることが必要になってきたのではないでしょうか。現代におけるものづくり教育の意義と，その取組み方について検討する必要性は，年々高まっています。

第2部

森林親和運動としての木育

くまもとものづくりフェア in 熊本市 (2016)

第4章

森林親和運動としての木育の生成と展開

第1節 正統的周辺参加論による木育のモデル化

1.1 正統的周辺参加論

　本節では，正統的周辺参加論を用いた木育のモデル化について検討を行う。そこでまず，本項では正統的周辺参加について整理する。

　人間が「学習する」とはどのような行為であろうか。たとえば，学校教育での学習を考えた場合，学習はあくまでも個人の中で起こっている認識論的な問題として捉えられがちであった。しかし，「学習に関する過去の説明は，学習が本来持っている社会的な特性を無視してきた」とウェンガー（Etienne Wenger）は指摘する。状況論的な思考の下においては，人間の「学習」は単なる知識の獲得のために，教授者によって教え込まれるもの，あるいは，獲得されるものではなく，学習活動を取り巻く雑多な環境からさまざまな情報を享受しながら，環境に取り込まれていく過程，または順応していく過程を「学習」と捉えている。

　そこで，学習とそれが引き起こしている社会的状況との関係に焦点をあてて，新たな学習観を提示したのが「正統的周辺参加（LPP：legitimate peripheral participation）」論である。この「正統的周辺参加」とは，人間はある目的を持った企業，組織，コミュニティなどに属していると認識しており（正統的），誰が中心人物というわけでもなく新参者と古参者が渾然一体

となり（周辺），実践共同体を形作るという参加形態のことを指している[Wenger 1991, 1993]．

　ウェンガーは学習の新たな概念を明らかにする試みの中で，「学習とは社会的実践の統合的かつそれと不可分の側面であるという考え方」に到達したという．その新しい考え方を「正統的周辺参加」という標語で捉えた．その正統的周辺参加による学習の例として，リベリアのヴァイ族とゴラ族の仕立屋や，アメリカの海軍の操舵手やスーパーの肉加工職人など5つの徒弟制度の研究を分析し，学習とは実践共同体への参加の過程であり，その場合の参加とは，初めは正統的で周辺的なものだが，次第に関わりを深め，複雑さを増してくるもの（十全的）だとした．そして，「学習者としての個人から社会的な世界への参加としての学習に分析の焦点を移したこと」と，「認知過程の概念から社会的実践のより総括的な見方に分析の焦点を移したこと」に大きな意義があったと結論づけている．

　学習を，教育とは独立した営みとみなすとともに，社会的な実践の一部である「実践共同体への参加」や「アイデンティティーの形成過程」などであるとした正統的周辺参加論的学習観は，教育実践の場にもさまざまな示唆を与えている．つまり，「学習」は自らの好奇心により能動的に知識を得ること，「教育」は構造化されたルールに従い生徒を理解させることであり本質的に違うという主張である．また，学習についての考え方に根源的でしかも重要な再考と再定式化を迫っている．人間の全体性に重きを置き，行為者，活動，さらに世界が相互構成的であるとみなすことによって，学習を事実についての知識や情報の受容とする支配的な仮説から逃れる機会を提供したと言える．

　このように，「学習する」ことは当人のみに依存するものでなく，実践と学習の場である実践共同体が大きく影響している．実践共同体では徒弟と親方の単純な二元論ではなく，徒弟同士で強い相互作用の中で徒弟は成長する．親方は徒弟と交替しうる，経験がモノを言うなど，「学習」はまさに複雑系な世界をなしている．

1.2　正統的周辺参加論の木育への導入

　日本国民に対する森林に関するアンケート結果を見ると，ほぼすべての国民が「森林に親しみを感じる」，「森林は大切であり守るべきもの」としている[1]。この意味からは，森林保全に対する国民の合意はとれていると言える。しかし，現実を見るとヒトと森林との関係性は遠のき，その行動も森林保全とはかけ離れたものである。このような無関心・不理解な層は，一般的には実践共同体から排除される層である。しかし，正統的周辺参加論を用いることで，これらの人々を実践共同体の一員とみなすことができ働きかけることができる。一見すると，かけ離れた存在であり役に立たない存在に見えるが，これらの存在を認めることによりコミュニティ政策は変わってくる。

　このように，国民の多くは問われれば「森林は大切で守るべき」と答えるが，いざ日常生活になると木や木を使うことに全くと言っていいほど関心を払っていない。「食と農」に関する「消費者の四類型」を考案した徳野の言葉を借りれば，意識と行動が分離している消費者「分裂型消費者層」[2]という位置づけである［徳野 2007, 2011］。あえて，それらの層を森林に対して関わる人たちの実践共同体の中に引き込むことにより，森林保全運動が変化する。一見かけ離れた層を，正統な森林の担い手であると位置づけ運動を展開することが，木育のスタート地点となる。

　それでは，木育のゴールは何であろうか。林野庁の視点に立てばそれは，森林の公益的機能を理解し，国産木材の需要拡大に貢献する人の育成であろ

1　たとえば，内閣府（2007）の「森林と生活に関する世論調査」では，森林に親しみを感じるとする割合は91.5％（2001年は88.0％），同様に，山口県（2010）による「森林づくりに関する県民意識調査の結果について」では96.6％であった。また，「森林は，国土保全，災害防止などの公益的機能が高度に発揮されるよう，たとえ経済効率が低くても整備すべき」と答えた者の割合が74.6％であった（内閣府（2007））。

2　頭の中では安全とか，地産地消とか言うけれども，意識と行動が一致せず，分裂している。聞かれると「安全がいちばん」「地産地消がいい」と答えるけれども，実際に買い物に行くとスーパーの外国産の特売品に飛びつく人の集団。

う。北海道の木育であれば，水産林務部木材振興課の意向としてはその目標は道産木材の需要拡大であるが，人間教育にも重点が置かれている。森林保全運動で見るならば，最も高い位置にいる十全的存在が，たとえば森林保全運動や里山運動に先導的に関わっている人たちであろう。さらに，実際にこれまで生活していた都会を離れ，職を変え森林保全に関わる人たちの姿もある[3]。森林親和運動としての木育では，「木や森林との関係性を高めた人」となる。

　一方，その実践共同体の一員ではあるが周辺的存在となる者が，都市部の住民に多い。木や森林，自然を守ることに対して否定はしないが，木や森林との関係性は薄く，森林の公益的機能を十分理解してもおらず，理解しようともしない。自ら森林保全運動に積極的に関わろうとしない人であり，公益的機能は享受しながらも，それに対する対価を払おうとしないフリーライダー的な存在の場合もある。

　そこで，ウェンガーの提唱する正統的周辺参加論に基づく取組みにより，都市部の住民を緩やかに自身と木や森林との関係性を高め，森林保全活動の中心へと導く試みがなされている。たとえば，沢畑の行う愛林館での「水源の森づくり」（春の植林），「働くアウトドア」（夏の下草刈り）は，直接森に入り，林家の仕事を手伝いながら易しい仕事から体験をしていく活動である。いろいろな体験を数年にわたり行うことで，森林を保全する実践共同体の一員という自覚と行動が身についてくる［沢畑 2005］。その他，各地で植林や下草刈りを行う活動・イベントが開催されるようになったが，これらも同様の取組みと見ることができる。

　このように，直接森林・里山と関わらせることにより国民の関心と意識の形成をねらった活動も有効であるが，都市部の住民にとってはハードルの高い活動であり参加者も増加したとはいえ，依然一部の市民に止まっている。多くの市民が住む都市部において森林化社会実現のための裾野を広げる活動を捉え直す必要がある。

---

[3] 一部の市民による卓越主義的な運動と捉えることもできる。

繰り返しになるが，これらの都市部の住民に対して，林野庁の目指す「啓発的な消費者教育」を行おうとしても，その素地ができておらず拒否反応さえ出る可能性もある。実践共同体の一員でありながら周辺部にいる人々を，少しずつ中心部に導くのが木育の役割であろう。この森林化社会という目標があり，その一翼を担う社会運動の1つである木育をすすめる過程について，正統的周辺参加論により説明することが理解を容易にする。

まず，「くまもとものづくりフェア」などで，子どもやその保護者，一般市民を対象に実施する木を素材にしたものづくり教室がある。ここには，木や森林に興味を持つ人以外にも，ものづくりや子育てに関心がある人が集う。そこでの体験により，木や森林についても緩やかであるが関心が向くこととなる[4]。さらに，素材としての木材や木が好き，木を使ったものづくりが好きな人が存在する場にいるだけでも，自然に多くの刺激と影響を受けることになる。

また，ものづくりフェアなどの指導者を養成する講座（木育推進員養成講座など）には，多くの受講希望者がある。ここには，行政や教育関係者，林業や住宅メーカー，NPOなど多様な職種・団体に所属する者が集う。参加者の目的は，林業の再生，木材の需要拡大ばかりでなく，子育て，環境，福祉，地域おこしなどさまざまである。参加者は，この講座から自らの目的を達成するだけでなく，木や森林についても緩やかに関心が向くとともに，自らの活動との関係性を見いだし，次の活動へとつなげている。さらに，講座に参加した人が相互に影響し合い，学び合うことになる。講座終了後も，それぞれの団体・個人にネットワークが生まれ，拡大している[5]。

講座の修了生には，次のものづくり教室のスタッフとしての場が提供される。ここでは，ある程度の熟達したスタッフとの交流により，新しいスタッフ（新参者）は一歩十全的な位置へと進む。子どもたちや保護者に指導，説明していく中でも，自らいろいろなことを発見していく場面もある。

4　詳しくは，後述の第5章第1節および第2節を参照されたい。
5　詳しくは，後述の第5章第3節を参照されたい。

このように，木育は実践共同体の一員でありながら周辺部にいる都市部の住民を，緩やかに中心部へと導き，裾野を広げる役割を果たす可能性を持っている。誰でも楽しみながら参加できる木育を提供することが，緩やかであるが「森林化社会」の実現に繋がるという構造を持っている。

さらには，子どもや大人に提供する木育カリキュラムについても，その中に正統的周辺参加論に基づく学習の流れを組み込むことにより，その効果は高まると言える。具体的な取組みについては，第 6 章第 3 節で述べる。

第 2 節 熊本ものづくり塾

2.1 はじめに

現代の森林問題の解決策として，さまざまな取組みがなされているが十分な効果は現れていない。森林保全運動や里山保全運動の他，最近では川下を中心にした木育活動も展開されている。一方，第 3 章において，「近年多くのものづくりの機会が保障されるようになったが，実際は受け入れ可能な人数は極端に少なく，開催地にも偏りがあり限界がある」ことを述べた［田口 2000］。このような中において，近年，行政・大学・NPO の活動として多くのものづくりの機会を提供するようになった熊本県に注目する。さらに，県内で最も木育を含めたものづくり体験活動を提供する「熊本ものづくり塾」（代表：原嶋友子，塾頭：佐藤眞巳，顧問：田口（著者））について取り上げ，その生成と展開について分析する。

2.2 熊本ものづくり塾の生成

熊本ものづくり塾は，原嶋友子が代表を務める EMS（Environmental Management System）環境推進室が中心となり運営する「ものづくり」を支援する団体である。EMS 環境推進室は，22 世紀に向けた環境型社会の構築と生活環境保全のために 2004 年 10 月に熊本県インキュベーション施設「夢挑戦プラザ 21」に入居し活動を始めた。推進室を設立した当初は，二酸化

炭素を多く吸収し，地球環境の改善に貢献すると言われていたケナフの植栽とケナフを材料としたものづくりキットのほか，規格外のい草を編み細縄にしたものを活用した「い草縄工芸ものづくりキット」の生産・販売を行っていた。

2004年にグランメッセ熊本で開催された熊本県主催の環境フェアに出展していたEMS環境推進室に，一般来場者として著者が訪問したことから交流が開始された。その後，熊本大学教育学部田口研究室と共同で，坂瀬川保育園（苓北町，山下正道園長），託麻北小学校，託麻南小学校，八嘉小学校（玉名市），春日小学校，附属中学校などにおいてケナフの植栽から収穫した素材を使ったものづくり・環境教育を実施してきた。

これらの学校で使用するものづくりキットは，田口研究室と共同で開発され，県内の学校の技術・家庭科の時間やイベント（青少年のための科学の祭典，経済産業省のものづくり教室），熊本県伝統工芸館の体験教室，不登校児童・生徒を対象としたものづくり教室で製作されている［田口 2007］。

このようなものづくり活動を進めるに従い，その趣旨に賛同する団体や個人が現れ，「熊本ものづくり塾」という任意の団体を組織し，教材の開発やものづくり活動の支援を幅広く行うようになった。熊本ものづくり塾は，「ものづくり」を通して，伝統文化の継承と地域の青少年の健全育成を目的として活動している。会員の構成は，熊本県内の伝統文化産業継承者や技能保持者，熊本大学教育学部の学生，教育関係者，一般市民からなっている。さらに，各地域の団体と連携して活動を行っている。また，ものづくり教室の開催にあたっては，一般の賛同会員と「熊本ものづくり子供教室」を受講した子どもの保護者が，ボランティアスタッフとして積極的に参加している。

2.3 熊本ものづくり塾の主な活動内容

主な活動内容は，熊本県内外の公・私立の小学校から大学までを対象としたものづくり活動，地域子ども会へのものづくりの指導，生涯学習講座の実施，海外との文化交流としてのものづくり教室や，青少年の国際交流による

表 4.1 熊本ものづくり塾の 2009 年度のイベント・教室の実施状況

No	イベント・教室名	年間回数(日)	子ども(人)	大人(人)	合計(人)
1	熊本ものづくり子供教室	48	2,400	960	3,360
2	熊本県伝統工芸館	10	150	150	300
3	熊本市市民講座	6	—	180	180
4	高齢者, 障がい者対象講座	4	—	90	90
5	適応指導教室	3	60	10	80
6	アジア青少年交流事業	3	—	90	90
7	くまもとものづくりフェア	7	1,200	360	1,560
8	学校教育(幼/小/中/特別支援)	50	1,500	50	1,550
9	木育推進員養成講座	2	—	80	80
10	阿蘇青少年交流の家	5	200	300	500
11	熊本市国際交流会館	4	—	80	80
12	FM八代ものづくり教室	6	180	60	240
13	青少年のための科学の祭典	2	1,800	200	2,000
14	鹿児島県出水市生涯学習フェア	1	50	10	60
	合　計	148	7,540	2,620	10,160

日本伝統文化の体験を目的としたものづくり活動を企画・運営している。また，高齢者や身体障がい者への機能回復訓練や世代を超えた交流を目的としたものづくりの推進などにも取り組んでいる。

このように，熊本県内を中心に年間150日程度のものづくりイベントを主催・共催している。2009年度および2010年度は，延べ約1万人に対してものづくりの体験を提供している。表4.1に2009年度の主な活動内容を示す[田口 2010]。

① 文化庁委嘱事業「熊本ものづくり子供教室」

2007年度より県内4会場で実施し，1回の教室で50人の子どもが参加。各会場とも年間12回の実施で，合計年間48日，延べ2,400人の子どもが参加。その他，保護者の参加もある。2009年度の「熊本ものづくり子供教室」

第4章　森林親和運動としての木育の生成と展開

表4.2　2009年度の熊本ものづくり子供教室の実施状況

実施月	主な活動内容	実施月	主な活動内容
4月	開講式	10月	円形木琴
5月	い草縄工芸「小物入れ」	11月	ケナフのクリスマスツリー
6月	竹のランプシェードと紙すきで短冊	12月	い草縄工芸「ミニ門松」
7月	手作り団扇	1月	ケナフのランプシェード
8月	い草縄工芸「創作はがき」	2月	ケナフのせっけん
9月	い草縄工芸「ランプシェード」	3月	実践発表会

の主な活動内容を表4.2に示す。
- 熊本市（市国際交流会館・2007年度〜）
- 八代市（ハーモニーホール・2008年度〜）
- 山鹿市（山鹿市公民館・2009年度〜）
- 和水町（和水町公民館・2009年度〜）

② 県伝統工芸館でのい草工芸教室など

県内の伝統工芸に関連するものづくりを，県民に広く知らせるためのものづくり教室

③ 熊本市市民講座　生涯学習講座の実施

市民講座にエントリーし，採用となり実施。一般成人に対するものづくり教室

④ 高齢者，障がい者の機能回復訓練を目的とした講座

熊本県障害者ゴルフ協会からの依頼・連携により開催するものづくり教室

⑤ 不登校児童・生徒を対象とした適応指導教室でのものづくり教室

熊本市教育委員会との連携により実施する。ものづくりを通して，不登校児童・生徒の学校への復帰を目指す。

⑥ 外務省アジア青少年交流事業「伝統文化体験」指導

国立青少年教育振興機構「阿蘇青少年交流の家」との連携事業

⑦ くまもとものづくりフェア（熊本市，県北，県南，天草，グランメッセ熊本の5会場）

2005年度より実施（詳細は第4章第2節に記載）。
⑧　学校教育でのものづくり指導

依頼があった幼稚園，小学校，中学校，特別支援学校で年間50日程度実施。授業を実施した学校は，坂瀬川保育園，一新幼稚園，岩野保育園，山鹿市鹿北子育て支援センター，岩野小学校，託麻北小学校，託麻南小学校，八嘉小学校（玉名市），春日小学校，附属中学校，網田中学校，帯山中学校，富合中学校，氷川中学校，荒尾養護学校など

⑨　木育推進員養成講座　詳細は第4章第3節に記載
⑩　阿蘇青少年交流の家での外国人に対する伝統文化講座
　　国立青少年教育振興機構「阿蘇青少年交流の家」との連携事業
⑪　熊本市国際交流会館での外国人を対象としたものづくり教室
　　熊本に在住する外国人の親子を対象としたものづくり教室
⑫　FM八代主催のものづくり教室
　　八代市の住宅展示場を会場に，来場者に対して無料で開設するものづくり教室
⑬　青少年のための科学の祭典　熊本大学教育学部と共同でブースを開設
⑭　鹿児島県出水市生涯学習フェア
　　出水市主催の行事に地元の企業および鹿児島大学教育学部，熊本大学教育学部と連携しものづくり教室を開設。木育推進員養成講座の修了生で運営

図4.1は，くまもとものづくりフェアの様子である。企画・運営は熊本ものづくり塾が中心に行い，スタッフは中学校の技術・家庭科教員，熊本大学教育学部の技術科，家庭科の学生および大学教員・職員，一般ボランティアが担当する。

2.4　主な構成員

熊本ものづくり塾・代表の原嶋と，塾頭の佐藤，顧問の田口（著者）について，熊本ものづくり塾に関わる経緯を示す。

①　原嶋友子（株）アースマテリアル社員，EMS環境推進室代表（熊本市）
　　EMS環境推進室は，2004年10月に熊本県インキュベーション施設「夢

挑戦プラザ21」に入居した。2007年4月には事務所を熊本市練兵町に移転し活動している。親会社の（株）アースマテリアル（代表：原嶋裕治，熊本市改寄町）は，産業廃棄物無害化処理，冷媒の代替フロン，ヒートパイプ，透水性製品特殊陶器の開発・販売を行う企業である。親会社で勤務しながら，休日や勤務日でも時間をやりくりし，熊本ものづくり塾の活動を行う。産業廃棄物の処理を扱う会社に勤務することから，環境問題に興味を持ち，環境教育的な視点を入れたものづくりに取り組んでいる。

② 佐藤眞巳 （株）眞建・代表取締役（福岡県）

　九州内外の土木建築を行う会社を経営し，トンネルや架橋の基礎工事の先発隊として，本工事開始2～3年前に現地入りする。測量や工事準備の傍ら，現地住民に対する説明係・苦情係を担当する。地域住民にとっては，工事が入ることにより騒音や河川の汚濁，工事による大型車両の通行などの影響を被ることから，工事に対する苦情やトラブルも多く発生していた。

　工事に反対する住民（大人）への折衝は難しく，解決の糸口がつかみにくい。そこで，子どもを対象としたものづくり教室を行い，地域住民と工事関係者の交流を図る取組みを始めた。以前は，現場説明会を開いても参加者が少なかったり，理解が得られなかったりもあったが，ものづくりを通して地域住民と交流を図ることにより苦情が急激に減少した。

　佐藤は，「お土産やお酒でなく直接的な交流，特に子どもを通しての交流がスムーズな相互理解と工事の進行に効果がある」と実感していた。工事現場の近くでものづくり教室を行うことで，工事への理解と，立ち入りが禁止される工事区間を明確に示す効果もある。ものづくりは，工事で伐採した地域の木材を意識的に使用していた。佐藤は，青少年健全育成の会などの活動もしており，「ものづくりは人づくり」の精神からもこれらの活動を行っているという。原嶋が立ち上げたEMS環境推進室を手伝う中で，環境植物であるケナフの栽培から，それを利用したものづくりの企画・運営を中心に行っていた。

③ 田口浩継　熊本大学教育学部・教授（発足当時は，准教授）

　専門は，技術・ものづくり教育，教育工学。卒業論文・修士論文の研究・

指導の一環として，小学校・中学校のものづくり教育の実践・研究に取り組んでいた。環境・ものづくり教育の素材としてケナフが有効であることに着目し，各地で実践を行っていた。また，科学の祭典に参加するとともに，自ら「くまもとものづくりフェア」を立ち上げた。2004年にグランメッセ熊本で開催された環境をテーマとした展示会で，原嶋，佐藤らと知り合い交流が始まった。

原嶋，佐藤，田口とも，熊本ものづくり塾の活動からの益金はなく，ボランティア的な要素が大きい。熊本ものづくり塾の2009年度の主な活動資金は，教材の販売（約90万円），伝統文化教室への助成金（53万円），木育事業活動への助成金（50万円）からなる。

2.5 活動・運営が拡大した要因

熊本ものづくり塾の活動は，全国で展開されるものづくり活動の中でも，広範囲で充実した活動と言える。それらが短期間（5年間）で，可能になった要因について分析してみる。以下に，大きな要因と考えられる「中心となる人の状況」，「サポート体制」，「企画・運営・教授法の獲得」，「材料や材料費の獲得」，「開催する場の提供」，「スタッフの獲得と養成」について示す。

前章でも述べたが，熊本ものづくり塾を含めた主催団体ごとにそれらの状況を分類したものが表4.3である。安定し運営できる状況や質的・量的に十分な状況の場合を「大変良好」，ものづくり教室の維持・存続が危うい状況や質的・量的に不十分な場合を「課題がある」とした。また，その中間のおおむね良好な状態を「良好」としている。なお，表中の◎はその項目について大変良好，○は良好，△は課題があることを示している。さらに，それぞれ2点，1点，0点とし，合計のポイントを示している。

① 中心となる人の状況
- 原嶋，佐藤らは新しい事業への意欲があった。ボランティアの精神があった。
- 他の事業（ボランティア活動）に取り組める経済的なバックボーンがあった。

第4章 森林親和運動としての木育の生成と展開

表4.3 ものづくり教室の現状と課題

	企画運営者の有無	スタッフの確保	活動場所	材料・資金の確保	教材の質	参加者数	継続性	運営・教授法	ポイント（点）
NPO・団体	◎	△	△	○	○	△	○	△	5
民間企業	○	○	△	◎	△	△	○	△	5
公共施設	○	○	◎	○	△	◎	◎	△	9
行政	○	○	○	◎	○	○	○	○	9
大学・高専	◎	○	○	○	◎	○	○	○	10
熊本ものづくり塾	◎	◎	○	◎	◎	◎	◎	◎	13

◎大変良好（2点），○：良好（1点），△：課題あり（0点）

```
NPO・団体：菊池地区林業研究グループ，青匠会，県技能士連合会
民 間 企 業：九州電力，ホームセンターサンコー
公 共 施 設：県伝統工芸館，くまもと工芸会館，熊本市立子ども文化会館，県立装飾
            古墳館，熊本市立博物館，県環境センター，荒尾総合文化センター，公
            民館（熊本市内10施設）
行       政：九州森林管理局，熊本県農政局
大 学 ・ 高 専：熊本大学，八代高専，電波高専
熊本ものづくり塾：任意の団体で，他の団体と協力体制を作りながら活動を行う
```

- 受講した子どもや保護者から喜びや感謝の声を聞くことができ，意欲につながった。
- 子どもに関わる仕事・感謝される仕事に対してやりがいを感じている。
- 原嶋，佐藤らの人柄により支援者が多くいた。（参加者への聞き取り調査から，活動の目的を子どもの育成，人づくりに置いているところ，ボランティア活動であることが共感を得ている。）
② サポート体制の確立・活動場所の獲得
- 熊本市国際交流会館の職員や大学の教員など活動を支援する人がいた。
- 活動を通して他の団体・NPOなどと協力した新規の活動が増えている。
- 熊本県伝統工芸館，熊本市国際交流会館，国立阿蘇青少年交流の家，鹿北地区竹加工場，鹿北町道の駅・木遊館との連携。各地域の行政・教育委員

会の理解・協力。ものづくり教室の会場として，施設を無料または格安で提供してくれる。
- 参加した人の中に，次の会場やイベントを持ちかけてくる人・団体があり，活動の場所，回数が増加している。
- 材料の加工は，鹿北地区竹加工場を無料で借りる（工作機械・道具等の使用も無料）。

③ 材料や材料費の獲得
- 資金的な応援を助成金という形で受けることができた（文化庁，林野庁，九州森林管理局，熊本県林業振興課の協力が得られた）。
- 助成金を使用することで格安の値段（多くが無料）でものづくり体験を提供した。
- 格安でキットの製作（材料と加工）を手がけてくれる業者（木工所）がいた。

④ 企画・運営・教授法等
- 道具の使い方，指導のノウハウ・ノウホワイ（教授法）は，大学の教員や大学生から提供された。
- 教材開発のノウハウ・ノウホワイ，アイデアは，大学の教員や大学生，木工所，保護者から提供された。
- 緩やかで継続的な知識・技能の獲得の場があった（小学校の授業や熊本大学主催のものづくり教室で，手伝いながら学ぶ）。

⑤ スタッフの獲得と養成……スタッフの量と質の高まり
- スタッフについては，原嶋らの人的ネットワークとともに，大学・田口のネットワークが継承・活用された（熊本大学の学生，小・中学校の教員）。
- ものづくり教室に継続して参加している受講生の親が他の教室のスタッフとして活躍した。最初は子どもの送迎だけであったのが，緩やかにものづくり塾に取り込まれていく。
- スタッフの養成のために，熊本大学と共同で講座（木育推進員養成講座・2016年末で46回実施し1,566人を養成）を開催した。表4.4に示すように，2010年2月27日，28日のものづくりフェアには，延べ62人の講座

表4.4 くまもとものづくりフェアへの参加スタッフ（2010年2月27日〜28日 グランメッセ熊本） (人)

所属	学校教員		学生		一般		団体・企業		合計	
開催日	27日	28日	27日	28日	27日	28日	27日	28日	27日	28日
参加者数	21	22	37	38	21	14	19	20	97	93
講座受講者	4	3	13	13	8	7	7	7	32	30

注)「木育講座受講者数」は，参加者の中で講座を受講した者を示す。

修了者が，スタッフとして参加した。
⑥ 提供するサービス
- 社会的なニーズにあった活動・教材を提供した（教材は，熊本大学や関連団体と共同で開発）。ほとんどのものづくりが無料で提供された。
- 木工を中心としたものづくりは，ある程度以上の年齢の人であれば経験があり，スタッフとして気軽に手伝える内容である（ロボットの製作やコンピュータの指導は，特殊な技術が必要）。
- 県産材であるスギ，ヒノキ，い草などを材料としたため，賛同する人・団体・企業・行政が多い（地域素材の再認識，文化や伝統の継承，地域おこし，環境教育，創造活動，国際交流，身体の機能回復）。
- 楽しい活動や交流の場（親子，子どもと子ども，大人と大人）を提供した。
- 知り合いの仲間で参加し始め，活動の中から地域の人との交流につながっている。「知縁」から「地縁」への交流の広がりが見えた。

⑦ 製作題材の開発

県産の木材を活用した教材として，以下のものを開発した。主な製作題材を，図4.1に示す。

- 県産ヒノキ材を利用した円形木琴
- 県産い草を利用したい草の小物入れ
- 県産スギ材のスパイスラック
- 県産スギ材の焼き杉プレート

い草の門松

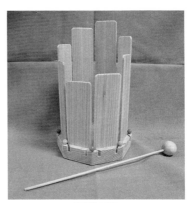
円形木琴

スパイスラック

い草の小物入れ

焼き杉プレート

図 4.1 製作題材例

- ヒノキやビーズのストラップ
- ヒノキのコースター
- ケナフのアクセサリー
- 再生段ボールを使用した兜
- い草の創作はがき
- ケナフのクリスマスツリー
- 県産い草を利用したい草の門松
- メモホルダー
- 新聞紙を利用したエコバッグ
- 豆人形
- フェルトのアクセサリー
- ロール紙を用いた鍋敷き
- 光る団扇
- ステンド・ケナフ
- 竹のランタン

⑧ その他

- 大学とのタイアップが大きい。大学が支援し大学教員が顧問に入ったことで信頼性が高まった。
- 珍しい活動であり，メディアが取り上げてくれた。広報が無料でなされる。
- 中心となって活動しているスタッフの規模も適切であった。
- 活動の範囲を制限し適度に保っているのも有効に作用している。

2.6 まとめ

熊本ものづくり塾の発展は，「ものづくり活動を通した，子どもたちの健全な成長を願う」というヴィジョンを共有した個人・団体の存在が大きい。
しかしながら，これまでにもそれぞれの団体がものづくり活動を提供するものの，規模や開催数，参加人数，活動内容の充実は十分でなく，効果を上げることができなかった。熊本ものづくり塾という組織の出現が，それぞれ

図4.2 熊本ものづくり塾の発展の要因

のヴィジョンを包含するとともに，単独で開催する以上の効果を上げ，今までに予想できない広がりをもたらしたと言える．その要因は，図4.2に示すように運動の資源である「物的資源」として，材料・資金，活動場所，さらに，「人的資源」として，スタッフ，専門家の関与（プロボノ）[6]が大きく作用した．

熊本ものづくり塾は，複合体であるがゆえに，特色を出しながら，欠点を補完し課題を解決する方策を立て，活動を続けてきた．熊本ものづくり塾の事例は，今後の社会教育における木育活動の展開に示唆を与えたと言える．

---

[6] プロボノ（Pro bono）は，各分野の専門家が，職業上持っている知識・スキルや経験を活かして社会貢献するボランティア活動全般．また，それに参加する専門家自身．

第3節　くまもとものづくりフェア（子どもの木育）

3.1　はじめに

　現代における森林問題は深刻であり，その解決法として国産の木材需要拡大が挙げられる。これまで，林野庁を中心とした施策において，種々の取組みがなされたが十分であったとは言えない。幼いときから木と親しみ木の良さを知らせることは，木材の需要拡大においても重要なことと言える。各地域において森林保全や里山運動として，植樹活動や下草刈りの体験活動がなされるようになった。それらの川上における啓発活動に加え，都市部の住民を対象とした活動の重要性も主張されるようになった[7]。

　ところで，近年都市化や過疎化の進行，地域社会の連帯感の希薄化などから，地縁的な地域社会の教育力が低下する傾向にあると考えられる。子どもたちの健全な成長を考える上では，地域社会の中でさまざまな人たちと交流し，種々の生活体験，社会体験，自然体験を重ねることが大切であるとし，地域社会における教育力の充実が求められている。熊本県内においても，社会教育においてものづくり教育の普及活動である振興事業がなされている。

　また，第3章において，これらの体験の豊かな者は，森林の公益的な機能の理解や，木材に対しての親しみ，積極的な利用意識が高いことを述べた。このように，木材需要拡大や子どもの健全な成長を目指す意味からも，子どもやその保護者を対象としたものづくり活動は重要と言える［須藤 2007］。本節では，徳野の生活農業論［徳野 2007, 2011］をもとに木育運動としてどのようなアプローチが望ましいか検討し実践する。

7　企業のCSRなどによる活動も近年多く見られるようになった。たとえば，植樹活動を行うイオンや，水源涵養に取り組むサントリーの活動がある。

3.2 熊本県におけるものづくり教育の状況

　第3章第2節で述べたように，2004年度に熊本県において積極的なものづくり活動を行っている14の組織・団体について調査した結果，ものづくり教室などの開催は年間169回，参加人数11,630人であった。熊本市に限定した場合，16事業で61回，児童・生徒の参加人数は1,267人である。本調査による参加人数は熊本市内の小・中学生のわずか1.9%である。また，市内の中学生（8校320人）において，学校外でのものづくりの経験者（家庭でのものづくりを含む）は13.0%であった。また，ものづくり教室は，全体的に見ると内容の充実した活動は極端に人数制限がある一方，多くの参加者を受け入れているものは，紙工作など単純なものが多い。さらに，単発的な教室が多く，継続的にものづくりを提供しているのは1事業だけであった。その他の課題として，指導者が少ない，今後の拡大が見込めない，単独開催がほとんどで他団体との連携がないことが挙げられる。

3.3 生活農業論を導入した木育

　我が国における国産材の利用推進のために，種々の取組みがなされてきた。それらは，図4.3に示すように「クラシ」，「ヒト」，「モノ」，「カネ」に分けることができる。「モノ」と「カネ」，つまり，木材や木製品などの品質向上などの「モノ」と，それらの生産・流通にかかるコスト削減などの「カネ」については，林野行政の中心的課題であり多くの資金が投入され取り組まれてきた。しかし，国産材の利用推進は十分でなく，その原因の1つは，買う人・消費者をどれくらい育てたか，または木の良さ，森林の大切さを理解する国民をどれくらい育てたかということである。この点はまだ不十分であり，それを補うのが木育の役割とも言える。

　熊本県では，熊本大学や熊本ものづくり塾を中心に「くまもとものづくりフェア」を2005年度より実施している。これは，子どもたちのものづくりに対する興味・関心の喚起，知識や技能の向上を目的とするとともに，地域のものづくり教育に対する意識の高揚を目指している。また，ものづくりの

素材に木材を多く使用していることから，楽しみながら木と触れ合い，木の良さを体感させることで，木材の特性を知らせるとともに，森林の公益的機能や木材利用の意義を知らせる取組みである。

　著者らが社会教育としてのものづくり教育に取り組んだ理由は，いろいろあるがその1つに次のような事例がある［土井 2006］。10年ほど前の関東のある中学校での事例であるが，最寄りの駅から「生徒さんがたくさん駅のゴミ箱に物を捨てて帰っているからどうにかしてほしい」という苦情の電話があった。行ってみると，技術・家庭科で作った本立てがたくさん捨ててあった。彼らは本立てづくりが学校の成績や高校入試の合否に影響するということで完成までは一生懸命に取り組むが，その採点・評価が終わったら，これはもう用のないものだということで捨てて帰っていたのである。非常に嘆かわしい出来事である。せっかく木を使って半年もかけて一生懸命作られた物が，使われもせずに捨てられる。結局，こういう生徒は木の良さも知らず，木製品も買わない。木造住宅は建てないし選ばない。森林の必要性について気づくなどほど遠い。これまでに行われてきたようなものづくり教育では十分ではないということである。その解決のためにも，前述の「ヒト」，「クラシ」に注目することが必要である。「ヒト」については，木に対するイメージや森林に対するイメージ，森で働く人のイメージを変えないとものづくり教育の改善はできないであろう。また，これらに関わる事象を適切に理解させることも必要である。「クラシ」については，私たちの暮らしと林業，または暮らしと木との関わりをしっかり伝えなければ，先述のような悲劇がいくつも起こってくるということである。

　一方，木製品や木造住宅を積極的に購入する意欲が高い市民は22.4％であり，さらに，実際に購入している市民は9.0％であった[8]。これらの市民の小学校までの生活体験について調査すると，体験豊かな者ほど意識が高く，実践もしていることが明らかとなった［田口 2009］。同様に，木材を使ったものづくりにもっと取り組みたいという意識も高い。また，最近の1

8　第3章第1節を参照されたい。

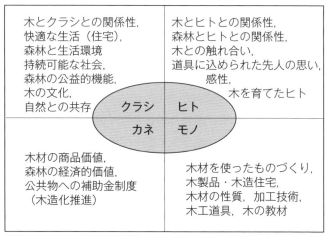

徳野を参考に田口が作成（2009）

図4.3　国産材の利用推進のための取組み

年間にものづくり教室に参加した回数と意識については，全体平均が2.51回／年，木材需要に意識の高い市民が2.48回／年であり，関係は見られなかった。このことから，従来の単なるものづくり体験では，木材需要拡大の意識変化は望めないことが明らかとなった。この意味からも「ヒト」，「クラシ」の視点を入れた木育が重要である。

3.4　くまもとものづくりフェアの立ち上げ

3.4.1　くまもとものづくりフェアの概要

3.2で示した現状から，本格的なものづくりを多くの子どもたちに提供するためには，新たにイベントを立ち上げる必要がある。そこで，熊本大学教育学部の教職員・学生，県内の技術・家庭科教員，一般ボランティア（熊本ものづくり塾）で，2005年度から表4.5に示すように子どもやその保護者を対象とした「くまもとものづくりフェア」を熊本大学等の主催で提供している。本フェアは，2011年度で7年目，通算26回開催された。なお，本書が出版された2016年度末には12年目・通算56回となる。また，本フェア

表4.5 くまもとものづくりフェアの概要　　　　　　　　　　　　(人)

年度	開催日	開催地	参加者数	スタッフ	開催会場名	累計日数
2005	8月25日	熊本市	120	26	県伝統工芸館	1
	11月3,6日	熊本市	240	32	くまもと博物館	2, 3
2006	8月24日	熊本市	500	65	県伝統工芸館	4
2007	8月25日	熊本市	200	40	くまもと工芸会館	5
2008	8月3日	苓北町	100	26	苓北町町営体育館	6
	8月22日	熊本市	480	76	くまもと工芸会館	7
	12月13日	山鹿市	120	30	県立装飾古墳館	8
2009	8月6日	熊本市	780	74	くまもと工芸会館	9
	8月9日	天草市	80	47	栖宇土小学校体育館	10
	11月14日	山鹿市	160	30	県立装飾古墳館	11
	1月30日	人吉市	100	30	人吉カルチャーパレス	12
	1月27,28日	益城町	900	80	グランメッセ熊本	13, 14
2010	8月18日	苓北町	180	42	坂瀬川小学校体育館	15
	10月16日	玉名市	270	44	玉名市民会館	16
	11月27,28日	益城町	900	80	グランメッセ熊本	17, 18
	2月26日	人吉市	100	34	人吉カルチャーパレス	19
	3月21日	熊本市	700	50	熊本市国際交流会館	20
2011	8月18日	天草市	160	36	牛深中学校体育館	21
	11月12日	荒尾市	100	50	荒尾総合文化センター	22
	12月10,11日	益城町	1,500	160	グランメッセ熊本	23, 24
	1月9日	熊本市	600	54	熊本市国際交流会館	25
	2月19日	芦北町	—	—	あしきた青少年の家	26

注）本表のデータは2012年1月現在の状況

円形木琴

フェルトのアクセサリー

スパイスラック

布で作るコースター

焼き杉クラフト

い草の小物入れ

図 4.4 2009 年くまもと工芸会館（熊本市川尻）での様子

以外に，地域の公民館やPTA行事などで，子どもを対象とした木育を実施している。これらの木育は，ものづくり前に行う説明において「ヒト」，「クラシ」の視点を入れている。同様に，製作題材についても考慮している。製作題材[9]やカリキュラム・指導法[10]については，第6章で述べることとする。

本項では，本フェアが本格的・安定的に実施されるようになった2009年度の事例を取り上げる。8月6日にくまもと工芸会館（熊本市川尻）を会場に実施し，県産材でスパイスラック，ヒノキの板で円形木琴，土笛，い草の小物入れ，焼き杉クラフト，ケナフでアクセサリー，布で作るコースター，フェルトのアクセサリー，紙で作る鍋敷きなどの13種類のものづくり活動を提供した。スタッフは，熊本大学教職員3人，技術・家庭科教師30人，熊本大学技術・家庭科学生37人，一般ボランティアである熊本ものづくり塾4人で実施した。参加者は，午前・午後を合わせると780人で盛況の内に終了することができた。本フェアの様子を図4.4に示す。

同年8月9日には，天草市において「くまもとものづくりフェアin天草」を栁宇土小学校の体育館で実施した。午前中に熊本市から車で移動し，会場の設営を行い12時から16時の4時間で実施した。ここでも，県産材でスパイスラック，ヒノキの板で円形木琴，土笛，い草の小物入れ，焼き杉クラフト，ケナフでアクセサリー，布で作るコースター，フェルトのアクセサリー，紙で作る鍋敷きなどの13種類のものづくり活動を提供した。スタッフは，熊本大学教職員4人，技術・家庭科教師10人，熊本大学技術・家庭科学生23人，熊本ものづくり塾10人で実施した。参加者は，80人であった。その他，11月14日に山鹿市，2010年1月27日，28日には，グランメッセ熊本で実施している。

9　第6章第2節「木育用製作題材の開発」を参照されたい。
10　第6章第3節「木育カリキュラムの開発」を参照されたい。

3.4.2 主なものづくり内容

くまもとものづくりフェアでは，会場の広さ，参加予定者，スタッフの数などから，提供するものづくり用題材の種類を決定している。主な材料は県産の木材であり，その他，県産のい草，二酸化炭素の吸収が良いとされるケナフなどの材料を使ったものが多い。以下に，これまで提供してきた製作題材を示す。

① 2005年11月3日，6日　くまもと博物館

県産材（スギ，ヒノキ）を使ったスパイスラック，木で作るジグソーパズル，写真立て，立体パズル，円形木琴，竹で作る手作り笛，ケナフのアクセサリー，金属で作る風鈴，アクリル板を使ったキーホルダー，ペットボトルで作るトロフィー，お風呂ブザー（電気工作）の11種類。

② 2006年8月24日（木）　熊本県伝統工芸館

圧縮木材でアクセサリー，県産材でスパイスラック，ヒノキの板で円形木琴，アルミ笛，アクリル板でキーホルダー，ペットボトルで動く玩具，ケナフでアクセサリー，布で作るコースター，布で作るティッシュケース，アイロンビーズ，フェルトのアクセサリー，紙で作る鍋敷きの13種類。

3.5　2010年度からの連携体制

2010年度からは，ものづくり体験イベント実行委員会に対して，熊本県から助成金の提供があった（2016年度も継続中）。その資金は，材料費の購入，スタッフの弁当代にあてられている。また，熊本大学からは，学生の輸送手段として，公用車（マイクロバス）による会場までの送迎が行われている。さらに，スタッフ用のポロシャツやジャンパーも，熊本大学の学長裁量経費などから提供されている。

3.6　まとめ

「くまもとものづくりフェア」は，大学と中学校の教師，一般ボランティア（熊本ものづくり塾）の連携により教員養成の充実を図るのみならず，現職の教師と学生の交流，他団体との協力による地域の教育力の向上につなが

ると考えている．本フェアを通して，3つの団体の交流が深まりネットワークが形成されていった．さらに，幼稚園・小学校段階から，ものづくりに親しませ，意欲といくらかの知識・技能を向上させることは，中学校技術・家庭科やものづくり教育などの教育基盤づくりにも有効である．

第4節 木育推進員養成講座（大人の木育）

4.1 はじめに

　木育の推進にあたり林野庁は，特定非営利活動法人活木活木（いきいき）森ネットワークや日本グッド・トイ委員会，電通，NPO法人木づかい子育てネットワークなどに補助金を交付し，その資金のもとに各地で普及推進活動が行われている．現在では，北海道，岩手県，埼玉県，岐阜県，島根県，熊本県，宮崎県，沖縄県などで実施されている．

　そこで本節では，これらの取組みの中で木育の普及活動を行う地域のリーダー育成を目的とする講座について，特に熊本県で実施されている講座の概要について示す．本講座は，木育の意義を理解するとともに，木育に関連するイベントなどでの指導および企画・運営ができる地域のリーダーを育成することを目的としている．

　具体的には，「木育」を幼児や小中学生，高齢者に対して指導することができ，それらに関連するイベントなどの企画や運営ができる人材の育成を行う．講座では，森林・林業，木材，環境および木を素材にしたものづくり教育の意義・効果などを理解するとともに，「木育」活動に活用して実践するために必要な知識やスキルを身につけることを目的としている．

4.2 木育推進員養成講座の概要（一般市民を対象）

　熊本県においては，熊本大学教育学部が中心となり，2005年度より子どもとその保護者を対象としたものづくり教室を実施している．さらに，2007年度より熊本大学の教員，学生，一般ボランティアからなる「熊本ものづく

児童向けアクティビティ

大人向けアクティビティ

木育活動の計画（演習）

図 4.5　2010 年度の木育推進員養成講座の様子

り塾」を組織し，熊本県内各所で活動を行い，年間約 2 万人を対象とした活動を展開するようになった。

　しかし，1 団体が行う本取組みには限界があることから，次の展開として図 4.5 に示した木育の地域リーダーの育成を目的とした講座を，2009 年度より実施することとした。この「木育推進員養成講座」は，4 時間の講義と 2 時間の演習・活動を体験させる講座で，修了者には認定書を発行するとともに，ものづくり教室のスタッフとして参加できるシステムとしている。なお，講座の内容・カリキュラムは，楽しく参加しながら知識と技能を体験的に学習するよう設定した。

　本講座を受講すると，熊本大学主催の「木育推進員養成講座」では大学から「木育推進員」，また，熊本県主催の「木育インストラクター養成講座」では，熊本県知事より「木育指導員」の認定を行うシステムとした[11]。木育

11　両講座とも，講座内容は田口が設定し，熊本ものづくり塾と協力し運営している。

推進員の認定基準は，以下の3点である．
　①木育の推進員として地域の木育活動に積極的に参加する意志のある者
　②木育に関する講座（講義・演習・実技講習）を5時間以上受講した者
　③講座内容を踏まえた「木育推進プログラム」が作成できた者
　また，木育推進員に求められる能力として，木育に関連する知識，木育に関連する技術・技能，教授・支援法，企画・運営力の4点を挙げている．本講座の内容は，これらの能力を育成することを目的に作成した．表4.6に養成講座の日程と内容を示す．AからEの5つの研修から構成され，木や森林，木育に関する「知識」と，木を素材にしたものづくりの「技能」，説明の仕方・教え方の「教授力」，ものづくり教室やフェアを開催するための「企画力」のバランスを考え配置している．また，表4.4「講座受講者」の一覧に示したように本講座を受講後，くまもとものづくりフェアにスタッフとして多くの修了生が参加している．
　本カリキュラムおよびテキストは，林野庁が実施した木育インストラクター養成講座を参考に作成した．ただし，自然科学的な内容の一部を削減するとともに，人間科学的な木とヒトやクラシとの関係性をより感じ取らせることのできる人材育成用のテキストとなるよう編集した［徳野 2007, 2011］．同様に，講座で使用する教材についても，木との関係性を実感できるような体験活動やイメージ化できるものを開発した［堀 2009］．
　本講座は，樹木やものづくりに関する内容の初級編のみであったが，修了者からの要望で2012年から森林や運動論としての木育の意義について学ぶ中級編，2014年度からは教授法を学ぶ上級編も開講している．これらの講座を含めると，2016年末で46回実施し，のべ1,566名が修了している．中級編および上級編のカリキュラムを，表4.7および表4.8に示す．また，上級編で製作する教材・教具を表4.9に示す．

4.3　くまもと県産木材アドバイザー養成研修（木材・林業関係者を対象）

　熊本県が主催する木材アドバイザー養成研修の，他の講座との違いは対象を「住宅等の設計・施工」，「木材の加工・流通」に関わる者に限定している

表 4.6 木育推進員養成講座（初級）の日程および講座内容

木育推進員養成講座（初級）の日程および講座内容
9：00〜9：10　開講式　主旨と日程の説明
9：10〜10：30　研修A（80分）　木育の実際　　　　　　　　　　　【知識】
①木育推進員に求められる力（講義）：講座の最終目標の提示（ゴールの設定） ②木育事業の概要（講義）：木育の事業の概要と推移，熊本県における木育の推進状況 ③児童向けアクティビティ（演習）：ネーチャーゲーム，ストローの実験，丸太の年輪数え，熱の伝導率，視覚的な効果，木材の特徴を生かした製品，学習ソフト
10：40〜12：00　研修B（80分）　木育の意義　　　　　　　　【知識】【技能】
①木育の意義（講義）：木育の社会的な役割，木育で育成できる能力 ②木育の内容（講義）：木育の3つのステップ，学校教育との関係，ものづくり教育 ③幼児向けアクティビティ（実習）：「木のタマゴを磨こう」
13：00〜14：20　研修C（80分）　教授・支援の留意点　　　　【教授力】【技能】
①教授法について（講義）：ICTの活用，森林の公益的機能，熊本県版副読本の活用 ②木工具の使用法（講義）：木工具の基礎知識，幼児・児童への説明の仕方 ③児童向けアクティビティ（実習）：「円形木琴を作ろう」
14：30〜15：50　研修D（80分）　木育活動の企画・運営法　　【知識】【教授力】
①木育活動の企画の仕方（講義）：目標の設定，内容の決定，準備物，留意事項等 ②木育活動の運営方法（講義）：スタッフの役割，安全指導，留意点 ③大人向けアクティビティ（演習）：ジグソー方式による木育体験ツアー 　　・マイ箸づくり　・衝撃・曲げ試験　・木の性質（実験・観察） 　　・顕微鏡で観察　・木の玩具体験　・伝統の技・組木の製品
16：00〜16：50　研修E（50分）　木育活動の計画　　　　　　　　【企画力】
①木育活動の計画（演習）：班活動（目標の設定，主な活動内容の決定） 　　対象：幼児，小学校低学年，中学年，高学年，高齢者　10人から20人 　　時間：1時間から4時間　　場所：学校体育館，野外，会議室など ②木育活動の修正と完成（演習）：個人活動（班の決定事項を基に，詳細な計画立案） ③まとめ（講義・演習）：いくつかの班から発表（情報の共有），質疑
16：50〜17：00　閉講式　認定証書の授与

表 4.7 木育推進員養成講座（中級）の日程および講座内容

木育推進員養成講座（中級）の日程および講座内容
9：00〜9：10　開講式　主旨と日程の説明
9：10〜10：30　研修A（80分）　木育の意義　　　　　　　　　　【知識】
①木育の意義（講義）：国産材の利用推進の観点から ②森林親和運動（講義）：現代日本の森林問題における木育の意義・推進運動の実際 ③児童向けアクティビティ（演習）：スプーンの実験，木目の効果
10：40〜12：00　研修B（80分）　木育の実際　　　　　　　　【知識】【技能】
①木育の意義（講義）：日本の森林問題，現代の森林の状況，間伐とその処理 ②木育の内容（講義）：森林の働き，温室効果ガスの削減，土砂災害の軽減など ③大人向けアクティビティ（実習）：「ロケットストーブの製作見学と活用体験」
13：00〜14：20　研修C（80分）　木育の指導法　　　　　　　【教授力】【技能】
①教授法について（講義）：熊本城・本丸御殿の活用 ②木工具の使用法（講義）：日本の伝統技術，木工具の知識 ③児童向けアクティビティ（実習）：「い草の小物入れを作ろう」
14：30〜15：50　研修D（80分）　木育活動の企画・運営法　　　【知識】【教授力】
①木育活動の企画の仕方（講義）：教材の開発の視点 ②木育活動の運営方法（講義）：テキストの活用 ③大人向けアクティビティ（演習）：ジグソー方式による木育体験ツアー 　　・木材の変形　　・杢の不思議，おもちゃ体験　・伝統の技・大工道具 　　・衝撃吸収試験　・火起こし体験　　　　　　・木の葉から樹種を当てよう
16：00〜16：50　研修E（50分）　木育活動の計画　　　　　　　　【企画力】
①木育活動の計画（演習）：森を活用した木育プログラムの作成 　　対象：幼児，小学校低学年，中学年，高学年，高齢者　10人から20人 　　時間：1時間から4時間　　場所：学校体育館，野外，会議室など ②木育活動の修正と完成（演習）：個人活動（班の決定事項を基に，詳細な計画立案） ③まとめ（講義・演習）：いくつかの班から発表（情報の共有），質疑
16：50〜17：00　閉講式　認定証書の授与

表4.8 木育推進員養成講座（上級）の日程および講座内容

木育推進員養成講座（上級）の日程および講座内容
9：00～9：10　開講式　主旨と日程の説明
9：10～10：30　研修A（80分）　教材・教具とは　　　　　　　　　【知識】
①木育推進員に求められる力（講義）：教材・教具の定義，必要性 ②木育の進め方（講義）：教材・教具の工夫，指導法の工夫 ③児童向けアクティビティ（演習）：開発のスキル・アイディアひらめき発想法
10：40～12：00　研修B（80分）　教材・教具の製作　　　　　【知識】【技能】
①教材・教具の製作（演習）：木材の性質（3種類のスプーン），曲げ試験器，かんながけのポイント説明，のこぎりびきの角度，釘の保持力，あさりの構造
13：00～14：20　研修C（80分）　教材・教具の製作と活用　　　【教授力】【技能】
①教材・教具の製作（演習）：のこぎりびき，合板の構造，年輪のでき方，木目のでき方，あさりの説明 ②教材・教具の活用（演習）：教材・教具の効果的な活用方法
14：30～15：50　研修D（80分）　効果的な教授法について　　　【知識】【教授力】
①教授法（演習）：製作した教材・教具を使った効果的な教授法について
16：00～16：50　研修E（50分）木育活動の計画　　　　　　　　　【企画力】
①木育活動の計画（演習）：教材・教具を使った木育活動の計画 ②木育活動の企画書（演習）：各種予算獲得に向けた企画書の書き方
16：50～17：00　閉講式　認定証書の授与

第4章 森林親和運動としての木育の生成と展開

表4.9 木育推進員養成講座（上級）で製作する教材・教具

	品　名	（教材名）	個数	実施時間	加　工
1	プラスチックのスプーン	①材料の性質	1	配布	輪ゴムでとめる
2	金属製のスプーン		1		
3	木製のスプーン		1		
4	合板	②曲げ試験器	2	午前別室	上の合板切断，接着剤塗布，くぎ打ち，研磨，塗装
5	L字金具，金具		2		
6	角材		1		
	F型クランプ		1		
7	体重計		1		
8	プラスチック段ボール	③かんながけ方向	1	午前	木目書き，適当な大きさにカット，切り込み，ミニかんな作り
9	木片・竹串		1		
10	厚紙	④のこぎりびき	6	午後	部品加工，組み立て，調整
11	塩ビ板		2		
12	アクリル板		1		
13	10 mm×10 mm角材		1		
14	BB弾		1		
15	木材（2種類）		2		
16	アクリル板（のこの柄）		1		
17	ライト付きルーペ	⑤細胞観察	1	配布	観察用丸太の配布
18	細胞観察用丸太		1		
19	発泡スチロール（円筒形），紙	⑥合板の構造	1	午後	発泡スチロールに紙を貼り付ける。すだれの切断。端の糸を接着
20	すだれ		1		
21	コーン紙	⑦年輪のでき方	1	午後	順番に切りそろえる
22	プラスチックのコップ	⑧木目のでき方	1	午後	紙コップのカット，着色はご家庭で
23	木材・竹串	⑨あさりの説明	1	午後	研磨，組み立て，着色はご家庭で

24	はとめ,接着剤,マグネット	⑩かんながけのポイント説明	6	午前	紙のカット,組み立て,着色,調整,マグネット付け
25	厚紙・クリアシート,テープ	⑪のこぎりびき角度	1	午前	クリアシートのカット,貼り付け
26	スポンジ(キャンプ用)	⑫釘の保持力	1	午前	スポンジの切断,切り込み,両面テープで接着,割り箸で釘の製作
27	CDのケース		1		
28	木材,合板	⑬あさりの構造	1	配布	切削,組み立て,着色

点である。研修の目的として,「近年,地球温暖化等を背景とした環境への関心の高まりを受け,森林保全や県産木材利用への注目が集まる中,木造建築だけでなく,林業や木材流通加工さらには県産木材の利用意義を伝えることができる,幅広い知識を持った人材の育成が必要である」としている。そこで,森林や木材の分野に詳しい者を講師とした研修を行い,施主などに対して優れた特性を持つ県産木材を利用した住宅などの相談や,公共施設などへの県産木材利用について助言,提案ができる「くまもと県産木材アドバイザー」を養成することを目的に実施された。

受講者の定員は40人,受講の条件としては,①県産材利用について普及啓発を図る意欲のある者,②熊本県内に現に居住している者または熊本県内に本社または営業所がある法人等に属している者(個人事業主を含む),③県産木材の利用に関わる職種に従事する者(住宅等の設計・施工,または木材の加工・流通),④県が作成し県民に公開する認定者リストに,連絡先などの個人情報公開を承諾する者としている。参加費は無料で,3日間の全課程を受講した者は,「くまもと県産木材アドバイザー」として認定し,県が作成・管理する認定者名簿に掲載し,県ホームページなどにより公表するとしている。くまもと県産木材アドバイザー養成講座の実施期日および研修概要および様子は表4.10,図4.6の通りである。

表4.10 くまもと県産木材アドバイザー養成講座の概要

開催日時	講座内容
2010年11月30日 11時～16時	「熊本県の森林・木材の現状と課題」 　　　講師：熊本県林業振興課　白石課長補佐 「建築材料としての木材の特性」ほか 　　　講師：熊本県林業研究指導所林産加工部 　　　　　　　　　　　　池田林産加工部長 「県産材を活用した家づくりの取り組み」 　　　講師：新産住拓株式会社
2010年12月13日 13時～16時	＜現地研修＞ 　　水俣木材市場の取組みおよび見学 　　新栄合板工業の取組みおよび工場見学
2011年1月26日 13時～16時	「木育の基礎知識」 　　　講師：熊本大学教育学部　田口浩継准教授

水俣木材市場見学

新栄合板工業の工場見学

木育の基礎知識の講座1

木育の基礎知識の講座2

図4.6　県産木材アドバイザー研修の様子

第5節 少年自然の家を活用した木育（森林の中での木育）

5.1 はじめに

近年，木材の良さやその利用意義を学ぶ「木育」が各地で実施されるようになった。また，2011年度に全面実施された小学校学習指導要領・第5学年社会科においては，森林資源の働きや自然災害の防止の事項が明記されており，森林環境教育の重要性が示されている。これらのことから，学校教育においても木材の利用推進の意義や森林の公益的機能を知らせ，児童に木や森林との関わりを理解させる「木育」を実施することは重要である。

一方，小学校では集団宿泊的行事[12]として，近隣の少年自然の家などで，1泊2日ないし2泊3日で宿泊を伴った行事が実施されている。しかし，大学生に対して小学校時代の集団宿泊的行事について調査したところ，実際に参加したことは覚えていたがその多くは，木や森林を観察したり，それらについて学んだという意識がないという状況であった。

本節では，小学校において実施される集団宿泊的行事の事前学習の1つとして，森林環境教育を含んだ「木育」を実施する場合のカリキュラムを紹介する。

5.2 小学校における木育の必要性

環境教育の重要性が高まりつつある現在，森林の多面的機能の学習を含めた森林環境教育が推進されている。小学校での現状としては，総合的な学習の時間において環境教育に取り組む学校が多いが，社会科，理科，図画工作科など各教科の中でも，木や森林，環境に関する学習が組み込まれるように

---

[12] 集団宿泊的行事は，小学校学習指導要領第4章特別活動により学校行事として，次のように実施が規定されている。(4)遠足・集団宿泊的行事：平素と異なる生活環境にあって，見聞を広め，自然や文化などに親しむとともに，集団生活の在り方や公衆道徳などについての望ましい体験を積むことができるような活動を行うこと。

なった。また，2012年度に全面実施となった中学校の学習指導要領技術・家庭において木や森林に関する学習が導入されている[13]。

よって，生涯を通して取り組むべきとされている「木育」において，小学校の段階で学校教育に導入することは，今後の学習の基礎となる。これらのことから，小学校における「木育」の推進は重要であると言える。

5.3 少年自然の家を活用した木育カリキュラムの開発

木育の定義は，前述の林野庁の定義の他に「子どもをはじめとするすべての人が木を身近に使っていくことを通じて，人と，木や森とのかかわりを主体的に考えられる豊かな心を育むこと」などいくつか存在する。

本書では，小学生を対象とする活動では「木育」を，「木や森林にふれることを通して，それらの良さや特徴を理解し，生涯を通じて関わりを持とうとする態度を育む教育活動」と定義し，①興味・関心，②知識・理解，③態度の観点から育成するとともに，3つの観点から分析を行う。

本節では，「木育」の目的や小学校学習指導要領との関連を踏まえ，「木育」を推進するための学習カリキュラムを提案する。具体的には，金峰山少年自然の家において熊本市内の小学校5年生を対象に実施される宿泊研修の中のプログラムの1つである「森林教室」を想定し，その前後で実施する授業計画を作成する。

学習カリキュラムを開発するにあたり，まず木育の目的を考慮し，学習目標として「①木に対する親しみや興味・関心の喚起」，「②木や森林の良さや特徴の理解」，「③木材を日常生活に取り入れようとする態度の育成」の3つを設定する。次に，設定した学習目標を達成するためには，どのような学習内容が必要であるか検討する。その際に，2011年度に全面実施された小学校学習指導要領の内容と木育との関連について分析し，どのような教科と結びつきがあるかを明確にする。その中でも特に関連の深かった小学校社会科

---

[13] 中学校学習指導要領技術・家庭編では，森林資源の育成と利用などの技術の必要性に気づかせることや森林の多面的機能，木材は再生産可能な材料であることを取り扱うことが明記されている。

の教科書[14]「新しい社会5上」,「新しい社会5下」や熊本県内の小学校5年生に配布されている社会科副読本「森はともだち」の内容も参考にする。また,開発するカリキュラムは,森林教室を導入したものであるため,事前に児童が実際に活動を行う金峰山少年自然の家の視察を行い,児童が行う活動の内容を調査し,金峰山のハイキングコースの状況を確認したうえで作成した。

これらを統合して検討した結果,事前指導では「木の生長」について,事後指導では「森林の多面的機能」について行うこととした。なお,事前指導では,開発した学習ソフト「木材博士に挑戦」をもとに,実験や丸太などの観察を導入した学習を進め,事後指導では,開発した学習ソフト「森林博士に挑戦」を中心に学習を進める。

以下に開発した「事前指導」,「森林教室」,「事後指導」の目的と展開についてその概要を示す。

5.3.1 事前指導

森林教室前の事前指導では,「木の生長について考えよう」を授業テーマとし,その目標を「木の生長の仕組みを知ることで,木に興味を持ち,木の大切さを理解することができる」と設定した［田口・久保田 2011］。

表 4.11 にその授業展開,資料 4.1 にワークシートを示す。

5.3.2 森林教室

熊本市西方の金峰山少年自然の家で実施される「森林教室」の概要を示す。なお,宿泊する日数や学校の希望により若干プログラムが異なるため,代表的な例を2つ示す。また,森林教室の様子を図 4.7 に,ウォークラリーのコースを資料 4.2 に示す。

---

14 東京書籍から出版され,熊本市内の小学校で利用されている検定済み教科書。

第4章 森林親和運動としての木育の生成と展開

表4.11 事前指導の授業展開

過程	配時(分)	生徒の学習活動	教師の指導・支援	備考
導入	5	1. 木の顔あてクイズをする。 2. 本時の目標を知る。	○樹木の表面が様々な形をしていることに気づかせ、興味を持たせる。 「何の形、顔に見えるかな？」 **木の生長について考えよう。**	フラッシュカード
展開	10	3. 木材の生長について考える。 ・木はどの部分が生長するのか予想する。	○大きい木と小さい木の写真や丸太を見せ、木はどの部分が生長するのかを予想させる。 ○3つのヒントを出すことで、木は外側が生長することを理解させる。 ・空洞のある木が育つ様子 ・2本の木が1本になる様子 ・枝が折れたあとの変化の様子	ワークシート スライド 丸太
	8	・木の繊維がストロー状になっていることを知る。	○木の断面を顕微鏡で拡大した写真を見せる。 ○バルサに石鹸水をつけてシャボン玉を作る実験を行うことで、木はストロー状の繊維が集まってできていることを理解させる。	顕微鏡写真 ストローの模型 バルサ 石鹸水
	10	・年輪のでき方について知る。	○アニメーションを見ることで、年輪のでき方を理解させる。季節によって生長の度合いが違うことを知り、年輪が樹齢を表すことを知る。 ○丸太の年齢を数えさせる。 ○104本の年輪を持つ木を見せ、二酸化炭素を貯蔵していることを知ることで、木は環境にやさしいことを理解させる。	丸太
	7	・人工林と天然林の違いを知る。	○人工林と天然林の違いを知る。 ○間伐の目的を知り、間伐をしている森林としていない森林の写真を見せることで、間伐の大切さを理解させる。	写真
まとめ	5	4. 本時の学習を振り返る。	○校庭や公園の樹木の、どのようなところを見たいかを書かせる。 ○木と私たちの生活との関係を考えさせる。	ワークシート

資料 4.1　事前指導のワークシート

木の生長について考えよう！

5年　組　氏名（　　　　　　　　　）

［1］　次のうち、木はどの部分が生長するでしょう？
（ア）中心　　　　　　（イ）全体　　　　　　（ウ）外側

まとめ
○木は（　　　）に新しいものができて大きくなる。
○（　　　）が見えなくなるように枝を切ることを（　　　）という。

［2］　あなたの丸太は何才ですか？　　　　（　　　）才

まとめ　○（　　　）の数を数えると、木の（　　　）がわかる。

［3］　森林には2種類あります。どのような森林でしょう？
・天然林
_____
_____
_____
_____

・人工林
_____
_____
_____
_____

大きな木を育てるために木を何本か切ることを（　　　）という。

［4］　校庭や公園にある木のどのようなところを見てみたいですか？
_____
_____
_____
_____

第 4 章　森林親和運動としての木育の生成と展開

森林の中を歩く児童

クイズを解く児童

年輪の数を数える児童

ゲームをする児童

図 4.7　森林教室の活動の様子

① ウォークラリーのみの場合
- ウォークラリー（60 分）
    班ごとでコースをまわる。コースは資料 4.2 に示している元気コースとファイトコースの 2 種類ある。コースの途中にはクイズポイントがいくつかあり，そのクイズを解きながら進んでいく。
② ウォークラリーに林業体験と木工教室を加えた場合
- ウォークラリー（60 分）
    班ごとでコースをまわる。コースは資料 4.2 に示している元気コースとファイトコースの 2 種類がある。コースの途中にはクイズポイントがいくつかあり，そのクイズを解きながら進んでいく。
- 林業体験（75 分）：班に 1 人指導者がつき，枝打ちと間伐を約 30 分ずつ行う。
- 木工教室（120 分）：本立てづくりと丸太切りを約 60 分ずつ行う。

資料 4.2　ウォークラリーのコース（地図）

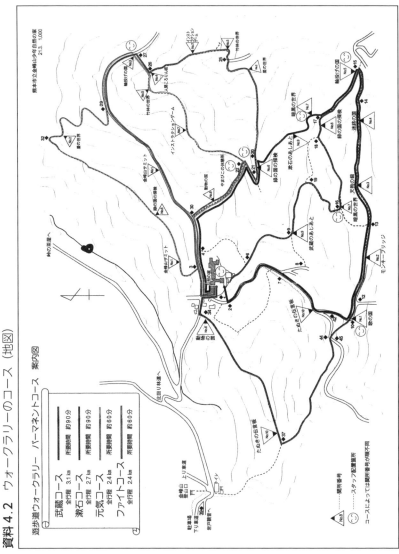

(資料) 熊本市立金峰山少年自然の家

第 4 章　森林親和運動としての木育の生成と展開

川に流れ込む水のアニメーション

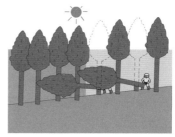
間伐のアニメーション

氾濫する川の様子

植林を行う漁師

図 4.8　学習ソフトの画面例

5.3.3　事後指導

　森林教室後の事後指導では，「森林のはたらきを見つけよう」を授業テーマとし，その学習目標を「森林の多面的機能を理解することで，森林と私たちの生活との関わりをとらえることができる」と設定した［猿渡 2011］。表4.12 にその授業展開，資料 4.3 にワークシートを示す。

　ここでは，学習ソフト「森林博士に挑戦」を使用し，山の絵を見て森林のはたらきを予想することから始める。図 4.8 に学習ソフトの画面例を示す。まず，森林にはいろいろな働きがあり，私たちの暮らしと関わりが深いことを知らせる。「山が元気になると誰が喜ぶでしょう」という発問から，農家・漁師・町に住む人と森林の関係について考えさせる。次に，森林が腐葉土を作り出す様子をアニメーションで見せ，森林と農業との関係を理解させる。また，裸地と森林では，川へと流れ出る雨水の量はどちらが少ないかを予想させる。そして，アニメーションを見せて裸地と森林における雨水のし

表4.12 事前指導の授業展開

過程	配時(分)	生徒の学習活動	教師の指導・支援	備考
導入	5	1. 山の絵を見て，森林のはたらきを予想する。 2. 本時の目標を知る。	○森林のはたらきにはどのようなものがあるか発表させる。アニメーションを見せ，森林には様々なはたらきがあることに気づかせる。	アニメーション フラッシュカード
展開			**森林のはたらきを見つけよう。**	
展開	3	3. 森林のはたらきについて知る。森林と生活との関わりについて考える。	○山が元気になると誰が喜ぶでしょう？というクイズを出し，農家・漁師・町に住む人と森林の関係について考えさせる。	フラッシュカード ワークシート
展開	5	・森林のはたらきについて具体的な仕組みを知る。 ・養分のある土	○アニメーションを見せて，森林が腐葉土を作り出すことを説明する。また，腐葉土が農業に役立っていることを伝える。	腐葉土
展開	15	・森林は緑のダム	○裸地と森林では，川へと流れ出る雨水の量はどちらが少ないかを予想させる。 ○アニメーションを見せて裸地と森林における雨水のしみこむ量の違いを知ることで，森林は洪水を防ぎ，地下水をたくわえることを理解させる。 ○なぜ，漁師が山に木を植える活動を行うのか考えさせる。	アニメーション ワークシート
展開	12	・木材の生産	○雨水のゆくえをたどることで，山と海との関係を理解させる。 ○町に住む人は森林からどのような恩恵を受けているか考えさせる。 人工林が育ち，材料としてわたしたちに届くまでの過程を説明する。	ワークシート
まとめ	5	4. 本時の学習を振り返る。	○森林のはたらきについてまとめる。森林には多面的機能があり，わたしたちの生活と関わりが深いことを伝える。	ワークシート

第4章 森林親和運動としての木育の生成と展開

資料4.3 事後指導のワークシート

森林のはたらきを見つけよう！

　　　　　　　　　　　　　　5年　組　氏名(　　　　　　　　)

[1]　次のうち、山が元気になるとだれが喜ぶでしょう？
(ア) 農家の人　　　　(イ) 漁師さん　　　　　(ウ) 町に住む人

[2]　大雨が降っても、川の水の量がふえにくいのはどちらでしょう？
(ア)　森林がない土地　　　　(イ)　森林がある土地

まとめ　　森林は、
　　　　　　　○（　　　　　　）を防ぐ。
　　　　　　　○（　　　　　　　　）をたくわえる。

[3]　人工林を育てる仕事を見てみましょう。

①（　　　　）の栽培　　　②植えつけ　　　　③（　　　　　　）

④間ばつ　　　　　　　　⑤（　　　　　）　　⑥収かく

[4]　森林のはたらきについてまとめましょう。
・　（　　　　　　）のすみかである。
・　作物を育てるための（　　　　　）や養分を含む水をつくる。
・　木の根が（　　　　　）や（　　　　　　）などの災害を防ぐ。
・　雨水を（　　　　　）として、たくわえる。
・　豊かな（　　　）をつくる。漁師は、植林などの活動を行っている。
・　（　　　　　　）を生産する。
・　（　　　　　　）を吸収し、（　　　　　　　）を防ぐ。
・　人を（　　　　　　）させる。

みこむ量の違いに気づかせ，森林は洪水を防ぎ，地下水を蓄えることを理解させる。また漁師が山に木を植える活動の写真から，森林と漁業の関係について考えさせる。最後に，町に住む人は森林からどのような恩恵を受けているか考えさせ，人工林が育ち材料として私たちに届くまでの過程を説明する。

このように，アニメーションや写真，実物などを提示しながら，森林の持つ多面的機能を理解させることにより，森林と私たちの生活との関わりを再認識できるように工夫した。

[参考文献]

Etienne Wenger, Richard McDermott & William M. Snyder，野村恭彦監修，櫻井祐子訳，2002，『コミュニティ・オブ・プラクティス —— ナレッジ社会の新たな知識形態の実践（Harvard Business School Press）』翔泳社．
Jean Lave & Etienne Wenger, 1991, Situated Learning: Legitimate Peripheral Participation.
須藤敏昭・森下一期・松本達郎・名和秀幸・山中泰子・鈴木隆，こどもの遊びと手の労働研究会編，2007，『子どもの「手」を育てる —— 手ごたえのある遊び・学び・生活を！』ミネルヴァ書房．
David W. Johnson, Edythe Johnson Holubec & Roger T. Johnson，杉江修治，伊藤康児，石田裕久，伊藤篤，1998，『学習の輪 —— アメリカの協同学習入門』二瓶社．
猿渡裕幸，2011，『小学生を対象とした木育用学習ソフトの開発』熊本大学卒業論文．
田口浩継・田尻安洋・岩田健作，2000，「学校と家庭及び地域社会の連携に関する意識調査」『熊本大学教育学部紀要，49，自然科学』：103-111．
―――，2004a，「熊本県におけるものづくり事業の展開」『日本産業技術教育学会誌，46』：43-46．
―――，2007，「小中一貫技術教育の啓発・普及・全国展開の俯瞰(1) —— 実践事例の収集と発信 —— 」『日本産業技術教育学会誌，49』：161-166．
―――，2010，「社会教育におけるものづくり活動に関する一考察」『熊本大学教育学部紀要，第 59 号，人文科学』：257-264．
―――・久保田真衣，2011，「小学校における集団宿泊的行事を活用した木育の推進」『日本産業技術教育学会第 54 回全国大会要項』43．
徳野貞雄，2007，『農村の幸せ，都市の幸せ　家族・食・暮らし』NHK 出版（NHK 生活人新書）．
―――，2011，『生活農業論　現代日本のヒトと「食と農」』学文社．

第 4 章　森林親和運動としての木育の生成と展開

堀公俊・加藤彰，2009，『ロジカル・ディスカッションチーム思考の整理術』日本経済新聞社．
文部省，1997，『中央教育審議会第一次答申』．
―――，1998，『教育課程審議会答申』．
文部科学省，2008，『小学校学習指導要領解説　社会編』，教育図書．
土井康作，2006，「幼稚園から高等学校まで一貫したテクノロジー教育の目標論」山崎貞登編『技術的素養の育成を重視した初・中・高等学校教育一貫の技術教育課程開発』平成 17 年度～19 年度科学研究費補助金（基礎研究（C））研究成果報告書（第 1 年次）：9』．
林野庁，2007，『木材産業の体制整備及び国産材利用拡大に向けた基本方針』．

コラム 7 ● ものづくりの後の掃除で生きる力を育てる

　小学校や中学校で掃除の様子を見ていると，「あそこが汚い」「こうすると，きれいになる」と指摘できるのに，実際の行動が伴わない子どもがいます。「掃除は終わりました」と言いながら，きれいになっていないこともあります。なぜ，このようなことが生じるのでしょうか。

　日常生活に欠かせない掃除は何げない行動のようですが，実は非常に高度な作業なのです。作業の流れに沿って考えてみると，①どこが汚れているか，散らかっているか判断する力，②どのように片付けるとよいか構想（計画）する力（使う道具や手順を決める力），③構想に従い，実際に行動する力，④自分が行った作業（掃除）によって，目的が達成できたか判断（評価）する力が必要だと分かります。

　先に挙げたケースは，当初描いたきれいな部屋と，自らが行った結果とを比較検討し，足らないところは修正するなどの能力が欠けた状態と考えられます。

　このように掃除を分析してみると，その能力はいわゆる課題解決能力と重なります。課題解決能力は，①課題を見つける力，②解決する方策を立てる力，③解決に向けて行動する力（行動力），④課題が解決できたか判断する力に集約できます。さらに学校などで行う掃除は多くの場合，一人で行うものではなく，⑤他者に対応した行動（協調性）が求められます。

　掃除には「生きる力」の育成に関わるすべての要素が含まれているのです。

　これらの力は，すぐに育成できるものではなく，毎日の訓練や学習によっ

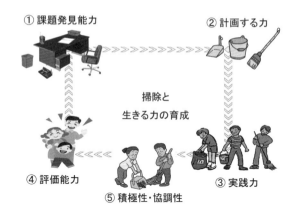

て，徐々に身に付くものです。掃除を「やらなければならない作業」「他者から命令された苦役」と考えるのではなく，自らの力を伸ばす活動ととらえ，有意義な時間として活用すべきです。そのためにも周りの大人は声掛けや働き掛けに留意し，子どもたちのやる気を引き出したいものです。

ところで，「ものづくり」について取り上げたコラムで，手先を使い，ほどよい難易度で，わくわくするものづくりは脳を活性化する効果がある，と紹介しました。では，掃除はどうでしょうか。

「片付ける作業（掃除）」は，壊れたものを修理する行為に似ています。修理とは壊れた製品に新たな部品を加え，付加価値のついたものにする作業であり，ものづくりの一つです。一方，掃除とは，汚れたり，散らかったりした部屋をきれいに整え，さらに使いやすくする作業です。

つまり部屋を片づけること，掃除することは，ものづくりと考えてよいでしょう。体全体を使って作業し，ほどよい難易度を持たせることが可能です。さらにわくわくと楽しみながら掃除ができれば，脳の活性化にもつながります。皆さんも，掃除を楽しんでやってみませんか。

第5章

森林親和運動としての木育の成果

第1節　くまもとものづくりフェアなどの成果

1.1　はじめに

「くまもとものづくりフェア」は，熊本ものづくり塾が事務局となり熊本大学や熊本県技術・家庭科教育研究会，一般ボランティアが共同で開催している。また，本事業の一部は熊本県農林水産部林業振興課より資金提供を受けている。この他，熊本ものづくり塾は県内3ヵ所で定期的なものづくり教室を行っている［田口 2010a，2010b］。

本節では，「くまもとものづくりフェア」などのものづくり教室において，木育の目的と照らし合わせた場合の成果について検討する。具体的には，「くまもとものづくりフェア」などへの参加状況と，木材利用意識および木材利用行動との関係を明らかにすることを目的に，アンケート調査を行う。なお，本調査は以下の2つの調査からなる。

第1の調査は，2009年6月から7月にPTA活動や地域活動として実施されたものづくり教室に参加した子どもおよびその保護者などに実施したものである。これらの対象者には，ものづくり教室を実施する前に調査したことから，木育をほとんど体験していない対照群と設定することができる。第2の調査は，熊本ものづくり塾が毎月実施しているものづくり教室に参加している子どもおよびその保護者を対象としている。熊本ものづくり塾は，2009

年度より2年間ものづくり教室を県内3ヵ所において定期的に開催（年間10回・通算20回程度実施）している。こちらの対象者は，木育を体験している群とする。

これらの調査結果を比較することにより，木育による木材利用に関する意識および行動変様に対する影響について検証する。

1.2 調査対象者

1.2.1 木育未経験者群

熊本県内でPTA活動や地域活動として開催されたものづくり教室に参加した子どもおよび保護者を調査対象とした。2009年6月から7月にかけて調査対象者に，年齢，性別，木材の利用に関する意識，木材利用行動などについてアンケートによる調査を行った。地域ごとに分類すると，県北（山鹿市・和水町）42人，熊本市110人，県南（八代市・水俣市）80人，合計232人である。年齢ごとの内訳は，6～15歳：94人，16～25歳：25人，26～35歳：36人，36～45歳：68人，46歳以上：9人であった。性別で見ると，男性：78人，女性：154人であった。

1.2.2 木育（ものづくり教室）経験者群

熊本ものづくり塾が主催するものづくり教室の受講者およびその保護者を調査対象とした。2011年2月から3月にかけて調査対象者に，年齢，性別，木材の利用に関する意識，木材利用行動などについてアンケートによる調査を行った。地域ごとに分類すると，和水町22人，熊本市33人，八代市28人，合計83人である。年齢ごとの内訳は，6～15歳：46人，26～35歳：4人，36～45歳：25人，46歳以上：8人であった。性別で見ると，男性：35人，女性：48人である。

調査対象者に対して，最近の2年間（24ヵ月）に実施されたものづくり教室やものづくりのイベントの参加回数により，1～4回を「参加回数少」集団，5回以上を「参加回数多」集団と分類し集計を行った。それぞれの内訳は，子どもでは「参加回数少」が19人，「参加回数多」が27人，大人では

「参加回数少」が17人,「参加回数多」が20人であった。なお,ものづくり教室に自らの意志または保護者の意向により参加した対象者であるため,「ものづくりに対する意欲」などについては,当初から高い可能性があることを勘案し考察することが求められる。

1.3 調査の内容

調査対象者に実施したアンケートの内容を巻末の資料5.1に示す。対象者に森林の働きや木材の利用意識,利用行動,ものづくり教室参加による行動の変様について,選択式で回答させた。

1.3.1 木や森林の知識およびものづくりへの意欲

木や森林の知識およびものづくりへの意欲に関する調査結果が,表5.1である。ここでは,子どもと大人について,木育の経験の有無により分類している。本表より,「木を植えて,切って利用し,また植えることは良いこと」,「木材を利用することは,森林づくりにつながる」については,子ども,大人とも,4ポイント中3ポイント以上の高い値を示した。木育の経験の有無により分析した場合,木育経験のある対象者が,いずれも高い値を示した。また,「木材を使ったものづくりにもっと取り組みたい」についても同様に高く,意欲においても若干であるが木育経験者が高い値を示した。

以上の結果から,木育の経験は木や森林に関する知識やものづくりへの意欲の向上に効果があることが明らかとなった。なお,ものづくりへの意欲の分析については,今後詳細な検討が求められる。

1.3.2 木材利用に関する意識

木材利用に関する子どもと大人の意識についての調査結果が,表5.2および表5.3である。なお,木育経験のある対象者については,2年間で1～4回の経験者を「木育経験少」,5回以上の経験者を「木育経験多」に分類している。

表5.2より,子どもが家具を購入する場合,木製品を選ぶ割合が,木育経

表5.1 木や森林の知識とものづくり意欲(木育経験の有無による比較) N = 232 (ポイント)

分類 質問項目	子ども		大　人		平　均	
	木育無	木育有	木育無	木育有	木育無	木育有
木を植え育て，切って利用し，また植えることは良い	3.31	3.54	3.49	3.76	3.40	3.65
木材を利用することは，森林づくりにつながる	3.11	3.33	3.35	3.49	3.23	3.41
木材を使ったものづくりにもっと取り組みたい	3.48	3.50	3.46	3.80	3.47	3.65

注) ポイントの最小値：1，最大値：4

表5.2 木材利用に関する意識(子ども)　　　　　　　　　　　　　　　　　　　N = 94 (%)

質問項目	回答選択肢	木育経験なし	木育経験少	木育経験多
①自分用の机やイスを購入するとき	木でできた製品	57.9	57.9	74.1
	金属・プラスチック	7.8	10.1	3.7
	どちらでもよい	34.3	31.6	22.2
②家を購入するとしたら	木造住宅	47.3	42.1	48.1
	鉄筋・コンクリート	20.8	15.8	33.3
	どちらでもよい	31.9	42.1	18.5
③気に入った木製品があったとき	高ければ購入しない	74.9	42.1	48.1
	高くても購入したい	25.1	57.9	51.9

表5.3 木材利用に関する意識(大人)　　　　　　　　　　　　　　　　　　　N = 138 (%)

質問項目	回答選択肢	木育経験なし	木育経験少	木育経験多
①自分用の机やイスを購入するとき	木でできた製品	72.9	94.1	90.0
	金属・プラスチック	3.0	0.0	0.0
	どちらでもよい	24.1	5.9	10.0
②家を購入するとしたら	木造住宅	73.7	70.6	85.0
	鉄筋・コンクリート	6.0	5.9	0.0
	どちらでもよい	20.3	23.5	15.0
③気に入った木製品があったとき	高ければ購入しない	63.2	47.1	40.0
	高くても購入したい	36.8	52.9	60.0

表5.4 木材利用に関する行動（子ども）　　　　　　　　　　　N = 94（%）

質問項目	回答選択肢	木育経験なし	木育経験少	木育経験多
①友だちと比べて木製品を使っている方か	使っている方である	22.8	47.4	59.3
	あまりかわらない	62.5	26.3	40.7
	使っていない方である	14.8	26.3	0.0

表5.5 木材利用に関する行動（大人）　　　　　　　　　　　N = 94（%）

質問項目	回答選択肢	木育経験なし	木育経験少	木育経験多
①友だちと比べて木製品を使っている方か	使っている方である	30.4	41.2	85.0
	あまりかわらない	48.8	52.9	15.0
	使っていない方である	20.9	5.9	0.0

験がない者より，木育経験がある者の方が高いことが分かる。さらに，住宅についても木育経験が多い子どもが高い値を示した。一方，気に入った木製品がある場合，「高くても購入したい」という子どもの割合は，木育の経験があると高い値を示すことが分かった。表5.3より，大人についても同様の傾向を示していることが分かる。

　子どもも大人も，木材を素材にしたものづくりの経験が複数回に及び，また，ある程度の期間に継続し関わることにより，木材利用に関する意識は高まると言える。

1.3.3　木材利用に関する行動

　木材利用に関する子どもと大人の行動についての調査結果が，表5.4および表5.5である。なお，木育経験のある対象者については，2年間で1～4回の経験者を「木育経験少」，5回以上の経験者を「木育経験多」に分類している。

　表5.4より，「友だちと比べて自分は木製品を使用する」とする割合が，木育経験がない者より，木育経験がある者の方が高いことが分かる。木育経験がない子どもが約2割に対して，多い子どもは，約6割と顕著な差が見ら

表5.6 木材利用に関する行動の変化　　　　　　　　　N = 232（ポイント）

分類	質問項目	子ども 木育経験少	子ども 木育経験多	大人 木育経験少	大人 木育経験多
興味・関心	地域や熊本に興味がわくようになった	0.0	0.0	0.0	5.0
興味・関心	木に興味を持つようになった	10.5	44.4	17.6	20.0
興味・関心	ものづくりが好きになった	42.1	59.3	35.3	70.0
興味・関心	イベントに参加したいと思うようになった	5.3	11.1	5.9	30.0
知識・技能	ものづくりの大切さを感じるようになった	0.0	0.0	0.0	10.0
知識・技能	木の特徴を知ることができた	5.3	3.7	5.9	10.0
知識・技能	ものづくりの仕方を知ることができた	21.1	29.6	17.6	15.0
知識・技能	ものづくりが上手になった	10.5	33.3	5.9	5.0
行動	樹木や木製品を見るようになった	0.0	3.7	5.0	15.0
行動	木製品を以前より購入するようになった	0.0	7.4	5.0	30.0

れた。

　表5.5より，大人についても同様の傾向を示している．木育経験の多い対象者の8割以上が，他者と比べ木製品を多く使用するとしていることは，木育の効果を顕著に現していると言える．

1.3.4 ものづくり教室を受講することによる変化

　ものづくり教室に参加した子どもと大人について，木やものづくりに対する興味・関心や知識・技能，木材利用の行動の変化について質問した結果が表5.6である．なお，本表は木育経験の多少により，分類している．

　子どもにおいて，興味・関心では「ものづくりが好き」，「木に興味がある」が高い値を示した．また，これらは経験が多いほど高い値を示している．「地域や熊本への興味」の高揚については，ものづくり教室においては，影響していないことが分かる．大人についても，同様の傾向を示しているが，「イベントへの参加」は，子どもより高く，このようなイベントへの参

加は，大人主導による可能性が高いことを示している。そのことは，子どものイベントへの積極的な参加を促すためには，保護者の意識を変えることの重要性を示しているとも言える。

1.4　考察

　日本は国土面積に占める森林面積が約 66 ％（森林率約 7 割）で，先進国の中では有数の森林大国である。しかし，樹木，木材，林業に対しては興味・関心は低く，これらが抱えている課題に対しても意識したことがない者がほとんどである［山下 2008］。本調査においても木育（木を素材にしたものづくり教育）の未経験者ほど，この傾向が強く表れることが明らかとなった。

　木材需要拡大のためには，まず木や森林，身近な木製品について興味・関心を持たせること，これらに関する最低限の知識を伝達することから始めなければならない［田口 2011］。そのことにより，木の良さが理解され，日本の森林が抱えている課題についても理解が始まる。本調査においては，木育の経験が多い対象者ほど，興味・関心や理解も深く，木材需要拡大についての意識も高い値を示すことが明らかとなった。

　これらの積み重ねにより，需要拡大に繋がる態度が見られ，最後に需要拡大の行動へと繋がることが期待される。遠回りのようであるが，地道な木育から始めることがゴールへの近道なのかもしれない。

第 2 節　子どもを対象とした木育の成果

2.1　小学生を対象とした木育

2.1.1　少年自然の家での森林教室に木育を導入したカリキュラムの成果

　第 4 章第 4 節で紹介した小学生を対象とした木育（少年自然の家の森林教室に木育を導入したカリキュラム）を，熊本市内の 4 つの小学校第 5 学年全 7 クラス（184 人）を対象に実施し，授業前と授業後に同じ内容のアンケー

ト調査を行った．また，授業時や森林教室の活動の中で児童の様子を観察するとともに，担任教師に児童の様子について聞き取り調査を行った．なお，アンケート調査は上記の学校以外に，事前指導および事後指導を行っていない熊本市内の小学校1校全4クラス（161人）にも同様のものを実施した．質問項目の分類と内容を表5.7に，事前・事後指導などの実施状況を表5.8に示す．

2.1.2 調査結果および考察

本項においては，事前指導および森林教室の教育的効果についてのみ述べることとする．

「①木に対する親しみや興味・関心の喚起」について，事前指導を実施した小学校と実施していない小学校を比較した調査結果が表5.9である．

事前調査（初期値）と森林教室後の値を比較すると両校でポイントが上昇している．また，両校を比較すると，上昇の仕方は事前指導を受けた小学校の方が大きく，有意差が見られた項目数も多い．

事前指導では，クイズ形式で木の特徴を学習することができる．アニメーションや実物の観察を含むため，木の生長の仕方や年輪の様子が視覚的に非常に分かりやすい．また，実験を通して木の性質について体験的に学習したことで木のおもしろさに気づいたのではないかと考えられる．

また，教師側から児童に向けて，木や森林を見るときの視点を促していることから，学習した内容を踏まえ，さまざまな視点で森林教室に臨むことができたと言える．このことは，「これまで受け持った児童と比べて，木に対する反応が違った」という担任教師への聞き取り調査からもうかがえる．

「②木や森林の良さや特徴の理解」について，事前指導を実施した小学校と実施していない小学校を比較した調査結果が表5.10である．

初期値と森林教室後の値を比較すると，両校でポイントが上昇している．また，両校を比較すると，上昇の仕方は事前指導を受けた小学校の方が大きく，有意差が見られた項目数も多い．

児童の自由記述より，事前指導の学習内容に木の生長の仕方や年輪のでき

第5章　森林親和運動としての木育の成果　　　　　　　153

表5.7　学習目標とアンケート質問項目

質問項目	アンケート質問項目
①木に対する親しみや興味・関心の喚起	木を使ってものを作りたいと思いますか
	木について興味がありますか
	木はおもしろいと思いますか
②木や森林の良さや特徴の理解	木材を使うために森林を切ることは環境に悪いと思いますか
	ものを買う場合，木とプラスチックのどちらが環境に悪いと思いますか
	木製品は長持ちすると思いますか
	木は使いやすいと思いますか
③木材を日常生活に取り入れようとする態度の育成	家などに使う木材は，熊本の森林で育てられたものを使った方がいいと思いますか
	木は私たちの生活と関わりが深いと思いますか
	木製品は大切に使うべきだと思いますか

表5.8　事前・事後指導などの実施状況

	事前調査	事前指導	森林教室①	森林教室②	事後指導
O小学校	○		○		
Sr小学校	○	○	○		
U小学校	○	○		○	
St小学校	○	○		○	○
Y小学校	○	○		○	○

注）森林教室①：ウォークラリー
　　森林教室②：ウォークラリー，林業体験，木工教室

表5.9　「①木に対する親しみや興味・関心の喚起」　　　N = 345（ポイント）

	質問項目	事前指導	初期値	森林教室後	変化
興味・関心	木について興味がある	無	3.76	3.96	0.20[+]
		有	3.63	4.19	0.56[**]
	木はおもしろい	無	3.90	4.10	0.20[+]
		有	3.84	4.22	0.38[**]
	木でものをつくりたい	無	4.01	4.22	0.21[*]
		有	4.20	4.55	0.35[**]

注）ポイントの最小値：1，最大値：5　　　　[**]：$p < 0.01$，[*]：$p < 0.05$，[+]：$p < 0.1$

表 5.10 「②木や森林の良さや特徴の理解」　　　　　　　　N = 345（ポイント）

	質問項目	事前指導	初期値	森林教室後	変化
知識・理解	木を切るのは悪くない	無	1.58	1.63	0.05
		有	1.63	2.01	0.38**
	木製品は環境に良い	無	2.49	2.62	0.13
		有	2.41	2.63	0.22*
	木製品は長持ちする	無	4.04	4.27	0.23*
		有	3.85	4.20	0.35**
	木製品は使いやすい	無	4.13	4.36	0.23*
		有	3.84	4.32	0.47**

注）ポイントの最小値：1，最大値：5　　　　**：$p < 0.01$，*：$p < 0.05$，+：$p < 0.1$

方，森林の種類，間伐の目的があり，これらをアニメーションや実物の観察，実験を通して学習を進めたことから，木や森林の良さや特徴の理解が深まったと考えられる。

「③木材を日常生活に取り入れようとする態度の育成」について，事前指導を実施した小学校と実施していない小学校を比較した調査結果が表 5.11 である。

初期値と森林教室後の値を比較すると，ポイントが上がった項目もあるが顕著な差は見られず，下がった項目もある。「木は生活と深い関わり」および「木製品は大切に使う」という項目は，初期値からポイントが高いことから，天井効果の影響が考えられる。

事前指導では，児童が木に興味を持つことに重点を置いていたため，木材を日常生活に取り入れようとする態度を育成するための学習に関して，深く配慮をしていなかった。そのため，このような調査結果が得られたと考えられる。

これらのことから，事前指導は木に対する興味・関心の喚起や木や森林についての知識・理解の向上に有効であると言える。自由記述でも，木の特徴をクイズ形式で学んだり，アニメーションの視聴や実物を観察したりするた

表 5.11 「③木材を日常生活に取り入れようとする態度の育成」　N = 345（ポイント）

	質問項目	事前指導	初期値	森林教室後	変　化
態度	木は生活と深い関わり	無	4.59	4.59	0.00
		有	4.37	4.44	0.07
	木製品は大切に使う	無	4.76	4.74	− 0.02
		有	4.71	4.58	− 0.13
	県産の木材を使う	無	2.99	3.13	0.14[+]
		有	3.08	3.20	0.12

注）ポイントの最小値：1，最大値：5　　　　**：$p < 0.01$, *：$p < 0.05$, +：$p < 0.1$

め，木の生長の仕方や年輪の様子が視覚的に非常に分かりやすいと記述していた。森林教室においても実際に森林に入りさまざまな活動を行うことで，木や森林の良さを体感できたことがうかがえる。特に事前指導を受けた児童は，森林教室において年輪の数を数える行動が見られたことから，学習した内容が定着していることがうかがえた。

　以上の調査結果より，事前指導を行うことで森林教室の教育的効果がより向上すると言える。

2.1.3　おわりに

　第4章第4節で紹介した木育カリキュラムは，木や森林に対する知識・理解や興味・関心を高めることができた。特に，興味・関心を高めることは，学習意欲を高めることにつながる。興味・関心を持つことで，これまでとは違った視点で木や森林を見ることができ，そこから木の良さや木材を使う意義を見いだすことができると考える。本カリキュラムでは，木材利用の態度育成については十分ではなかったが，木育の第1段階は，達成することができたと言える。

2.2 中学生を対象とした木育

2.2.1 テキストを活用した木育カリキュラムの成果

本項では，開発したテキスト［田口・岡田 2009］を使用したN中学校の木育の学習（2時間取り扱い）について，図5.1に示す授業を行った後，アンケート調査を行った。対象者は，3クラス102人である。なお，使用したテキストについては，後述の第4節に詳しく記載している。

2.2.2 検証内容およびその方法

木育の学習を行うにあたり，①学習者が木材に実際に触れる機会を多く設定し，木材の特性に気づくことができるように授業を展開すること，②学習者の身近にある木製品と関連付けたり，今後どのように木材と付き合っていくとよいのかを考えさせたりすることで，学習内容と身近な生活を関連付けることにも留意した。

検証方法は，授業前後に同じ質問でアンケート調査を行い，授業前と授業後の数値を比較することで教育的効果を検証した。さらに，アンケートには自由記述の欄も設け，木材に対するイメージを具体的に記述させた。

アンケートの内容は，各学習目標に対して4〜5の質問項目を設定し，合計22項目で実施した。なお，学習目標は，①木に対する親しみや興味・関心の喚起，②木材を日常生活に取り入れようとする態度の育成，③木材の良さや特徴の理解の3つを設定した。

アンケートは5件法で行い，プラスイメージである左端を選択した場合は＋2点，マイナスイメージである右端を選択した場合は－2点とし，中間に＋1点，0点，－1点を設け調査対象者全体の平均を算出した。

2.2.3 結果および考察

それぞれの学習目標に関するアンケート調査結果が表5.12である。本表より，すべての質問項目の平均値が，0.62ポイント上昇し有意差も見られたことから，学習目標は十分達成できたと言える。また，各学習目標に対す

第5章 森林親和運動としての木育の成果

木材の特徴の説明

木材の構造の説明

図 5.1 検証授業の様子

る値も大きく上昇した。

表 5.12 および表 5.13 に各学習目標に対応するアンケート項目に関する結果を示すとともに，それぞれの項目についてポイントが変化した要因について考察する。

学習目標「①木に対する親しみや興味・関心の喚起」は，0.60 ポイント上昇し有意差も見られたことから教育的効果があったと言える。これは，何気なく利用してきた木材について詳しく学習したことで，さまざまな発見や驚きを感じることができたことによると考えられる。また，木材の特性について，代表的なものを学び，さらに深く学んでみたいという気持ちを喚起させたことも有効であった。自由記述欄にも，「もっと木材について調べていきたい」など，24 ％の学習者が木材に対する興味を示す回答を記述したことからも教育的効果があったと言える。

学習目標「②木材を日常生活に取り入れようとする態度の育成」は，授業前からポイントが高く，木材を生活の中で利用しようという意識は高いと言える。さらに，授業後は 0.52 ポイント上昇し有意差も見られたことから教育的効果があったと言える。木材の特性を学習した後に，「木材は生活のどのようなところで活用されているのか」を考えさせる学習活動を取り入れたことが，この学習目標を達成する大きな要因になったと考えられる。自由記述欄にも 21 ％の学習者が「木の家に住みたい」，「木製品を使っていきたい」

表5.12 学習目標に関するアンケート調査結果　　　　　　　N = 102（ポイント）

学習目標	授業前	授業後	変化
①興味・関心の喚起	0.57	1.17	＋0.60**
②日常生活に取り入れようとする態度の育成	0.90	1.42	＋0.52**
③木材の良さや特徴の理解	0.86	1.59	＋0.73**
全体の平均	0.76	1.38	＋0.62**

注）ポイントの最小値：＋2，最大値：－2　　　　**：$p<0.01$，*：$p<0.05$，＋：$p<0.1$

表5.13 学習目標に対応するアンケート　　　　　　　　　N = 102（ポイント）

学習目標	質問項目	平均ポイントの変化
①興味・関心の喚起	親しみがある	0.46**
	興味がある	0.90**
	落ち着く	0.55**
	おもしろい	0.52**
	愛着がある	0.65**
②日常生活に取り入れようとする態度の育成	柔らかい	1.70**
	暖かい	0.80**
	においが良い	0.27+
	自然な感じ	0.14
③木材の良さや特徴の理解	長持ちする	0.68**
	大切に使う	0.43**
	役に立つ	0.55**
	使いやすい	0.40**

**：$p<0.01$，*：$p<0.05$，＋：$p<0.1$

などの木材を活用していこうとする意思を示す記述をした。

　学習目標「③木材の良さや特徴の理解」は，0.73ポイント上昇し有意差も見られたことから，教育的効果があったと言える。授業の中で，木材は多孔質であること，熱伝導率が低いことなど，より科学的に木材について学んだことで，知識・理解が深まった。また，図5.2に示すような材質の異なる3種類のスプーンを用いて，他の材料と比較する体験活動を行ったことや，

材質の違う3つのスプーン　　　多孔質確認の実験

図5.2 木材の性質を知るための実験例

バルサ材を用い多孔質を確認する実験を行う活動の中で，実際に木材に触れながらその特性について学んだことで，理解が深まったと考えられる。自由記述覧にも，約36％の学習者が具体的な木材の特性を理解した内容を記述したことからも理解が深まったと言える。なお，表5.13に示した学習目標②に対応するアンケート調査結果において，「自然な感じ」の項目に関しては，ポイントの上昇が少なかったが，これは初期値も高い値を示しており，天井効果によるものと考えられる。

本テキストの制作は熊本県農林水産部林業振興課が，「くまもとの木で育む教育推進事業」の一環として行い，2008年度より県内の中学校1年生全員に配布している。さらに，本研究で作成した学習指導計画は緒についたばかりの木育を学校現場の教師に周知するためや木育の推進のために指導用ガイドブックとして熊本県の全中学校に配布した。

指導用ガイドブックには，実際に学校現場で一定程度以上の効果的な木育を展開するために，学習指導案，ワークシート，プレゼンテーション用のスライドの例，板書計画，活用すると良い教材などを掲載している。また，学校現場での木育だけでなく，社会教育として実施する木育に関する指導法についても紹介している。なお，これらの資料は，Webページでも見ることができる[1]。

1　熊本大学教育学部田口研究室のWebページで公開しており，自由にダウンロードし使用できる。http://wood.educ.kumamoto-u.ac.jp/

2.2.4 おわりに

本項では，木育用の教材（テキスト）および，それを活用した木育カリキュラムの検証を行った。木育を推進するために木や森林に関する知識，木材や森林と社会や環境との関わり，木の伝統や文化への興味・関心の喚起，林業に関連した仕事に対する理解を目指したテキストとなった。

また，「木育推進を目指したテキストを活用した授業」は，すべての項目においてポイントが高くなっていることから，木育を推進する教材として効果があったと言える。また，それぞれの学習目標に対応する項目に関しても大きく上昇していることから，学習目標は十分達成できたと言える。

テキストの活用に関しては，授業内で学習指導計画に沿って行うことで教育的効果は得られることが検証された。さらに，授業外において，休み時間や家庭での読み物としての活用も考えられる。各学校や地域，木育講座において，学習者の実態に応じた活用をすることで，効果的な木育を推進していくことが期待される。

第3節 木育推進員養成講座の成果

3.1 社会人を対象とした木育講座

3.1.1 開催数および参加者数

熊本県内で実施された木育を推進する指導者を養成する講座は，2012年1月現在10回実施された。全国で最も多い開催数となっている［田口・西本 2009］。その養成講座ごとの参加者数および参加者を職種・所属ごとに分類したものが表5.14および表5.15である。研修内容や会場の広さ，主催スタッフの数などから，参加者数は30人程度が適切との判断から募集しているが，希望者が多く定員を上回る場合が多い。また，主催者や開催時期により若干変動がある。

表5.14より，参加者を大きく分類すると，教育，行政，企業，NPO関係者となる。参加者319人の内訳は，それぞれ84人，40人，91人，102人で

表 5.14 養成講座ごとの参加者数 N = 319 (人)

主催		林野庁	熊本県農林水産部林業振興課			熊本大学，熊本ものづくり塾			
名称		木育インストラクタ	木育指導員養成講座		県産木材アドバイザ	木育推進員養成講座			
			第1回	第2回		第1回	第2回	第3回	第4回
開催期日		2009.7	2011.2	2011.3	2011.1	2009.9	2009.12	2010.6	2011.5
教育	高大学生	6	4	3	0	11	6	10	2
	教師	10	5	2	0	0	2	2	1
	社教主事	0	2	4	0	1	0	0	15
行政	国	0	0	0	0	5	3	4	0
	県	1	4	0	0	2	4	2	3
	市町村	0	5	3	0	2	1	0	1
企業	工務店	5	2	2	34	7	2	11	7
	製材流通	1	1	0	4	1	0	0	2
	農林業	4	0	1	0	0	0	7	3
NPO	子育て	5	20	6	0	3	6	0	3
	環境地域	3	8	1	0	3	8	0	1
	福祉	0	3	2	0	0	2	0	0
	一般市民	6	8	2	0	1	1	1	6
参加者数		41	62	26	38	36	35	37	44

あった。なお，熊本県が主催する「県産木材アドバイザー養成講座」は，木材・林業関係者に限定しているためすべてが「企業」に分類されている。参加者を，「公的機関・私的組織」および「ヒトの暮らしを考える・経済性を中心に考える」により分類したものが図 5.3 である。

　上記 4 分類で最も多かったのが NPO 関係の対象者であった。中でも，子育てを支援する活動に取り組む者が 4 割と最も多い。それにスポーツ系まで含めると 55.8 % となる。次いで環境改善や地域の活性化に取り組む者，老人介護施設で職員またはボランティアとして活動している者がいた。なお，「一般市民」に分類した者は，会社などに勤務しながら，または専業主婦な

表 5.15　職種・所属ごとの参加者数　　　　　　　　　　　　N = 319（人）

分類		内訳	合計
教育	高校生・大学生（農業高校生，教育学部生）	42	83
教育	教師（小・中・高・大学）	22	83
教育	社会教育主事（自然の家等の職員を含む）	19	83
行政	国（九州森林管理局）	12	40
行政	県（林産，福祉）	16	40
行政	市町村（福祉，子育て）	12	40
企業	工務店（住宅，家具）	70	93
企業	製材業・木材流通	9	93
企業	農業・林業	14	93
NPO	子育て（スポーツ，ものづくりを含む）	52	103
NPO	環境・地域	24	103
NPO	福祉（作業療法士等，老人介護施設）	7	103
NPO	一般市民（ボランティアで活動，無職）	20	103
参加者数合計		319	

どでボランティアとして活動している者も含んでいる。

　次に多いのが，企業関係者でその多くが住宅や家具の設計・製作に従事する者である。同様に林業従事者，製材業，木材の流通に携わる者も参加していた。教育系は大学生と小中高等学校の教師，少年自然の家の職員の順に多かった。また，行政のうち，国家公務員は九州森林管理局の職員で，県および市町村は林業系と福祉系の担当職員であった。

3.1.2　受講目的

　木育指導員養成講座参加者の受講目的を表 5.16 に示す。また，参加者の自由記述による受講目的を表 5.17（①）に示す。受講目的について最も多かったのが，「ものづくり教育について知りたい（75.7％）」，「指導法を身につけたい（65.7％）」，「ものづくりの技を身につけたい（62.9％）」，「木

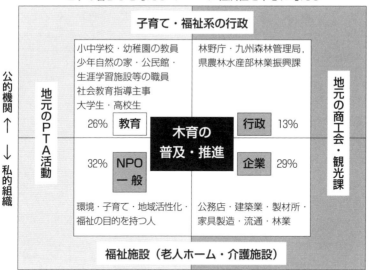

図5.3 木育推進員養成講座などへの参加者の分類

製品を買うときや使うときの参考にしたい（61.4％）」，「木について知りたい（54.3％）」であった．木育という名称がついている講座ではあるが，受講者にとっては，「ものづくり・ものづくり教育」全般に対する知識や技能の修得を目的にして参加していることが分かる．自由記述には，以下の意見が多く見られた．

〈現在の活動に役立てる〉
- 子育て支援の活動の中での自然体験の不足を感じていて，その改善のきっかけ作りになると感じたから
- 高齢者施設において，高齢者間の交流や高齢者と子どもたちとの架け橋に，木育が活かせると感じたから
- 環境・地域づくりのNPO活動に役立てるため
- 町内会で活かせると思った，ボランティア活動の参考にしたいから

表5.16 木育指導員養成講座参加者の受講目的　　　　N＝119（%）

分類	調査項目	教育	NPO	行政	企業
知識	木について知りたい	40.5	59.6	63.6	52.6
知識	森林について知りたい	10.8	25.0	36.4	15.8
知識	ものづくり教育について知りたい	83.8	78.8	90.9	63.2
知識	木材需要拡大の方法を知りたい	0.0	11.5	9.1	21.1
技能	木工の技を身につけたい	27.0	23.1	18.2	26.3
技能	ものづくりの技を身につけたい	70.3	69.2	72.7	42.1
教え方	森林教室を行う参考にしたい	24.3	21.2	36.4	26.3
教え方	ものづくり教室を行う参考にしたい	45.9	55.8	72.7	47.4
教え方	指導法を身につける参考にしたい	67.6	61.5	72.7	42.1
木材利用	木の小物を購入するときの参考にしたい	36.4	50.0	33.3	16.7
木材利用	木製家具を購入するときの参考にしたい	48.6	46.2	45.5	26.3
木材利用	住宅を購入するときの参考にしたい	24.3	17.3	0.0	21.1
その他	熊本県や熊本大学の認定書がほしい	40.5	40.4	27.3	47.4
その他	採用試験などに有利になる	24.3	3.8	0.0	0.0

- 現在の仕事の参考になると思ったから

〈現代の課題への対応〉
- 日本の森や国産木材の置かれている問題を知ったから
- 自然を通した遊びを多くの人に知ってもらいたいから

〈興味・関心，一般教養として〉
- ものづくりやクラフトに興味があったから
- 木造の建物に興味があるから，木が好きだから
- 木育という言葉を聞いて興味を持ったから
- 木育がどんな活動か知りたかったら

表 5.17　受講者の自由記述

記 載 内 容	
① 受講目的	・子育て支援の活動の中での自然体験の不足を感じていて，その改善のきっかけ作りになると感じたから ・高齢者施設で働いていて，高齢者間の交流や高齢者と子どもたちとの架け橋に，木育が活かせると感じたから ・環境・地域づくりの NPO 活動に役立てるため ・町内会で活かせると思ったから ・ボランティア活動の参考にしたいから ・仕事の参考になると思ったから ・日本の森や国産木材の置かれている問題を知ったから ・自然を通した遊びを多くの人に知ってもらいたいから ・ものづくり，クラフトに興味があったから ・木造の建物に興味があるから ・木が好きだから ・大学の先生，上司，知人の紹介 ・木育という言葉を聞いて興味を持ったから ・木育がどんな活動か知りたかったから
② 要望や意見	・講座の日数を増やしてほしい ・時間にゆとりが欲しい，時間が短い ・相談できるところがあればうれしい ・野外（森の中）での木育はどういう風に行えばよいか知りたい ・木育に関するボランティア，活動の情報が知りたい ・もう少し情報の交換がしたい ・ステップアップ講座の開催を望む ・初級，中級，上級を区分し実施してほしい ・外国の方にも来てもらえるような講座にしてほしい ・材料を集める，人を集めるのにはどうすればいいか分からない ・教員を多く参加させた方が良いのでは ・有意義な講座だが PR 不足
③ 感想	・勉強になった。参考になった。分かりやすかった ・これから指導法を学んでいきたい ・ものづくりへの気持ちがさらに高まった ・楽しかった，分かりやすかった，新鮮だった ・多くの人に広めていきたい ・多くの人と交流できたのでよかった ・自信がついた ・木材利用の拡大だけでなく人格形成にまで広げていきたい

③ 感想	・教材が分かりやすかった。子どもの興味を引く教材，教具の重要性を感じた ・イメージしていた木育とは違い面白かった ・もっと多くの木の製品を展示して欲しい ・実験や体験が楽しかった ・木育の重要性を理解できた ・木について初めての発見が多かった

3.1.3 受講後の成果

　木育指導員養成講座の成果を表 5.18 に示す。また，参加者の自由記述による要望および感想を表 5.17（②，③）に示す。受講後の成果として最も多かった項目は，「ものづくり教育について知ることができた（81.4 ％）」，「木について知ることができた（77.1 ％）」，「指導法を身につけることができた（75.7 ％）」，「ものづくり教室を行う参考になった（51.4 ％）」，「木製品を買うときや使うときの参考になった（51.4 ％）」であった。「ものづくり教育について知る」については，受講目的でも最も高く，成果としてもさらに高い値となった。このことから，受講者の目的に応じた講座を提供できたと言える。

　一方，受講目的として低い値となった項目は，「木造住宅を購入するときの参考にしたい（10.0 ％）」，「木材需要拡大の方法を知りたい（12.9 ％）」，「森林について知りたい（25.7 ％）」であった。熊本県（木材需要推進室）の主催側の意図としては，木材の需要拡大が最も大きな目標であったが，その意図に適合した受講者は少ないことが分かる。

　参加者を 4 つの分類で見ていくと，行政関係者は参加理由として知識（木やものづくり教育について知りたい）および，技能（ものづくりの技を身につけたい），教え方（ものづくり教室を行う参考にしたい，指導法を身につけたい）が多かった。教育と NPO 関係者は，ものづくり教育について知りたい，ものづくりの技を身につけたいとする者が多い。一方，企業関係者は，木について知りたいという目的が多い。なお，木材需要拡大の方法を知りたいとするのは，企業関係者が他の職種・団体に比べ高い値であった。

　木育を提唱する林野庁は，その目的を木材需要拡大・消費者教育と捉えて

表5.18 木育指導員養成講座の成果　　　　　　　　　　　　N = 119 (%)

調査項目		教育	NPO	行政	企業
知識	木について理解できた	81.1	76.9	90.9	63.2
	森林について理解できた	51.4	25.0	36.4	10.5
	ものづくり教育について理解できた	73.0	80.8	90.9	73.7
	木材需要拡大の参考になった	13.5	15.4	45.5	20.5
技能	木工の技を身につけることができた	27.0	9.6	9.1	15.8
	ものづくりの技を身につけることができた	37.8	53.8	45.5	31.6
教え方	森林教室を行う参考になった	24.3	19.2	45.5	26.3
	ものづくり教室を行う参考になった	56.8	55.8	72.7	36.8
	指導法の参考になった	81.1	63.5	81.8	73.7
木材利用	木の小物を購入するときの参考になった	27.3	43.8	66.7	25.0
	木製家具を購入するときの参考になった	43.2	42.3	63.6	21.1
	住宅を購入するときの参考になった	27.0	15.4	18.2	31.6
その他	県や大学の認定書がもらえて良かった	45.5	43.8	58.3	43.3
	採用試験などに有利になると思う	16.7	3.8	0.0	0.0

いるが，実際に参加する者の目的は，それぞれの活動の充実や拡大を目的としている。たとえば，子育て・環境・地域おこし・福祉・交流などの目的があった。このように，行政と参加者の目的意識に離齬が見られる。しかし，木育講座は，受講希望が多く，多様な職種・団体の交流の場になっている。「木育」の出現により，これまで活動をともに行うことのなかった職種・団体が，集うことが機会となっている。そのため，参加者の目的はそれぞれ違うが，連携し「木を素材にした教育活動（木育）」を実施することが，直接的ではないが，木材需要拡大に影響を及ぼす可能性があると言える。

　本講座の成果の1つは，修了生が各地で木育を展開する事例が増えたことである。実施県を挙げると，福島県，高知県，山口県，福岡県，佐賀県，熊本県，大分県，鹿児島県，沖縄県の9県である。福岡県で実施された例を巻末の資料5.2に紹介する。主催は，住宅用の素材や設計・施工に環境という

図5.4 ものづくり教室の様子　　図5.5 ものづくり教室のスタッフ

こだわりを全面に出した取組みを行っている住宅メーカーである。本企業および関連会社の社員10人が木育推進員養成講座などに参加するとともに，社員研修として約2時間100人が木育の講座を受講している。当日は，ものづくり教室のスタッフを数回体験している教員・学生9人と，住宅メーカーの社員20人により，午前50組，午後50組の親子，計200人に対して，木を素材にした学習とものづくり体験を提供した。次年度以降は，住宅メーカー独自で開催する予定である。図5.4に円形木琴を製作しているものづくり教室の様子，図5.5に参加した住宅メーカー社員と熊本大学の学生スタッフを示す。

3.2 大学生を対象とした木育講義

3.2.1 はじめに

木育の効果を明らかにすることを目的に，熊本大学教育学部の1年次生を対象に木育の講義を実施し，その前後に調査を行った。本調査は，木材の性質や国産材利用の意義に関する知識，木や木製品への興味，木を使ったものづくりへの興味，および木材利用意識について選択方式と自由記述により回答させた。

3.2.2 調査対象者

熊本大学教育学部の1年次後期に実施される「生活」を受講した204人を対象にアンケート調査を行った。第1回目の調査は，選択必修科目である

「生活」の講義を受講する前に実施し，第2回目は2週間後の講義（第3回目）を受講した後に実施した。さらに，講義終了後に，本講義を受けての意識や行動の変様点について，自由記述により回答させた。

3.2.3 講義の内容

本講義は，教育学部1年次生のほぼ全員が履修する選択必修科目「生活」である。全15回の講義を5人の教員がオムニバス方式で行う。第13から15回目の講義は，小学校生活科におけるものづくり教育の意義と身近な材料である木材を素材にしたものづくり教育（木育）について講義と演習を行う。

講義内容は，生活科におけるものづくり教育の意義や指導法，具体的な授業実践について行い，中でも，木を素材にした木育について取り扱っている。前述の「木育推進員養成講座」で取り扱った内容を，3回の講義（全270分）に編成したものである。しかし，活動の対象を学校教育の中の低学年の児童（生活科を学習する小学校1・2年生）としている点が異なっている。

3.2.4 調査方法

調査は，講義を受ける前の木材や木材利用意義に関する知識，木や木製品への興味，ものづくりへの興味，木材利用の意識についてその度合いを5件法および3件法により回答させた。また，3回の講義を受講した後の木材利用に関する意識や行動の変様について，自由記述により回答させた。

3.2.5 考察

① 大学生の木育体験による知識および情意面の変化

大学生の木育体験による知識と興味，および意識の調査結果が，表5.19および表5.20である。表5.19では，講義前・後による「平均値の変化」について，t検定を行った。また，学生の自由記述を内容により整理したものを巻末の資料5.3に示す。

表5.19 木育指導員養成講座の成果　　　　　　　　　　　　　　　N = 204（ポイント）

		講義前			講義後（2週間後）			平均値の変化 (t 検定)
		男性	女性	平均	男性	女性	平均	
知識	木材の性質や特徴を知っている	2.66	2.68	2.67	4.00	4.04	4.02	1.35**
	国産木材の利用意義を知っている	2.66	2.51	2.58	3.94	3.98	3.96	1.38**
興味	木や木製品に興味がある	3.44	3.60	3.53	4.26	4.36	4.31	0.78**
	木を使ったものづくりに興味がある	3.49	3.53	3.51	4.18	4.33	4.26	0.75**

**: $p < 0.01$, *: $p < 0.05$, +: $p < 0.1$

注）知識および興味は 1～5 ポイントの 5 段階により回答

表5.20 大学生の意識の変化　　　　　　　　　　　　　　　　　N = 204（%）

	調査項目	回答選択肢	講義前	講義後
意識	自分用の机やイスを購入するとき，	木製を購入したい	33.8	70.6
		どちらとも言えない	49.5	26.0
		金属やプラスチックを購入したい	16.2	3.4
	家を購入するとしたら，	木がたくさん使われている家を購入したい	52.0	80.9
		どちらとも言えない	39.2	18.1
		鉄筋やコンクリートの家を購入したい	8.8	1.0
	気に入った木製品があったとき，	高くても購入したい	8.8	24.0
		どちらとも言えない	31.4	54.4
		高ければ購入しない	59.8	21.6

　表5.19より，すべての項目において講義前より講義後の値が向上し，有意差も見られた。特に上昇した項目は，「木の性質や特徴」および「国産木材の利用意義」で，いずれも1.35ポイント以上値が向上していた。「木の性質や特徴」については学生の自由記述より，「小学校の図工や中学校の技術・家庭科で木工は何度も行ったという記憶はあるが，今回学習したような

内容は初めて学んだ」と「初めて学習した内容」という記述が5割を超えていた。学校教育においては，木材を対象とする教育が少なく，中学校の技術・家庭科でも木の名称や工具の使用法は教えても，木材の生長の仕方や特徴，ヒトや環境との関わりについては，ほとんど取り扱っていない。また，「身近に木材はあり，使用しているがその性質や特徴について意識したことはなかった」という記述も多く，単に身近にある素材であるからといって，その性質を知っているとは限らないと言える。「国産木材の利用意義」についても，林業の活性化や環境保全になることについて知っている学生は少なく，知っていたという学生についても，「なんとなく知っている」程度であったと答えている。このことについても，社会科で産業の中の1つとして林業や森林を取り扱うのみで，そこでも国産の木材利用の意義については学習していないとする学生がほとんどであった。なお，男女の差については，講義前および講義後ともに有意差は見られなかった。

木や木製品およびものづくりに対する興味・関心について，学生は講義の前から，3.5ポイント以上を示していた。講義後さらに，0.75ポイント以上の向上が見られた。最高値5ポイントに対して4.3ポイントの値を示したことは，注目に値する結果と言える。自由記述の中にも，「私たち大学生がこんなに興味が湧くのだから，小学生はさらに興味・関心を示すと思う」，「これまで受けた大学の授業の中で1番楽しく，わくわくする講義だった」，「木はおもしろく不思議な材料であると思った」，「木に対するイメージが180度変わった」など，講義による興味・関心の変容を裏付けする記述が多く見られた。204人を対象としたアンケートにおいて，136人が興味・関心の向上について言及していることからも，多くの学生が共通の情意面の変化を実感していることが分かる。なお，本項目でも男女の差については，講義前および講義後ともに有意差は見られなかった。

表5.20より，自分用の机やイスを購入するとき，木製品を購入したいという学生が36.8％増加し約7割となった。これは，受講前に「どちらとも言えない」という消費行動を決定する情報を持たなかった学生や，決め手を持たない学生が木材の特性や良さを理解できたためと考えられる。同様に，

家を購入するとしたら，木がたくさん使われている家を購入したいという学生が28.9％増加し，80.9％を示した。2009年に調査した結果では，「自分用の机やイスの購入」についての質問に対して，16〜25歳の年齢層では，木製と答えた者は47.1％，同様に，家を購入する場合，「木がたくさん使用されている家」と回答したものは62.4％であったことから，講義後の学生の値が明らかに高いことが分かる。

気に入った木製品があったとき，「高くても購入したい」が8.8％から24.0％と15.2％向上したが，「どちらとも言えない」が，54.4％と最も高く，消費行動において価格の要因が大きいことが分かる。しかし，高ければ購入しないが38.2％も減少したことから，少々高価であっても木製品を購入する可能性は高くなったと言える。なお，2009年度の調査では，3択でなく2択にしていたため，今回の調査と比較することはできない。

② 大学生の木育体験による行動などの変化

自由記述で記載した内容により分類したところ記載数が最も多かった項目は，「興味・関心の高揚」で記述数は143人(70.1％)，次が「木製品への見方・意識の変化」で記述数が123人(60.3％)であった。以下，木育を広める意欲：98人(48.0％)，知識の増加：88人(43.1％)，利用促進の意欲：84人(41.2％)，環境問題・環境教育への関心と意識：52人(25.5％)，ものづくりへの意欲：52人(25.5％)，生活の改善：45人(22.1％)，林業に対する理解の深化：42人(20.6％)，木育の推進：34人(16.7％)，利用促進につながる行動：27人(13.2％)，利用促進の行動：18人(8.8％)，木工具・人の知恵：18人(8.8％)であった。それぞれの項目ごとに，概要と代表的な記述内容について以下に示す。なお，自由記述の全文は巻末の資料5.3に掲載している。

「興味・関心の高揚」については，これまであまり木に興味がなかった学生が，講義を通して木の魅力や不思議さを感じるようになり，樹木や木を意識して見る行動が発生している。さらに，木について知りたいという欲求や木製品である割箸やお碗についても興味を示している。特に割箸の環境に対する影響について興味を持った学生が多い。

「知識の増加」については，これまで木や木材について学ぶ機会が少なく，身近にありながらもその性質について知らなかったのが，講義を通して理解できるようになったと感じている学生が多い。また，木の良さは何となく感じていた者が，その理由が明確となり，より木や木製品の良さが実感できるようになったとしている。中には，木材に対して悪いイメージを持っていた学生もいたが，その長所・短所が理解でき適切に判断できるようになったとしている。木育を通して木も自然の一部であることを再認識した学生もいた。

「林業に対する理解の深化」については，国産材の利用低迷による林業衰退の事実を理解し，その解決のために木材の利用を促進する必要があること，さらには，それを進める第一歩が木に対する興味や関心を高めることであるとする学生が見られた。

「利用促進の行動」の前段階に位置する「利用促進の意欲」においては，木材の良さが理解でき興味・関心も高まったことから利用促進の意欲につながっていると言える。「意欲向上の理由」として，好き嫌いによる意欲と，利用することの意義を理解したことによる利用促進の意欲の2種類が見られた。

「木製品への見方・意識の変化」については，木や木製品の性質や環境との関係，林業振興との関係などが理解できるようになることにより，木や木製品の見方・価値観が変化することが明らかとなった。特にプラス方向への見方の変化が顕著に表れている。さらに，具体的な消費行動と結びつく「商品を選択する視点」の拡大・深化も見られた。また，木造住宅に対する意識が変化した学生もいた。

「利用促進につながる行動」については，実際に木製品を購入してはいないが，それにつながるような行動について27人が記述している。たとえば，木製品に関する雑誌・広告・テレビ番組や，店頭で実物を見る機会が増えたとしている。木製品の価値が分かり大切に扱うようになった学生もおり，今後の消費行動につながると言える。

「利用促進の行動」については，この2週間の間に18人の学生が，なんら

かの消費行動を行っている。ただし，期間が短いこともあり，木製品を購入したものが3人，マイ箸の購入が5人，割り箸の購入が5人と人数も少なく，購入した物品自体も小物が多い。利用促進の効果については，長期的な調査が望まれる。

「生活の改善」については，木と自らの生活との関わりを認識し，木をきちんと理解した上で生活に活かしていこうとする意見が多く見られた。さらに，木や木製品に止まらず身の回りのものに眼を向けるとともに，大切に使おうという意識が生まれている。

木材の需要拡大とは直接結びつかないが，「ものづくりへの意欲向上」についても多くの記述が見られた。また，2週間の間に実際にものづくりを行ったという記述は見られなかったが，今後，ものづくりに取り組む場合，材料としての木材の購入だけでなく，木製品の需要拡大も期待できると言える。

これは対象が教育学部の学生であり，講義の中での木育であったことから，「木育を広める意欲」が高まったとする記述が多く見られた。木育の意義や教育的効果，指導方法を学ぶことで，その意欲の向上が見られたと推察できる。

「環境問題・環境教育への関心と意識」については，木育の授業から環境問題や環境教育に関心を持ち，意識が変わったとする学生が52人（25.5％）見られた。樹木や木製品は，これらの課題と密接に関係しており，より具体的に考えることができたのではないかと推察できる。

その他，木育の重要性について，現代的な課題や環境教育的な視点などから指摘していた。また，木育の中で紹介した木工具について言及している学生もいた。木と同様に道具に対する見方が変わったとする学生や，道具の中に人（日本人）の知恵が活かされており，文化に根ざしたものとなっていることを実感したとする学生もいた。これは木工具を通してヒトや文化に眼を向けているものと言える。

3.2.6 まとめ

　大学生の自由記述から，我が国のこれまでの教育では，「木についての学習」はほとんどなされておらず，木の性質（長所や短所）についても，木製品の特性についても学習していないという現状が明らかとなった。モノの価値観は，種々の要素を理解した上で生まれるものである。「木製品は高い」という価値観は，木材の性質を理解されないまま下された評価と言うこともできる。木材の需要拡大を目指すためには，モノの実質的な価値を高めるとともに，それらをきちんと評価できるヒトを育成することが大切であると言える。

　一方，「森の木は伐ってはいけない」と教えられ，今現在もそう思い込んでいる学生が多く存在することが明らかとなった。原生林や熱帯林の違法伐採が問題になり，収穫するために植えられた森・人工林の木さえも伐ってはいけないと思い込んでいる学生がいる。これも，日本の教育やマス・メディアの影響と思われる。この問題に対し原生林や自然林，人工林の違いを理解させ，人工林においては適切な管理作業（間伐や枝打ち，下草刈り）が必要なこと，それを怠ると適正な生長は望めないばかりか，森林の持つ公益的機能さえ発揮できないことを伝えることが必要になる。これらの授業から，人工林は利用するために植えられた樹木であり，伐採することを「収穫」と呼ぶことにも理解を示す学生も見られた。

　これらのことは，戦後の日本の教育には取り入れられてはいない内容である。しかし，1960年代までは，かろうじて森林とヒトとの関係性はある程度保たれており，当時の国民にとっては，自然に理解し感じ取っていた内容であり，感覚であった。しかし，森林とヒトとの関係が薄れた現在においては，失われた経験や感覚を意図的に身につけさせる何か（たとえば，学校教育，社会教育，家庭教育など）が必要となる。しかし，現状ではそれが適切に実施されているとは言い難く，早急な改善が望まれる。

　本節で取り上げた事例は，3コマ（270分）という短い時間ではあったが，その効果を検証できたと言える。また新しい学習指導要領において，環境や森林の内容が，これまで以上に取り上げられることとなった。それらを指導

する未来の教員（学生）に，その内容を理解させ，教育の意義を体感させることが今求められている。

[参考文献]

岩浪一平・田口浩継，2010，「小学校における創成力の育成を目指したものづくり教育の実践 —— クラブ活動の時間における検証 —— 」『技術教育の研究，15』：57-62.
環境省，2005，『京都議定書目標達成計画』．www.kantei.go.jp/jp/singi/ondanka/kakugi/080328keikaku.pdf．
田口浩継・岡田拓也，2009，「技術・家庭科における木育推進用副読本の開発」『日本産業技術教育学会第52回全国大会講演要旨集』：72-73．
―――・西本彰文，2009，「技術科教師を対象とした研究会および教科関連イベントの参加状況等に関する調査」『日本産業技術教育学会，51』：123-127．
―――，2010a，「地域活性化をめざした社会教育の展開 —— 熊本ものづくり塾の地域的な活動展開の限界と可能性 —— 」『西日本社会学会ニュース，No.133』：5．
―――，2010b，「社会教育におけるものづくり活動に関する一考察」『熊本大学教育学部紀要，59，人文科学』：257-264．
―――，2011，「児童期の生活体験と木材利用意識に関する一考察」『九州地区国立大学間連携論文集，Vol.4, No.2』．
文部科学省，2008，『中学校学習指導要領解説技術・家庭編』教育図書．
山下晃功・原知子，2008，『木育のすすめ』海青社．
林野庁，2007，『木材産業の体制整備及び国産材の利用拡大に向けた基本方針』．
http://www.rinya.maff.go.jp/puresu/h19-2gatu/0207mokuzai.html．

コラム8 ●木材の特徴を活かした使い方

　世界で一番軽い木材のバルサを5 cmくらいの長さに切り，シャボン玉液を付けて反対側から吹くと，シャボン玉が現れます（巻末資料267ページ写真⑩参照）。木材がストロー状の細胞でできている証拠です。空洞があり空気の層をたくさん含んでいるので，熱の伝わり方が遅くなります。たとえば，木とプラスチックと金属でできたスプーンを準備します。これらを，しばらく室内に置いておくと，3本とも表面温度はみな同じになっています。目をつぶってそれぞれを触ってみましょう。金属は冷たく，木は暖かく感じます。これは，熱の伝導率の違いからくるものです。熱い汁物を入れても木製のお椀は，手に持つことができたり，鍋やフライパンの木製の取っ手を持つことができるのは，このためです。

　今度は，この3本のスプーンに息を吹きかけてみましょう。このとき白く曇るのはどれですか。また，息を吹きかけすぐに指で触ってみましょう。すると，金属やプラスチックのスプーンは曇ったり，表面がベトベトしたりします。それに対して，木材は曇らず，表面もさらっとしています。これは，木材には瞬間的に水分を吸収する働きがあるからです。10 cm角の木材ブロックでは，21 ccの水分を吸収すると言われています。おひつや木製の弁当箱のごはんがおいしいのもこのためです。一方，木材は吸収した水分を，室内が乾燥してくるとはき出す性質もあります。つまり，木でできた家では，梅雨時は室内

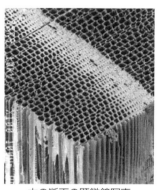

木の断面の顕微鏡写真

の水分を吸収し，さらっとした環境を作ります。さらに，乾燥した季節は，夜中にため込んだ水分を室内に供給してくれます。木材にはこのような調湿作用があります。

そのため，木造の住宅は，木材は外気温を室内に伝えないので冬暖かく，夏涼しい。さらに，室内の湿度を調節する機能があり，天然のエアコン付き住宅ということもできそうです。

それでは，次の実験です。木の床とコンクリートの床に同じ高さからゴルフボールを落としたら，どちらがはねるでしょうか。もちろん，コンクリートの床が良くはねます。木の床がはねが少ないのは，木材が衝撃を吸収する働きがあることを示しています。木材には，空洞があるためスポンジのように収縮するために，衝撃を和らげてくれます。木製の床では足の疲れが少ない，子どもが転倒してもケガが少ないことにつながります。

木は湿ったところで育つため，周りの腐敗菌から自分を守る術を持っています。それが，木の独特の香りです。木材になっても香り成分は残っていますので，抗菌作用や防虫効果，香りによる安らぎを与えてくれます。

マッチ棒の軸は燃える性質を，割り箸は木が裂けやすい性質を利用しています。木製の枡は水分により変形（膨張）する性質を利用し水やお酒の漏れを防いでいます。このように，木には最初から長所・短所があるのでなく，その性質をうまく利用された場合，長所となり，そうでないとき短所となります。適材適所という言葉は，木材の利用の仕方から生まれたと言われています。

第6章

木育運動推進のための資源

第1節　木育用教材の開発

1.1　はじめに

　森林化社会を目指した運動や森林親和運動において，それを進めるための資源が必要となる。一般的には，ヒト，モノ，カネ，ネットワークがそれにあたる。北尾は「森林化社会」の提言はしたものの，それを推進するための担い手，方法については言及していない［北尾 1989］。林野庁も木育の理念は示したが，その具体策は持ち合わせていなかった。本章においては，木育運動を推進するための資源として「木育用教材」と「製作題材」，「カリキュラム」について説明する。

　木育は誕生して間もない活動であるため，学校教育および社会教育，一般社会において木育に関する意義の理解と実践は十分とは言えない。さらに，木育を広めるための教材・テキストは散見するところ，活木活木(いきいき)森ネットワークが開発した「木育推進パック」および，北海道・木育プログラム等検討会議作成の「木育達人入門」のみであった。さらに，両テキストとも，木育の理念に基づき作成されているため基本的な教材としてはよいが，「木とヒト・クラシとの関係性」や「木の魅力・木の不思議」を十分伝える教材とはなっていない。さらに，森林を取り巻く環境は日本国内においても地域ごとに違いが多くそれぞれの地域に対応した教材や，対象者（児童，生徒，成

人）に応じたテキストの開発が望まれる．本節では，木育用の教材『木を活かす・森を育てる』の開発について紹介する．

1.2 開発の手順

今回開発した木育用教材（以下，テキストと記す）の開発の手順は，まず，木育に関連する項目を取り上げ整理した．具体的には，林野庁の挙げる木育の理念，2012年度から全面実施の技術・家庭科の学習指導要領，さらには，徳野の生活農業論［徳野 2007, 2011］をもとに，「ヒト・クラシ」からの視点を取り上げた．次に，テキストに掲載する内容について原案を作成し，熊本県農林水産部林業振興課と協議し構想案を作成した．その構想案に沿って，具体的な内容について検討し，より詳しい内容のリストを作成した．次に，実際に内容や図，写真の配置の構想など，テキストの原案の作成を行った．作成した原案を基に，同林業振興課と協議・検討を繰り返し，木育に関するテキストが完成した．検討段階では，実際に学校教育に携わる教員にも意見を求めるなど，より児童・生徒の実態に応じたテキストの作成に努めた．また，ものづくりの素材としての木材，持続可能な社会の構築の観点から計画的な森林資源の育成と利用[1]，我が国の文化や伝統，材料の再資源化，関連した職業についての理解などについても掲載することとした．

1.3 掲載内容と活用法

テキストは表6.1に示すように，①森林について，②木材利用について，③森林・木材に関する行政の取組みの3つの内容と8つの項目から構成されている．

「持続可能な社会の構築の観点から計画的な森林資源の育成と利用等の技術の必要性に気づかせる」ことを目的に，①において森林の役割について知らせる．また，「森林と社会や環境とのかかわりについて理解を深める」観

---

[1] 「持続可能な社会の構築」については，環境省，2005，『京都議定書目標達成計画』を参照．

表6.1 木育用教材の構成

主な内容	項目	頁数
①森林について	1. 熊本の森林 2. 森林のはたらき	p.1 p.2・3
②木材利用について	3. 木材は循環資源 4. 木材の特性 5. 木材の特性を活かしたものづくり 6. 熊本の木造建築 7. 熊本の伝統工芸	p.4・5 p.6・7 p.8・9 p.10・11 p.12
③森林・木材に関する行政の取組み	8. 熊本県の取組み	p.13

点から，②において木材の利用と環境保全の関係を理解させ，さらに，③の行政などの取組みに関して知らせることで，自らが主体的に環境保全に参画する態度を育成する。

また，「我が国の木に関する文化や伝統」を理解させる目的から，②③において木造建築物や伝統工芸の身近な例や関連する授業を提供する高等学校を示し，伝統と文化について興味・関心を高めさせる。以下に，表6.1に示した1から8の各項目の具体的な内容，ねらい，作成上の留意点などを示す。

項目「1. 熊本の森林」，「2. 森林のはたらき」では，熊本県の森林の現状について知ること，森林と環境の関係について理解し，環境に配慮した生活ができるようになることの2つをねらいとしている。たとえば，図6.1に示すグラフを見て，県土に対する森林の割合や森林の現状を知ることで，熊本県の森林に対して興味・関心を持つことが期待できる。また，図6.2の地下水に関する資料などを用いた学習を通して，森林と水の関係や二酸化炭素吸収，炭素貯留，山崩れ・洪水を防ぐ，生物多様性などの森林の公益的なはたらきを理解することで，学習者が自らの生活と森林が密接な関係にあることを認識し，自らの生活を見直し，森林保護をはじめとする環境に配慮した生活ができるようになると考える。あわせて，植林から伐採までの林業の仕事について示すことにより，森林に関わるヒトの理解にもつながると言える。

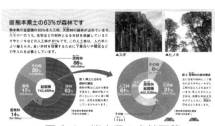
図6.1 熊本県の森林面積

図6.2 森林のはたらきの例

　具体的な活用法の例として，学習者に県土に対する森林の割合や天然林・人工林の割合などを予測させた上でテキストを示し，自らの予測と比較する学習が考えられる。また，学習者が学習前までの経験で知っている木の種類をできるだけ多く挙げる活動をゲーム形式で行わせることで，木について興味を持たせるなどの活用方法が考えられる。このような活用を通して，学習者に木や森林に対する興味・関心を喚起させるとともに，基本的な森林の仕組みや役割について理解させる。

　「3．木材は循環資源」では，図6.3に示す炭素の循環をイラストや写真で示すことで，木材は適切に利用することで循環可能な資源になることを視覚的に理解させ，木材の適切な利用について考えさせることをねらいとしている。

　木材は，森林から木を伐り，さまざまな形で利用し，解体材としてリユースしたり，リサイクルしたりすることで再び活用することができる。また，廃材となった後は，木質ペレットなどとして利用するなど，エネルギー源として利用されたり，焼却されたりすることで空気中に二酸化炭素が排出される。しかし，その二酸化炭素は数十年前に樹木が光合成によって吸収したものであること（カーボンニュートラル）を理解させる。この流れについて理解させ，木材を適切に利用することは環境への負荷を減らすことにつながることを理解させる［佐々木 2010］。

　具体的な活用法の例として，学習者が日常生活の中で利用している木製品がどのような過程で生産され，利用後はどのようになるのかを考えさせた

図6.3 炭素の循環のイラスト

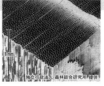
図6.4 木材の特性

図6.5 実験・活動の例

り，調べさせたりする活動を行わせるというものがある。その後の確認として，テキストを用いて，炭素の循環から木材は適切に利用することにより，循環可能となることを学習させる。

「4.木材の特性」では，図6.4の写真などを用い，木材は熱を伝えにくい，調湿作用がある，軽くて丈夫，加工しやすい，光や音を吸収する，衝撃を吸収する，炭素を蓄えている，生産時に省エネルギーなど，さまざまな木材の特性について知らせる［左道 1990，則元 1992］。これらの学習により，特性に応じた木材の利用ができるようになり，自らの生活を豊かにしようとする能力や態度を育てることができると考えられる。同時に，木材とヒトやクラシとの関わりについて理解が深まると言える。

また，木育の学習の中で行う活動の例として，3種類の材料（木材，金属，プラスチック）でできた製品（スプーン）を触り比べることで，それぞれの材料の特性を五感で感じ取らせる実験を掲載している（図6.5）。熱伝導

図6.6 木材の特性を活かした建築物　　図6.7 木材の特性を生かしたものづくり

率の違いにより表面温度が違うように錯覚するという体験は，生徒も驚きを感じ木材の構造に目を向けることになる。これらの材質を触り比べる実験をした後に，それぞれの材料の五感で感じた特性を挙げさせ，その後に他の材料と比較しながら，木材はなぜそのように感じるのかということを実験や観察を通して解明していく。その後，テキストを利用し木材の特性について確認させる。

「5. 木材の特性を活かしたものづくり」では，身の回りにある木製品で，先の頁で学習した木材の特性を利用している製品にはどのようなものがあるか考えさせ，テキストの図6.6，図6.7などに掲載されている例を紹介する。学習後も学習者の身の回りのそれぞれの木製品が，なぜそのような利用のされ方となっているのかと考えるようになるきっかけを与えることにもつながる。また，さまざまな場面において，どのような材料でできたものが適しているのか，さらに，製品を購入する際にどのような材料のものを選ぶと，より生活が豊かになるのかを評価し，実践する能力の育成につながる。また木製品には，木の特性を活かした先人の知恵や想いが込められていることにも気づかせたい。

さらに，「6. 熊本の木造建築」，「7. 熊本の伝統工芸」では，木造建築物の文化について取り上げる。図6.8に示すように，築城400年で復元がなされた熊本城の本丸御殿大広間の熊本県産の木材などを利用した伝統的な工法や県内で初めて国宝指定建築物になった青井阿蘇神社について紹介し，その他さまざまな伝統建築物を知らせることで，木材は古くから人々の生活を支え

第 6 章　木育運動推進のための資源

図 6.8　木材を活用した伝統的な建築物の例

図 6.9　伝統工芸品の例

図 6.10　熊本県の取組みの例

図 6.11　熊本県内の高等学校

てきたことに気づかせる。ここでは，日本古来の「伝統的な製品や建築物などに見られる緻密な加工や仕上げの技術」を取り上げ，これらが我が国の文化や伝統を支えてきたことについても気づかせたい［西岡 1978］。さらに，伝統的な建築物に加え，現代の建築物などについても示す。また，図 6.9 に示す「人吉家具」のような熊本県における伝統工芸品について掲載することで，地域の歴史や文化へも理解を深める。ここでは，木や木製品作りに関わっているヒトにも想いが向くようにしたい。

　この他，テキストには，熊本県内の伝統的な施設の案内も掲載しており，学習者が実際に紹介されている施設に行き，伝統と文化に触れあうきっかけとする活用法も考えられる。「8. 熊本県の取組み」では，図 6.10 に示す「熊本県森林・林業・木材産業基本計画」や「水とみどりの森づくり税」など熊本県において現在行われている取組みについて掲載する。それらの取組みについて知り，学習者が自分たちも参加しようという意欲の喚起につなが

り，自分たちにできることはどんなことかを考える契機となる。また，図6.11 に示すような県内の建築・林業に関連する高等学校を紹介することで，林業に携わるヒトの理解につなげたい。

1.4 テキストの配布と活用

本テキストは，熊本県農林水産部林業振興課が熊本県の環境税（水とみどりの森づくり税）[2]を資金として作成されたものである。同課により作成委員会（座長：熊本大学・田口）が組織され，熊本大学田口研究室を中心に企画・作成された。2008 年度に作成され翌年より，熊本県内の中学 1 年生全員に配布され，主に技術・家庭科の副読本として活用されている。また，テキストを活用するためのガイドブックも 2008 年度，09 年度に田口らにより作成され，教師用の手引き書として活用されている［田口・岡田 2009, 2010］。

一方，小学校 5 年生・社会科の副読本も 2005 年度に同課により開発されている。これも環境税を用い，県内の小学校 5 年生全員に配布されている。なお，2010 年度，11 年度には作成委員会（座長：熊本大学・田口）により改訂作業を行い，学習指導要領に対応したものとなった。小学生用を図 6.12 に，中学生・大人用テキストを図 6.13 に示す。

これらのテキストは，学校教育を初め社会教育でも活用でき，2009 年度より熊本大学主催の「木育推進員養成講座」，熊本県主催の「木育指導員養成講座」のテキストとしても利用されている。さらに，テキストに掲載されている教材やワークシートは，熊本大学田口研究室の Web ページに掲載されており，自由に閲覧・活用が可能である。

---

2 水とみどりの森づくり税は，森林の現状を県民に理解させ，森林の持つ水源涵養，山地災害の防止などの公益的機能の維持増進を図るための税としている。http://www.pref.kumamoto.jp/soshiki/11/morizukurizei.html

図6.12 小学生用テキスト　　図6.13 中学生・大人用テキスト

1.5 おわりに

　木育の小学生用テキストとして「森はともだち」，中学生・大人用テキストとして「木を活かす・森を育てる」を開発したことにより，木育の理念を伝えるとともに学習を深めることができるようになった。さらに，掲載している事例・写真が熊本県のものを多く使用しており，身近で親しみやすく，具体的な行動へつながる可能性も高いと言える。同様に，「木とヒト・クラシとの関係性」や「木の魅力・木の不思議」を伝える教材としての効果も期待できる。なお，本テキストの教育的効果については，第5章第2節で述べている。

第2節 | 木育用製作題材の開発

2.1 はじめに

　木育を推進するにあたり，「木を素材にしたものづくり活動」を導入することは，有効な手段である。本節では，児童・生徒および大人に対して，木

育の一環でものづくりを行わせる場合，どのような製作題材（製作物）が効果的かについて検討を行う。

　著者らはこれまでに，①学校教育における小学生を対象とした木育［田口2007］，②社会教育における「くまもとものづくりフェア」などのものづくり教育，③大学生を対象とした木育，④教員や一般市民を対象とした木育講座を実施してきた。これらの木育・ものづくり教育において製作させる題材について検討する。

2.2　製作題材の選定の観点

　木育用の製作題材の開発にあたり，小学校および中学校教育において製作題材に求められる観点を参考に，以下に示す木育用題材の選定の観点を作成した［田口 2002, 2008］。

　①木育の目的が達成でき，必要な指導内容（指導項目・事項）を内包している。
　②児童・生徒の発達段階，興味・関心，製作の難易度が適切である。
　③指導しやすく，指導者の創意工夫の可能性，指導者の状況に対応できる。
　④製作品の実用性があり，製作経費が適切である。
　⑤施設・設備が製作に対応している（特殊な機械や工具を必要としない）。

　特に，②児童・生徒の興味・関心および学習意欲の高揚につながる製作題材であるかは，重要な要素である。換言すれば，製作者がどの程度その製作題材に対して付加価値を見いだすことができるかが，大きなポイントと言える［中原 2010］。そこで，木育用製作題材について，①から⑤の項目を充足するとともに，地域の素材を活用し，森林環境教育的な視点を含んだ木育用の製作題材の開発を行った。

2.2.1　地域に即した視点

　木育を実施する地域にはそれぞれ歴史があり，独自の文化や地域性を生かした産業があるため，これらの地域の特色を生かした学習に取り組むことが

できる．地域の特産物の製作，地域の産業や伝統工芸に関連するものの製作，伝統行事や自然環境を生かした学習，地域の素材を利用した製作などが考えられる．

このように，地域に即した製作題材を扱うことは，種々の製作活動や体験活動を通して身近な地域や産業に眼を向けることになる．さらに，地域の歴史的背景，自然や風土を活用した産業について理解し，地域の特色を再確認できる．また，そこに働く人の姿や生産活動に触れることは，児童・生徒の人生観・職業観の形成にもつながる［鹿嶋 2004］．

学校教育において，地域に即した視点を入れることにより，幅広い学習の機会を提供することが可能となる．たとえば，その地域にどのような工芸品があるかについては，インターネットなどを活用して調べたり，市町村の観光課が発行するパンフレットを取り寄せることで情報を得ることができる．また，地域の伝統工芸館や資料博物館で展示してある実物を，児童・生徒と一緒に取材するところから学習を展開することもできる．さらに，製作に入る前に伝統工芸品を作っている工場などを見学したり，工場で働く方や生産者をゲストティーチャーとして招聘し，話を聞いたり，実技指導を受けることも効果的である．

2.2.2　森林環境教育の視点

これまでのものづくりの多くが，人間の生活を豊かにすることを中心としたものであった．今後，持続可能な社会の構築のためには，製品の製造，輸送，販売，使用，廃棄，再利用まですべての段階での環境負荷を総合して評価するライフサイクルアセスメント（LCA）に基づいた製品の評価についても考慮する必要がある．木育においても，自然と人間との望ましい共存関係をつくりあげるという観点からのものづくり学習が重要である．

たとえば，木材は再生産が可能な資源であり，今後有望な自然エネルギー源でもある．さらに，木材が生産材料として使用できるまでの消費エネルギーは，金属やプラスチックと比べ極端に少ない［中島 1991］．また，木材の生産地から消費地までの距離（ウッドマイル）に生産量をかけた値（ウッ

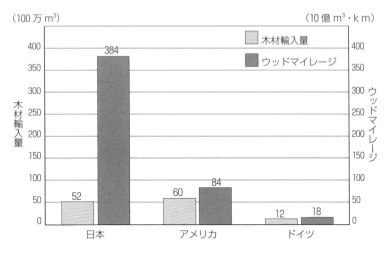

図6.14 ウッドマイレージの国際比較

ドマイレージ）について認識させることも環境教育の一環として重要なことである．図6.14にウッドマイレージの国際比較を示す．日本は，木材輸入量はアメリカより少ないが，ウッドマイレージでは，日本はアメリカの4倍となっている[3]．

2.2.3 ものづくり教育の視点

中央教育審議会初等中等教育分科会教育課程部会では，学習指導要領の改訂に向けた審議が行われ，2007年11月にこれまでの審議を「教育課程部会におけるこれまでの審議のまとめ」として公表した[4]．この中で，社会の変化への対応の視点から教科などを横断して改善すべき事項として，「情報教育」「環境教育」「ものづくり」「キャリア教育」「食育」「安全教育」「心身の成長発達についての正しい理解」の7項目を挙げている．

3　ウッドマイルズ研究会，『ウッドマイルズって何？』http://woodmiles.net/index.html．

4　中央教育審議会初等中等教育分科会教育課程部会審議報告　www.mext.go.jp/b_menu/shingi/chukyo/chukyo0/toushin/06021401/all.pdf

第 6 章　木育運動推進のための資源

特にものづくりについては，我が国の経済は，ものづくり分野の強い競争力により支えられているにもかかわらず，近年，子どもたちが実際にものをつくるという経験の減少が見られ危惧されている．さらに，単にものをつくるというスキルを習得するだけでなく，「緻密さへのこだわり」「忍耐強さ」「ものの美しさを大切にする感性」「持続可能な社会の構築へとつながる『もったいない』という我が国の伝統的な考え方」「チームワークや工夫や改善に取り組む態度」の育成が重要であると述べている．これらの育成は，すべての教育で培われる必要があり，さらに，地域での体験活動や読書活動などを通して伝統工芸などを支えてきた人々の生き方や考え方を知ることも重視する必要があると指摘している［文部科学省 2005, 2008］．

製作題材を開発するにあたり，道具の使い方を学ばせるとともに，成作時に緻密な作業が含まれ，さらに環境教育の視点に立つ「ものを大切にする態度」の育成を目的とする．さらに，製作題材への興味・関心を高めるとともに，本格的なものづくりへの導入的製作題材としても位置づけたい．

2.3　開発した製作題材

2.3.1　円形木琴

図 6.15 に示すリュール・シロフォンは，谷口により大学で実施する生活科の大学生用製作題材として紹介されるとともに，小学生・中学生用のものづくり製作題材としても有効であるという報告がなされている［谷口 2003］．しかし，正方形の板材の 4 隅を切り落として正八角形の台座を作り，その側面に響板を接合するというリュール・シロフォンの製法は，加工者の技能により完成度に大きな差を生むことになる．たとえば，切断技能が低く直角に切断できていない場合，響板同士が重なりきれいな音が出ない．また，接合においても下穴をきちんとあけずに釘を打つと響板が割れてしまう．さらに，接合が完全でないと，澄んだ音は出にくいという欠点がある．それらを解決するために，図 6.16 に示す形状の円形木琴を考案した．図 6.17 に示すように溝を入れた板材（台座）を使用させることにした．切断作業は予め加工した溝に沿い行わせ，響板（図 6.18）の組み立てもすでに加

図 6.15 リュール・シロフォン

図 6.16 開発した円形木琴

加工前　　　　加工後

図 6.17 円形木琴の台座部

図 6.18 円形木琴の響板部

表 6.2 円形木琴の材料・規格

品名	材質	規格 (mm)	数量
台座	ヒノキ	92 × 92 × 15	1
響板	ヒノキ	30 × 150 × 2	8

工した溝に接着剤を入れ接合するだけにした。これにより，小学校低学年でも十分に製作することが可能となるとともに製作題材の完成度も高まった。

　材料の木材は熊本県産のヒノキの無節材を使用した。地元で育成された材料を使うことによる親近感や地産地消，ウッドマイレージの観点から，環境教育への発展も可能となった。表 6.2 に円形木琴の製作に使用する材料と規

第 6 章　木育運動推進のための資源

全景写真　　　　　　　　　　　拡大写真

図 6.19　廃材で作った模型（飛行船）

格を示す。

　円形木琴を製作するときに出る廃材についても有効利用を考えている。図 6.19 は廃材を用いて製作した飛行船の模型である（元熊本大学教育学部 4 年岩浪が 2006 年に製作）。約 50 人分の廃材を用い組み立てたものである。木材はきちんと保存すると長期間利用が可能であるという話を紹介することにより，自らつくりあげた作品を長く大切に使用するという気持ちを喚起している。

　円形木琴は台座と響板の接合が強ければ強いほど澄んだ音色が得られる。製作直後は，接着剤が乾燥していないため鈍い音であるが，時間が経過するごとに音色が良くなる。さらに，使用しているヒノキ材の曲げ強度や圧縮強度は，伐られてから徐々に増し最大 30 %も強度が増加する［西岡 1978］。そのため，音色も製作して 1 年後より 2 年後の方が良くなるという性質がある。これらのことを，児童・生徒に伝えることは，木材に対してのイメージ，製作後の作品に対する関わり方に良い影響を与えるものと期待される。図 6.18 に示した焼き印や製造年月日のシールを貼ることで，作品に対する付加価値を高めることが期待される。

2.3.2　い草行灯

　い草は畳表などに使用される単子葉植物であり，木材と同様再生産可能な

図 6.20　い草のロープ　　図 6.21　い草行灯

生物資源である。日本における主な産地は熊本県八代地方であり，国産畳表の 8〜9 割のシェアがある。ひんやりとした肌触りや特有の香りから，畳表やゴザなどに利用されている。

　い草は湿度が高いときは表皮の気孔から湿気を吸い取って蓄え，乾燥すると水分を放出する調湿機能がある。また，抗菌作用や断熱効果，二酸化窒素やシックハウスの原因となるホルムアルデヒドの吸着能に優れている。さらに，い草の香りは森林浴と同じ効果があり副交感神経を活性化しリラックスさせる効果が報告されている［森田 2008］。

　このい草を，図 6.20 に示す直径 5〜7 mm のロープ状にしたものをランプのシェードに使ったものが図 6.21 のい草行灯である。図 6.22 に示すように台座は，県産のスギ板（1 辺 170 mm の正方形，厚さ 17 mm）を使用し，4 隅を切断し，その切断された端材（三角形）を，台座の下面に接着し台座の足として使用する。次に台座の上面に 11 個の穴をあけ，その穴に竹の棒（11 本）を差し接着剤で固定する。その棒に下の方から上に向かって，い草のロープを巻いていく。巻き方は，基本的には棒の外側，次の棒は内側を通し，1 本の棒に対して内側・外側と交互にロープを巻く。途中に，窓を開けたり，結び目を入れたりするとアクセントになる。100 V 25 W 程度の電球（ソケット）を台座の上面中央に設置する。電球の温度上昇による火災事故を防ぐために，電球とシェードは 30 mm 以上間隔を開ける。電球の配線まで入れて製作時間は 2 時間程度である。

第6章　木育運動推進のための資源

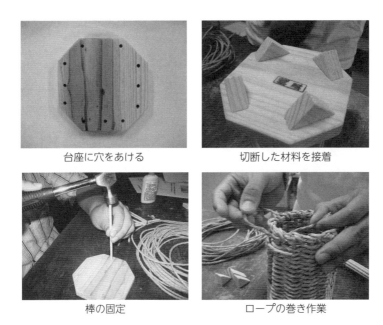

|台座に穴をあける|切断した材料を接着|
|棒の固定|ロープの巻き作業|

図 6.22　い草行灯・小物入れの製作

　本教材で使用するロープは，畳表やゴザなどの商品として使えない長さの（丈の短い）い草から作られる。通常，1 m 50 cm 以下のい草は，圃場に廃棄されたり，焼却処分されている。これらを，地元の企業が商品化し，その活用法を模索している。このように，廃棄される材料を有効活用することは，資源の有効活用について考えさせるという点でも意義がある。

2.3.3　い草の小物入れ

　い草行灯を一回り小さくしたものが，い草の小物入れである（図6.23）。台座は，県産のスギ板（1辺 120 mm の正方形，厚さ 15 mm）を使用し，い草行灯と同じ加工を行う。当初はい草で編んだ内側に，電池式のLEDライトを入れ照明機器として開発したが，小物入れとして使用することも可能である。製作時間も1時間と短時間で完成できる。

図 6.23　い草の小物入れ

図 6.24　LED ライト

表 6.3　参加者数および参加希望数　　　　　　　　　　　　　　　N = 37

製作題材名	製作数（個）	参加者数（人）	参加希望（人）
円形木琴	50	19	24
い草の小物入れ	20	4	24
圧縮木材アクセサリー	30	11	16
段ボールの鍋敷き	50	12	9
焼き杉クラフト	40	18	8
木のマグネット	100	25	6
布のコースター	50	16	4

表 6.4　参加した児童・生徒の学年構成　　　　　　　　　　　　　　(%)

学年	割合	学年	割合
年少以下	4.5	小 3 年	17.9
年少	11.9	小 4 年	14.9
年中	4.5	小 5 年	4.5
年長	13.4	小 6 年	3.0
小 1 年	7.5	中学生	0.0
小 2 年	17.9		

第6章　木育運動推進のための資源　　197

| い草の小物入れの製作 | 円形木琴の製作 |

図 6.25　ものづくりフェアの様子

LEDライトは，電球と比べ消費電力が少なく，さらに，発光時に熱を発生しないので，火災の心配がない．図6.24のオレンジ色のLED（定価300円程度）は，光の強さが時間とともに変化し，炎が揺らいでいるような光を出す．

2.3.4　ものづくり教室での検証

2007年8月25日に，くまもと工芸会館（熊本市川尻）において，午前と午後の2部構成でくまもとものづくりフェアを実施した（図6.25）．実施内容は，表6.3に示すように，円形木琴，い草の小物入れ，圧縮木材アクセサリー，クラフト用カラー段ボール紙を用いた鍋敷き，焼き杉クラフト，木のマグネット，布のコースターの7種類のものづくりである．当日は延べ240人の参加があった．参加した57家族の中から37家族に対して調査を行った．その結果，参加者はすべて県内からであり，その内89.7％は熊本市内在住であった．チラシを見て参加した人が61.5％，新聞・情報誌が17.9％，学校からの紹介が10.3％であった．参加した幼児・児童は，表6.4に示すように小学校2，3年生が最も多く17.9％，次に小学校4年が14.9％であった．今回のイベントの満足度については，大変満足が78.4％，おおむね満足が21.6％であり，参加者全員が満足していることが分かる．「次回もまた参加したい」と回答したものが94.6％と多数を占めた．

製作題材ごとの参加者数と次回の参加希望製作題材（質問項目：次回参加するとしたら，どのものづくりに参加しますか）を調査した結果が表 6.3 である．なお，材料の準備数に違いがあるため参加者数については，製作意欲がそのまま反映しているとは言えない．それに対して，次回のイベントで製作してみたい製作題材は何かについて回答を求めた．その結果，円形木琴とい草の小物入れが最も多く 24 家族であった．

　これらの結果から，今回開発した円形木琴およびい草の小物入れについての保護者や子どもの製作意欲は高いことが明らかとなった．製作題材に求められる要因として，「作ってみたい」，「楽しい」，「わくわくする」という情意面が重要で，今回開発した製作題材はこれらの要因を満たしているものと思われる．

2.3.5 まとめ

　今回開発した製作題材は，道具の使い方を学ぶとともに，緻密な作業が含まれ，さらに環境教育の視点に立つ「ものを大切にする態度」の育成にも関連している．さらに，製作題材への興味・関心が高いことから，ものづくりへの導入的製作題材としても適している．これらの製作題材を用いた活動の機会を確保することは，ものづくり教育や木育の啓発につながると言える．

　現代の文明社会では，大量生産・大量消費の影響で，児童・生徒はものづくりに対する喜びが薄れていると言える．しかし，ものづくりを通して得るものは非常に大きい．設計時の思いを大切にし，最後まで苦労して作り続けた作品が完成したときには，成就感や達成感，効力感を得ることができる［YANG・TAGUCHI 2009］．

　木育でのものづくり活動は，製作題材に対する興味・関心の度合いが，その後の製作活動に大きく影響する．本節では，それらを高める手段として，地域の素材を活用したものづくり教育用製作題材の開発を行った．さらに，森林環境教育を視野に入れて選定した製作題材を用いて，くまもとものづくりフェアで実践した結果，開発した製作題材は評価が高く木育用製作題材として有効であることが明らかとなった．

第3節 木育カリキュラムの開発

3.1 木育推進員養成講座（大人の木育）

　子どもたちに木育を教授する支援者を育成するカリキュラムに，「正統的周辺参加論」を導入する。ここでの最終目標である十全的参加とは，木や森林の重要性を理解した上で子どもたちの前で木についての説明やものづくりの方法を説明し，自ら指導できる支援者となることである。また，それらのイベントを企画し運営できるリーダーでもある。その最終目標のイメージを持たせるために，くまもとものづくりフェアや子ども用木育講座に参加させるところから始まる。その段階を踏むことができない場合は，木育推進員養成講座の中で，受講者を子どもに見立てた模擬木育講座により体感させる。次に，講座の中のプログラムとして，認知的徒弟制（Cognitive Apprenticeship）[Collins 1989]を導入した「木育体験ツアー」[5]がある。1グループを6人構成（a～fの6人）とし，各メンバーがそれぞれ，違う（AからFの）6つのブースに分かれ，熟達したスタッフから各ブースでの実演の仕方や説明の仕方を学ぶ。その後，グループごとに，AからFの6ブースを順にまわり学習する。それぞれのブースでは，そのグループの中で，先程ブースの説明を受けたメンバーが，そのブースの説明を担当する。熟達したスタッフの説明の仕方を真似ながら，そのブースの説明を再現する。次のブースでは，そのブースの説明を聞いた別のメンバーが，説明役を担当する。このとき，各自が1度は説明者の役割を果たすことになる。

　この講座を修了した受講者は，くまもとものづくりフェアなどのスタッフ

5　各グループはaからfの6人で構成される。まず，各グループのaがAブースに，bがBブースに集合し，スタッフから説明を受ける。グループがAのブースで学ぶ時はaが説明役となり，BのブースではbがBが説明役となるというジグソー学習を取り入れた。

として参加することが可能となる。また各ものづくりのブースは，ベテランのスタッフと経験の浅いスタッフをバランス良く配置してある。経験の浅いスタッフは，ベテランのスタッフの動作（道具の揃え方，材料の準備の仕方，作業場のセッティング）や子どもたちへの説明の仕方，対応の仕方を間近で見聞きしながら，その指導法を学んでいく。この学びの場を経験する度に，段階的に難易度の高いスタッフの役割を担うようになっていく。これらを経験した後，自らのグループや企業が独自でものづくりフェアを開催したり，木育講座を開催したりすることが可能となる。この段階で，「十全的参加」となり，次のスタッフを育成する役割を担うこととなる。

3.2 子どもの木育のカリキュラム開発

熊本県内の社会教育施設やPTA活動において，子どもを対象とした木育が各地で開催されている。本項では，これらの社会教育で実施される木育のカリキュラムについて検討する。なお，カリキュラムの開発・実施にあたっては正統的周辺参加論を導入した。

熊本県が主催する事業として，2008年度，09年度において「くまもとの木で育む教育推進事業〜社会教育の推進〜」が実施された。その事業の目的は，「県下の社会教育施設又は社会教育関係団体などが行う，子どもたちを対象とした体験学習会や社会教育主事研修会などに講師の派遣や学習に必要な木材などの提供を行い，森林林業の役割や木材利用の意義に対する理解をいっそう深めることを目的とする」としている。また，対象とする事業・活動として以下の2点を挙げている。

①県下の公民館，少年自然の家・青少年の家など社会教育施設の管理者およびPTA，子ども会，ボーイ（ガール）スカウトなど社会教育関係団体などが子どもたちを対象に実施する体験学習など

②市町村教育委員会などが実施する社会教育主事等，社会教育指導者を対象とした体験型の講習または研修

また，講師派遣による研修会の内容については，研修会を担当する著者と主催者との協議により以下の3点としている。

①森林・林業の役割や木材利用の意義についての学習とものづくり体験を組み合わせる

②学習会などの開催時間は2時間程度

③講師派遣に係る費用および資料や原材料費は県が負担（参加費は無料）

本項で紹介する木育のカリキュラムは，対象を小学校低学年から中学年，時間は2時間程度，実施する場所は公民館や小会議室を想定して作成することにした。

- 目的は，「木を素材にした学習やものづくりを通して，緩やかに木の不思議・木の魅力を体感させる」と設定した。
- 内容は，「木の不思議・木の魅力」に関する学習を30分，県産材のヒノキを使用した楽器（円形木琴）の作り方の説明を20分，休憩を10分，円形木琴の製作を50分，後片付けとアンケート記入を10分とした（合計2時間）。
- 特別な工作機器や作業台がないところでも製作できるものを題材とした。
- 「木の不思議・木の魅力」に関する学習は，パソコンと液晶プロジェクターを用い，写真やアニメーション機能を使った分かりやすく飽きさせない内容とした。
- スタッフ数（大学生）は，子ども4〜5人に1人の割合にした。スタッフは，熟達者の役割を担っている。

2010年6月26日10時から12時に合志南小学校4年生のPTA活動で実施した様子と，今回開発した木育カリキュラムの概要を巻末の資料6.1に示す。

3.3　大人を対象とした木育のカリキュラム開発

木育の地域リーダーの育成を目的に，2009年度より木育の指導者養成講座（初級）を実施している。4時間の講義と2時間の演習・活動を体験させる講座で，修了者には認定書を発行するとともに，ものづくり教室のスタッフとして参加できるシステムとしている。本講座には，熊本大学が主催する

講座と熊本県が主催する講座があり[6]，それぞれの修了者には，熊本大学と熊本県知事より認定証が授与される。

　また，木育の指導者に求められる能力として，木育に関連する知識，木育に関連する技能，教授・支援法，企画・運営力の4点を挙げている。本講座の内容は，これらの能力を育成することを目的に作成した。講座内容と日程については，第4章第4節の表4.6に示している。正統的周辺参加論に基づく研修内容にするためのポイントについては，表6.5に示している。さらに，講座用に作成したテキストおよび最終課題（記入例）を巻末の資料6.2，資料6.3に示す。

　講座は，4つの研修からなる。研修A「木育の実際」では，木育を推進する人に求められる4つの力について説明し，それらをマスターするための講座であることを伝え，最終目標（ゴール）を提示する。また，木育運動がどのようにしてスタートし，どのように展開してきたかについて，熊本県内の活動を中心に説明する。その後，実際に行っている「児童向けの木育」を体験させる。

　次の研修B「木育の意義」では，木育の社会的な役割，木育で育成できる能力について講義を行う。さらに，林野庁がすすめる木育の「触れる」「創る」「知る」活動についてや，木育の学校教育やものづくり教育との関わりを知らせる。最後に，「幼児向けの木育」である木のタマゴ磨き（玉子の形をした木の塊を磨く）を体験する。

　研修C「教授・支援の留意点」では，子どもへの接し方，説明の仕方，ものづくりの指導の仕方などについて講義を行う。次に，子どもたちに使用させる木工具について，その基礎的な知識や技能について学び，その演習として「円形木琴」の製作を行う。この時，木工の基本的技能となるのこぎりびき，研磨，接着，塗装について体験的に学習する。さらに，道具の歴史について知らせることで，道具に込められた先人の知恵を感じ取ることができる

6　講座の内容・講師はまったく同じであるが，主催者により名称を変え実施されている。

表6.5 正統的周辺参加論に基づく研修のポイント

講座の全体や日程に関する事項
・開講式で，明確な目標（各自のゴール）を設定（十全的存在を意識化） ・4つの研修は，受講者の負担が少ないように（楽しく参加できるように），80分程度 ・各研修に，観察・活動・製作を導入し，実践的・体験的な研修とする ・木育のイメージがしやすい，楽しい，すぐに理解できるものを先に行う（緩やかな導入） ・自らが体験したからこそ分かる理論や教授法については，後半に行う ・講座で講師が使用したパワーポイントのスライドや学習ソフトは，受講生には無料で配布。これを使って必ず自らが講師となり説明できるようになことを目標にさせる ・単なる聴衆でなく，実際に自分であれば，どのように説明するかを考えならが聞かせる
9：00～9：10　開講式　主旨と日程の説明
・最終提出物の作成は，グループごとに行うためチームワークが大切であることを説明 ・「自分と木との関わり」「森との関わり」「ものづくりとの関わり」を含めて自己紹介 ・実践共同体であるという意識を持たせる。修了後も連携し活動を行っている事例を紹介
9：10～10：30　研修A（80分）木育の実際　　　　　　　　　　　　　【知識】
・子ども達を対象に行っている木育をまず体験させることによりイメージ化 ・自らがものづくりの楽しさ，木の魅力や木の不思議さを体感させる ・児童向けのアクティビティである，ネーチャーゲーム，木の構造（ストロー状になっていること），丸太の年輪数え，熱の伝導率，木目の視覚的な効果について，観察や実験，活動を通して体験させる（楽しみながら，目的に近づかせる（周辺から中心へ導く））
10：40～12：00　研修B（80分）木育の意義　　　　　　　　　　【知識】【技能】
・木育の社会的な役割，木育で育成できる能力を整理する ・木育の3つのステップ，学校教育との関係，ものづくり教育の役割について考える ・幼児向けの「木のタマゴを磨こう」で，ピカピカに磨き自分の宝物を作る
13：00～14：20　研修C（80分）　教授・支援の留意点　　　　【教授力】【技能】
・説明の仕方や実演の仕方について，実際の場面を設定し実施 ・その応用として「円形木琴」を各自製作
14：30～15：50　研修D（80分）木育活動の企画・運営　　　　【知識】【教授力】
・午前中に体験した木育活動の企画の仕方や運営方法について学ぶ ・ジグソー方式による木育体験ツアーで，さらに実践力を身につける（ミニ講師の体感）
16：00～16：50　研修E（50分）木育活動の計画　　　　　　　　　　【企画力】
・自らが行うことを想定して木育活動の計画を作成する。ディスカッションで深める ・幾つかの班から発表（情報の共有），質疑（相互間の交流，深化）
16：50～17：00　閉講式　認定証書の授与
・スタッフとしての自覚を喚起させるために，熊本大学や熊本県からの認定証を授与

［松村 1973］。また，自らが動作を見せながら教える技術（師範力）を身につけさせることを目的としている［西本・田口・楊 2008］。

研修D「木育活動の企画・運営法」では，自らが所属する団体が木育に関連するイベントを企画することを想定し，その時に必要となる知識やスキルについて学ぶ。たとえば，企画の仕方としては，目標の設定，内容の決定，準備物，留意事項などについて学ぶ。また，イベントの運営段階では，スタッフの役割，安全指導，その時の留意点などについて学ぶ。最後に，「大人向けの木育」の中で，教授法と運営法の演習（ジグソー方式による「木育体験ツアー」）を行う。

研修E「木育活動の計画」では，これまでの研修成果を生かし，具体的な研修計画の作成を行う。その場合，班ごとに対象（小学校低学年，中学年，高学年，高齢者）を変えた木育活動の作成を課題とした。最後に，いくつかの班から発表を行い，情報の共有を行う。個人ごとに作成させ，本計画書の作成の出来具合で認定の成否を決定することにしている。なお，これまでのところ全員が認定を受けている。

[参考文献]

Etienne Wenger, Richard McDermott & William M. Snyder，野村恭彦監修，櫻井祐子訳，2002，『コミュニティ・オブ・プラクティス──ナレッジ社会の新たな知識形態の実践（Harvard Business School Press）』翔泳社．
鹿嶋泰好，2004，『技術教育の小・中学校一貫教育における教育課程開発の研究』日本産業技術教育学会課題研究会資料．
環境省，2005，『京都議定書目標達成計画』．
北尾邦伸，1989，「森林化社会の社会学」内山節編『《森林社会学》宣言』有斐閣．
厚生労働省，ものづくり基盤技術振興基本法
　http://www.ron.gr.jp/law/law/monoduku.htm
Collins, Brown, & Newman (1989) Cognitive Apprenticeship: Teaching the Craft of reading, writing, and mathematics. In L. Resnick (ed.), Knowing, Learning, and Instruction: Essays in Honor of Robert Glaser.
佐々木進市，2010，『環境の雑学』ぎょうせい．
左道健，1990，『木を学ぶ木に学ぶ』海青社．

沢畑亨，2005，『森と棚田で考えた』不知火書房．
Jean Lave & Etienne Wenger, 1991, Situated Learning: Legitimate Peripheral Participation. 福島真人（解説），ジーン・レイヴ（原著），エティエンヌ・ウェンガー（原著），佐伯胖（翻訳），1993，『状況に埋め込まれた学習 —— 正統的周辺参加』産業図書．
田口浩継，2002，「技術とものづくりにおける製作題材に関する一考察」『技術科教育の研究，8』：27-30．
─────，2007，「小中一貫技術教育の啓発・普及・全国展開の俯瞰(1) —— 実践事例の収集と発信 ——」『日本産業技術教育学会，49』：161-166．
─────・楊萍・原嶋友子・佐藤眞巳，2008，「地域の素材を活用したものづくり教育用教材の開発」『熊本大学教育実践研究，25』：125-130．
─────・岡田拓也，2009，「技術・家庭科における木育推進用副読本の開発」『日本産業技術教育学会第52回全国大会講演要旨集』：72-73．
─────・岡田拓也，2010，「地域に根ざした木育推進用副読本の開発」『日本産業技術教育学会九州支部論文集，17』：33-38．
谷口義昭，2003，「小学校の生活科及び総合的な学習の時間におけるものづくり学習を目指して」『技術科教育の研究 Vol.9』．
徳野貞雄，2007，『農村の幸せ，都市の幸せ　家族・食・暮らし』NHK出版（NHK生活人新書）．
─────，2011，『生活農業論　現代日本のヒトと「食と農」』学文社．
中島史郎・大熊幹章，1991，『木材工業』，46，日本木材加工技術協会．
中原久志・塚本光夫・田口浩継・西本彰文，2010，「不登校の児童生徒のものづくり活動に関する研究 —— 適応指導教室におけるものづくり活動用教材の開発 ——」『日本産業技術教育学会九州支部論文集，17』：53-60．
西岡常一・小原二郎，1978，『法隆寺を支えた木』NHKブックス．
西本彰文・田口浩継・楊萍，2008，「木材加工実習及び木材加工実習関連科目における師範力の育成(1)」『熊本大学教育実践研究，25』：119-124．
則元京，1992，「木材の物理的性質」日本木材加工技術協会関西支部編『木材の基礎科学』青海社．
北海道・木育プログラム等検討会議編，2010，『木育達人入門』北海道．
松村貞次郎，1973，『大工道具の歴史』岩波新書．
森田洋，2008，『イグサのすべて』新芽出版．
文部科学省，2005，『新しい学習指導要領』．
  http://www.mext.go.jp/a_menu/shotou/new-cs/index.htm.
─────，2008，『中学校学習指導要領解説技術・家庭編』教育図書．
山下晃功・原知子，2008，『木育のすすめ』海青社．
Ping YANG・Hirotsugu TAGUCHI, 2009,「Application of Shape Memory Characteristics of Wood in Making Things Workshop」『日本産業技術教育学会，51』：203-210．
林野庁，2007，『木材産業の体制整備及び国産材の利用拡大に向けた基本方針』．

労働省,2000,『「ものづくり教育・学習に関する懇談会」における検討状況の中間まとめについて』.

第3部

森林化社会における木育の現代的意義

震災前の熊本城本丸御殿

第7章

生活農業論を導入した木育

第1節 林業を取り巻く消費者の現状

　現代の日本では，国民の8割が都市部に住み，農林業や畜産，漁業とは無関係な生活をしている。しかし，50〜60年前に遡れば，日本人のほとんどが農山漁村に住み，これらの職業に関わっていた。日本では，明治以降に産業化・近代化が緩やかに発展したが，1960年頃までは，まだ農業・農村をベースとする暮らしが基本的であった。大きく変化するのは，高度経済成長期（1960年〜）以降である。変化した要因の1つとして，国民の就業構造の変化がある。明治初期には80％以上あった一次産業就業人口（そのほとんどが農業就業人口）が，戦後急速に低下し，2005年には4.1％にまで減少している。これに対して，二次産業，三次産業は増加を見せ，特に三次産業は1960年以降急激な増加を見せている[1]。さらに，高度経済成長期以降に，農山村から都市部への住民の大移動により，農山村部での過疎化・少子高齢化が始まった。これは，農家・農村の過剰人口（次男・三男）が都市に徐々に出て行き二次・三次産業に就職することにより発生した現象である［徳野 2005］。

　このように，1950年代中頃まで日本は，国民の8割が農山漁村に住み，

　1　総務省統計局「労働力調査」http://www.stat.go.jp/data/roudou/longtime/03roudou.htm

自ら食べるために自ら生業をしていた。しかし，現在では農村部に住むのが2割，農業に従事する人が1割以下に減少し，食べ物は作るのではなく，お金を出して買う消費者に変貌したことを，徳野は「国民が百姓から，サラリーマンと消費者に代わった」と表現し，農業を取り巻く変化の原因も「農業が変わったのでなく，人間が変わったことに起因する」と指摘している［徳野 2011］。このことは，農産物だけでなく，林産物についても同様のことが言える。里山から採れる薪炭や落ち葉は，生活・産業（農業）の必需品であり，住宅や家財道具，身の回りの小物も近隣の山から伐り出した材料で作られていた。さらに，子どもたちの遊び場所は，野山であり遊び道具の材料も里山から供給されるものも多かった。

　日本人は50〜60年前では，木や森林は「何らかの関わりを持たなければ暮らしていけない存在」であったが，現代では代替品の出現により「関わりを持たずとも暮らしていける存在」となった。今では日常生活の中で，森を意識する機会はほとんどない。これらの原因は，「木や森，林業が変わったのでなく，人間が変わった」，「木や森とヒトとの関係性が変わった」のである。ヒトは木との関係性が遠のく中で，木や森の良さ，木とヒトとの関わりも理解せず，人工林と天然林の違いも分からず「森の木は伐ってはいけない」と信じて疑わない存在となってしまったのである。

　このようななか，林野庁は木育を導入することにより，木材の需要拡大を目的とした「消費者教育」に着手した。しかし，現代の日本人が，木や森との関係性を持ち消費者としての準備段階にあれば，効果的な施策と言えるが，関係性が遠のいてしまった現状においては，いきなり「消費者教育」を実施しても効果は望めない。木材を「モノ」と「カネ」の経済的原理（経済的需要喚起論）からだけで売り込んでも，木の良さや木の持つ価値が理解できない消費者であれば効果はない。今の状態では，木製品は代替品の見栄えや大量生産による低価格化に負けるのは明らかである。このように，木や森との関係性が遠のいた国民には，「ヒト」，「クラシ」といった生命・生活原理の視点から，ていねいに伝えていく必要がある。また，「ヒト」では，身近な木製品や木を素材にしたものづくりを通して，木を育て，森を守る人間

（林家）としての生き様や想い，さらに素材を主体に選択し活用する人間としての生活者の視点を育てる必要がある。同様に，木材生産や林家の「クラシ」を伝えるとともに，木育によりもたらされる自らの「クラシ」の変化（価値観やライフスタイルの変化）にも眼を向けさせたい。

ここでさらに，「ヒト」の視点について考えてみたい。高度経済成長期以降の日本人は，食べ物や水，環境といった生活基盤にコストを払わず，お金儲けを目標とした，安上がりの資源を利用した経済活動を最優先させてきた［徳野 2011］。森林保全問題にしても，森林の持つ公益的機能（たとえば，土砂災害の防止，水資源の涵養，二酸化炭素吸収による地球温暖化の抑制など）は，森林を維持管理するヒトがいて初めて実現できるものであり，そこには多くの資金と労働が投入されている。これらの公益的機能は，森林に関わるヒトに依存し守られてきたと言える。しかし，森林のもたらす公益的機能は，無償で提供されるものと多くの国民は思い込んでいる。このような農林業や自然環境に対するフリーライダー（必要なコストを負担せず利益だけを受ける人）的システムは，すでに現代日本では限界にきている。それにもかかわらず，国民は気づいていない。森林・林業においても，徳野の言う「危機を危機として感じない危機」の状態にあると言える［徳野 2011］。

これらの現象は，生活農業論で言う「ヒト」への意識が不足している状況がもたらした危機的状態である。木育を通して林業に携わるヒトに注目させることは，これらの状況の解消につながる可能性がある。自らの生活・安全が，森林と大きく関わり，森林を管理するヒトの存在と関わっていることを理解させるところから始めなければならない

第2節　木育への生活農業論の導入

日本は森林国家であり，豊かな森や木の文化を育んできた。しかし，現在の日本は森林資源が充実しているにもかかわらず，林業が衰退し，担い手不足，高齢化，過疎化など人口流出による山村社会の崩壊が危惧されている［北尾 2007］。我が国における林業の衰退は，いろいろな要因が作用しての

結果であり，その改善も容易でない。その要因を，農業（林業を含む）について見ると，研究や改善の対象を①農林地，作物（畜産物を含む），技術などの生産領域と，②価格，所得，市場，流通などの経済領域に集中していたためと徳野は指摘する［徳野 2011］。さらに，農業をする主体である人間，農産物を食べる主体である人間に関する研究や施策は脆弱とも言う。このように，モノとカネに重点を置いた従来の農業論「生産力農業論」から，ヒトとクラシに重点を置いた農業論「生活農業論」への転換が求められていると指摘している[2]。

　林業に関しても，これまでの林野庁を中心とした施策は，スーパー林道や無計画な拡大造林など，モノ・カネの視点からの施策が多く見られた。安くて良いものをたくさんつくれば，林業は潤い生活も豊かになるという思考である。林業の生産力や生産性を向上させることが大事であるという考え・施策が圧倒的に多かった。すなわち「モノ」と「カネ」が良くなれば，必然的に「ヒト」と「クラシ」の問題が解決するという素朴な理論であった［徳野 2007］。モノ・カネの視点からの改善も必要であるが，これだけでは根本的な解決とはならないのは，現在の状況を見れば残念ながら明らかである。これまで見逃されてきたヒト・クラシの視点からのアプローチが今後求められる。本書では，「生活農業論」を原理論として参考にしながら，木育推進の社会運動として「森林親和運動」を提案している。これは，木や森との関係性が薄くなった人間に対して，林野庁が行おうとしている「消費者教育としての木育」では対応が十分でなく，さらに緩やかな国民教育としての木育運動が必要であるという指摘である。

　ここで，「森林親和運動」としての木育運動について今一度整理することとする。また，他の項目も含め整理したものが表7.1である。まず，目的においては，対象者個人としての直接的な活動・経験を重視している。その中から，自身の持つ木や森に対するイメージとの乖離を生み出す事象を提示

---

[2] 詳しくは，徳野貞雄，2011，『生活農業論　現代日本のヒトと「食と農」』学文社を参照されたい。

第 7 章　生活農業論を導入した木育

表 7.1　森林親和運動としての木育の概要

項　目	森林親和運動としての木育（熊本県の木育）
主催者	熊本ものづくり塾
支援団体	熊本大学，熊本県農林水産部林業振興課，熊本県技術・家庭科教育研究会，熊本市国際交流会館，坂瀬川保育園，木遊館，森商事
理念等の作成	林野庁や北海道の理念をもとに田口らが作成
開始年度	2007 年度（一部は，2005 年度から開始）
上位事業	なし
最終目的	ヒトと木や森との関係性の回復
事業計画の主要メンバー	熊本ものづくり塾　代表：原嶋友子　　塾頭：佐藤眞巳 顧問：田口浩継（熊本大学）
木育の対象	子どもをはじめとするすべての人（都市部の住民を重要視）
木育の担い手	都市部の住民を対象とすることにより，緩やかで裾野の広い運動とする。一般市民，行政，NPO，企業，地域，教育学部学生，教員など
木育の目的	木に触れ，木を素材にした活動により，木の不思議さや魅力を体感させる。それらの活動を通してヒトと木や森との豊かな関係性を取り戻す。
具体的な取組み	2005 年度：くまもとものづくりフェア（子どもの木育）の開始 2007 年度：熊本ものづくり塾を組織 2009 年度：木育推進員養成講座（大人の木育）の開始
子どもの木育の主な活動	内容：くまもとものづくりフェアおよび，ものづくり教室 目的：都市部の住民に対して木や森との関係性を取り戻させる
大人の木育の主な活動	内容：木育推進員養成講座，各種講座・講演会，大学の講義 目的：木育を広める先導的な担い手を育成する
主な資源	教材　　　　生活農業論をもとに木育用テキストや製作題材を開発 担い手　　　木育推進員養成講座や大学の講義により育成 ネットワーク　これまでの資源の活用 　　　　　　ものづくりフェアや木育講座を契機として獲得・拡充 資金　　　　国・県など行政の助成金，熊本大学の学長裁量経費
運動形態（森林親和運動）	・運動の始まりにおいて対立する対象を持たず，改善や回復を目的とした運動を持たないという特徴がある。さらに，特定の地域的，利害的，価値的な関係性を持つ担い手に限定されたものでもない。 ・それぞれの気づきを大切にし，固定した目標設定をしない。 ・緩やかなネットワークで運用され裾野を広げる運動。

注）北海道や林野庁との違いについては、第 2 章第 3 節の表 2.1 を参照されたい。

し，その葛藤の中から木の持つ不思議さや魅力を伝え，木育の世界に導いていく。到達点も緩やかに設定しており，自らと木や森との関係性を問い直し，深めていくことを目指している。

　運動の資源として見た場合の教材についても，「ヒト」，「クラシ」の視点を導入することが重要である。たとえば，木育のテキストでは，森林の公益的機能を示し自らの生活と森林が密接な関係にあることを認識し，自らの生活を見直し，森林保護をはじめとする環境に配慮した生活ができるようになると考える。あわせて，植林から伐採までの林業の仕事について示すことにより，森林に関わるヒトの理解にもつながると言える。また，木材の特性を生かした製品，建造物を示し，木材は熱を伝えにくい，調湿作用がある，軽くて丈夫，加工しやすい，光や音を吸収する，衝撃を吸収する，炭素を蓄えている，生産時に省エネルギーなど，さまざまな木材の特性について知らせる。これらの学習により，特性に応じた木材の利用（適材適所）[3]ができるようになり，自らの生活を豊かにしようとする能力や態度を育てることができると考えられる。同時に，木材とヒトやクラシとの関わりについて理解が深まると言える。

　同様に，製作させる題材についても，地元の木材や自然素材を用いた玩具や楽器，生活に利用できる小物を取り上げることにより，木材が身近な存在であることとして認識させている[4]。さらに，木という素材の持つ不思議さや木の魅力を伝えるような体験活動を，ものづくりと一緒に提供することは有効である。また，作り上げた木製品は大切に使用することにより，長く使い続けることができる。100年使える楽器を作らせ，「木の強さは年々増していき，音色も変化する」ことを告げ，10年後，20年後の音色を楽しみにさせたり，自分が作った楽器を自分の子どもや，さらには孫が使う可能性が

3　伝統的な建築物での木材の使い分けがその語源とされている。樹種や生育環境，形状から，その材に適した使い方を考えて使うこと。

4　県産木材を子どもに紹介する時，「みんなと同じ空気を吸い，同じ水を飲んで大きくなった木です。」と紹介したり，子どもの年齢と同じ樹齢の木を用いたりすることにより，木や木材に対する親近感が向上する。

あることを想起させる［田口 2008］。金属やプラスチックは，製造されたその時が最も強度が高く，見た目も美しい。しかし，時間が経過するごとに，強度や美観は減少・劣化していく。木製品はそれとは違い，年数を重ねるごとに強度が増すとともに，味わいと親しみが湧くものにもなり得ることをイメージさせる［高橋 1995］。「プラスチック製の玩具の耐用年数は3年，木製玩具は3世代が使用できる」と言われていることを紹介したりする。木や木製品への関わり方や価値観は，ヒトが作るものであり，対象に対する認識や関係性により変化する。適切な情報を提供し，それぞれの価値観が深まるような場を設定することも木育の重要な役割と言える。

　経済の発展，科学技術の進歩，国際化や情報化の進展などによって，いま，国民はかつてない，便利で物質的に豊かな社会の中で生活している。そうした社会が実現したことは喜ぶべきことである。その一方で，あえて不便さに身を置いて[5]，自身で作る，育てる，採る，触れ合うなどの体験的・問題解決的な学習を積極的に進めていく必要がある［嶋野 2006］。本木育にものづくり活動を導入した意義は，子どもたちを取り巻く現状からの要請でもあると言える。

第3節　生活農業論を導入することによる成果

　「生活農業論」を導入した木育について，「くまもとものづくりフェア」，「木育推進員養成講座」，大学生を対象とした「生活」の講義，木材関係者を対象とした「木材アドバイザー養成講座」において実施したアンケートや聞き取り調査をもとに，それぞれの成果について整理することとする。
① 子ども
　木や森についての「お話」や観察・実験により，木や森に対して興味・関心が向上した。木や森は，子どもたちにとって「身近でなく，知らない」ことから興味がなかったものが，「ヒト」，「クラシ」の視点から木や森林のこ

---

[5] 今の時代，「足らなさを準備する」という手立ても重要となっている。

とを伝えていくと，興味・関心が生まれた。これまで眼にしていた樹木や木材が，「まるで違うモノに見え」，「おもしろく不思議なもの」となっていった。

② 大学生

これまで何気なく見ていた木製品や森林を興味深く見るようになり，たとえば，整然と植えられた木々を見ると，それに携わる人までが見えてきたとしている。木を加工する道具にも，日本人特有の気質とこだわりが見えてきたとする学生もいた。理解が深まり，木や森，木製品に対する興味・関心が高まった。さらに，木材需要拡大につながる行動も若干ではあるが見られた。

③ 社会人

木や森を素材とした木育ではあるが，講座の内容や体験活動に「ヒト」，「クラシ」の視点が明確に出されているため，林業関係者のみならず，多くの業種（多様な目的を持ったヒト）の参加を見ることができた。たとえば，子育て，環境，福祉，地域おこしなどである。それぞれの立場に応じた木育の捉え方があり，これまでのそれぞれ（個人・団体）の活動の充実・拡大に寄与していた。運動推進の資源としてのネットワークの獲得がなされたことも，今後の展開に大きく影響を与えるものと期待できる。

④ 木材関係者

木材の製材・流通，木造住宅の設計・施工・販売に関わる人を対象に実施された「くまもと県産木材アドバイザー」研修の中で木育を実施した。参加者への聞き取り調査によると，専門的な講座内容（「モノ」，「カネ」に関する講義）については新しい知識や技術を得ることはなかったが，「木育」に関連した研修からは新たな発見がたくさんあったという意見が見られた。専門家であっても木や森を「ヒト」，「クラシ」の視点から見ることは少なく，それを生かした設計，消費者へのPRも少なかったことが伺える。幅広い視点で住宅などの設計・施工・販売に取り組むことも，木材の需要拡大に繋がるものと言える。

以上のように，多くの対象者が，木育を楽しみ，その中から自然と木や森のことを理解するヒトに変容している。「ヒト」，「クラシ」の視点が木育に含まれていることから，同じ授業，講座，教室に参加しても，それぞれの持つ印象や，参加してよかったという視点が違うことも特徴と言える。ある人は木について，またある人は森について，さらには，子育て，人との交流，地域おこし，環境などなどさまざまな視点があった。

　「楽しみ」という主体性の部分が次の思考，行動につながる可能性もある。実際に，木製品に興味を持ち品物を見るようになる人，今までとは違う見え方を実感した人，実際に購入した人など意識や行動の変容も確認することができた。木育運動は，論理的，政治的思考ではなく，感性的，表象的であることも，良い影響を与えている。また，木育はこれまでの運動に見られる生活批判とは違うところが特色と言える。原理論として依拠した徳野の「生活農業論」は，徳野自身が関わりを持ってきた農家によるさまざまな運動を土台としており，運動論として読み替えることが可能である。ここで紹介した木育運動では，この理論が実践過程でも生かされていると言える。

[参考文献]

北尾邦伸，2007，『森林社会デザイン学序説　第2版』日本林業調査会．
高橋徹・鈴木正治・中尾哲也，1995，『木材科学講座5　環境』青海社．
田口浩継・楊　萍・原嶋友子・佐藤眞巳，2008，「地域の素材を活用したものづくり教育用教材の開発」『熊本大学教育実践研究，25』：125-130．
徳野貞雄，2005，「水俣・山の人々の暮らしと心」『少子・高齢化時代の農山村における環境維持の担い手に関する研究 —— 平成13年度～平成16年度科学研究費補助金（基盤B(2)）研究成果報告書』：124-135．
―――，2005，「過疎論のニューパラダイム」『少子・高齢化時代の農山村における環境維持の担い手に関する研究 —— 平成13年度～平成16年度科学研究費補助金（基盤B(2)）研究成果報告書』：118-123．
―――，2007，『農村の幸せ，都市の幸せ　家族・食・暮らし』NHK出版（NHK生活人新書）．
―――，2011，『生活農業論　現代日本のヒトと「食と農」』学文社．
嶋野道弘・佐藤幸也，2006，『生きる力を育む　食と農の教育』家の光協会．

コラム9 ● 多様な視点で解決策を導く力を

　東日本大震災から6年。未曾有の大災害と原発事故は，「想定外」への備えや原発の是非を問い掛けました。私たちが生きていく以上，さまざまな課題は避けがたく，これからを生きる子どもたちも次々に降りかかる難問と向き合い続けなければなりません。課題を分析し，解決策を導き出す考え方に「システム思考」があります。海外ではビジネスや環境問題で盛んに用いられています。

　その一つ「氷山モデル」は課題を氷山に例えます。第1段階は，まず「氷山の一角」に目を向けます。水面に現れている事象を「鳥の目，虫の目」で見つめます。環境に与える影響や経済性，安全面など，いろいろな視点でとらえた上で，各視点から事象を評価し，プラス面とマイナス面に分けます。このように分析すると，事象の概要を捉えられます。

　第2段階は，時間軸を加味します。現状だけでなく「過去はどうだったか」「未来はどうであるか」という視点。効果は遅れて出ることもあるという認識も必要です。水中に隠れた巨大な氷山を見つめる過程と言えるでしょう。

　第3段階は，各要素の「つながり」で見ます。第2段階までに見えてきたそれぞれの要素が，どのような関係にあるのか。特にマイナス要素が，他の要素からどんな影響を受けているかを分析します。その結果，「最も影響の大きい要素」が抽出され，ポイントとなる要素と望ましい対処法が浮かび上がります。課題解決の糸口が見えてきます。

　ここまで思考を終えることもありますが，第4段階では，これまでの分析に「思い込みはなかったか」「想定外のことはなかったか」と問います。原発問題と重ねれば，「原発は安全で，どんな事態にも対応できるシステムを有している」という思い込みを排除して検討し，想定外の事象にも目を向ける思考と言えます。

　このようなシステム思考は，教育現場への導入も試みられており，熊本県内にも技術・家庭科の授業で取り組む中学校があります。複雑で難解な課題を解決する能力の育成に有効な教育活動と言われています。

　ここで一例として中学校の技術科でシステム思考を取り入れた教育の実践を紹介します。木製の調味料入れを製作する場合，くぎや接着剤で木を固定すると頑丈になります。しかし，容器を使わなくなった後のことを考えると，頑丈

第7章　生活農業論を導入した木育

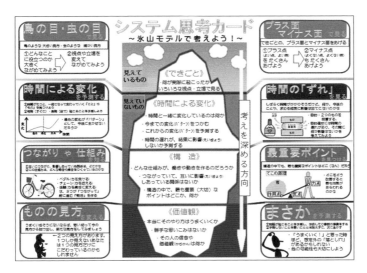

[内田・西本・田口 2013]

なつくりは分解しづらく，再利用を難しくします。丈夫で長持ちという経済性は高くても，環境面のポイントは低くなります。

　システム思考とは，特定の考え方に沿った解決策を選ぶのではなく，それぞれが満足できる方法はないかという視点に立ちます。調味料入れの製作で，ある生徒は木ネジで接合することを提案しました。強度も高く，再利用も可能な解決方法を見つけたのです。

　このような思考法を，児童生徒に身に付けさせることが重要な時代が，すでに到来しているのではないかと考えています。

　出典：内田有亮・西本彰文・田口浩継，2013，「技術科における，思考力，判断力，表現力等の育成のためのシステム思考の導入について」『日本産業技術教育学会九州支部論文集，21』：15-22．

第8章

都市部の住民を対象とした木育

第1節 | 運動の社会学的位置づけ

　第1章第2節で取り上げた「森は海の恋人」運動のような環境保全運動について，帯谷は表8.1に示すように4つの時期に分けて整理している［帯谷 2003］。

　第1期：立地点の住民や自治体を中心に始まった運動は，主として生活を守るために補償の充実を求めるという作為要求型の運動であった。このような担い手が立地点の住民や自治体である「生活保全運動」に対して，担い手が地域のアクターとなる「自然保護運動」も同時期に見られた。

　第2期：作為阻止型の住民運動が各地で興隆していく時期である。権利防衛を志向した運動は主に立地点の住民によって担われ，中には革新系の政党など都市部のアクターとの連携を図る運動もあったが，担い手の多様性や運動の空間的な広がりという点では限定的なものであった。

　第3期：80年代後半に入ると，運動は立地点の住民に加えて，都市部の環境NPOや研究者，一般市民など他地域の多様な主体がその担い手となって関わってくる。いわば，ネットワーク型の運動の生成と展開期である。多様なメディアの活用を通じて世論に訴えかけていくという戦略が，硬直した事業過程への批判となって世論を喚起することとなった。

　第4期：90年代後半に入ると，新たな特質を有する運動が顕在化した。行政が排他的に担ってきた「公共性」に対する新たな「市民的公共性」の提

表 8.1 各時期の運動の主要な特徴

	運動の形態	担い手	志向性（争点）
第1期 （昭和初期 〜1950年代）	生活保全運動 （作為要求型） 自然保護運動	立地点の住民や自治体 都市部の研究者や文化人，行政関係者	補償の充実 学術的に貴重な自然環境の保存
第2期 （60年代 〜80年代）	地域完結型（作為阻止型と作為要求型の混在）	立地点の住民 （運動によっては）地区労など労組や革新系政党，研究者，弁護士	計画の妥当性や公共性への疑義，権利防衛 補償の充実
第3期 （80年代 後半〜）	ネットワーク型，流域連携型の運動（多様な運動の合流）	立地点の住民（運動が衰退・消滅した地域もある） 都市部や下流部など他地域のアクター（環境NPO，研究者・専門家，文化人，一般市民など）	計画の妥当性・科学性とリスク 自然環境の保護 多様なメディアを通じた市民的公共圏の形成
第4期 （90年代 後半〜）	オルターナティブ志向型（地域再生・環境創造）		オルターナティブの提示と実践（治水・利水の代替案作成，植林活動，公共事業に頼らない村づくりなど），自己決定

起がなされ，オルターナティブ（代案）を提示・実践する運動が顕著になってくる。また，運動の担い手が急速に多様化し，運動がコミュニティレベルからナショナルなレベルへと重層的に拡大していった。

1990年代後半の「森は海の恋人」運動について，帯谷は，次のように分析し，位置づけている［帯谷 2003］。

> 「森は海の恋人」運動も，1990年代後半になると子どもを中心とした環境教育に重点を移しながら，よりソフトな運動スタイルへと舵を切っていく。具体的には，植樹祭に合わせて，地元の特産品や漁業者の協力による牡蠣などの海産物を販売し，郷土芸能を地元の子どもたちが披露する「水車まつり」を展開している。このようにより普遍的な「環境保

全」と「地域づくり」という志向性を，運動のリーダーたちが「環境教育の実施」を含めた運動実践の中で強めていった。（中略）

　「森は海の恋人」運動の性格変容を整理すると，当初はダム開発から流域環境を守るという意味で環境保全運動であった。しかし，80 年代以前に主流であった生活防衛のための告発型・対抗型の運動ではなく，「木を植える」ことによって新たな流域環境の創造をアピールし，運動過程において，上流部の室根村の知名度を上げ同村の地域づくりを触発するといった，「環境・資源創造運動」へと展開していった。表に示した第 3 期さらには第 4 期の特性を体現する環境運動と位置づけることができる。

　「森は海の恋人」運動の中でもとりわけ注目に値するのが，漁業者を主体とした植林運動である。80 年代後半に北海道および宮城県唐桑町で相次いで開始されたこの動きは，90 年代以降，全国規模で急速に拡大している。森林の多様な機能や水および物質の「循環」に注目した下流部の漁業者が上流部に植林を行い，流域環境を守ろうとするこの運動は，山から海までを一体のものとして捉える「流域管理」の理念に裏打ちされたものである。同運動は，その表出的な運動スタイルと相まって各地に運動が波及するという運動面だけでなく，農水省（水産庁）や環境省といった中央省庁の政策変化を惹起するという政策面への影響など，多面的な社会的影響を有した。

　これらの植林運動や森林づくりに関するボランティア活動は，1980 年代後半以降全国的に興隆し，90 年代に入ってさらに活発化し現在も増え続けている[1]。これらの活動の目的や担い手は多様であり，活動形態においてもさまざまなものが見られる。これらの運動が興隆した背景には，自然との関わりを求める都市部の住民と，過疎化・少子高齢化に直面する農山村部の住

1　森林（もり）づくりを行っているボランティア団体数は，1997 年の 277 団体から 2009 年には約 10 倍の 2,677 団体へと急増。林野庁「森林ボランティアの現状」を参照した。http://www.rinya.maff.go.jp/j/hozen/volunteer/con1.html

民との交流が住民レベルで活発化したことがある．また，林業不振による森林の荒廃や担い手不足，地球環境問題の顕在化に代表される環境問題全般に対する人々の関心の高まりが共通の要因としてある．さらに近年になっては，京都議定書やパリ協定による温暖化防止対策や生物多様性保全に対する市民の意識の高揚が影響している．

　このように植林運動が多くの人々の関心を引きつけるのは，衝突・対立した状況下で特定の課題に関わる問題解決を志向する告発型・対決型の運動とは異なって「誰でも参加できる」という運動の開放性や参加の容易さ，「木を植える」行為が持つ実践志向性や表出性，「将来世代のために」という未来志向性が包含されているためであると帯谷は指摘している［帯谷 2003］．

　ここで，木育運動，特に森林親和運動について見ていくこととする．まず，運動の時期区分としては，明らかに第4期に位置づけられる．1990年代以降の「森は海の恋人」運動と同様に，環境教育，森林環境教育，ものづくり教育など子どもを中心としたソフトな運動スタイルをとっていることが特徴である．さらに，運動の担い手は環境や子育て，福祉，地域おこしに関わるNPOや行政，研究者，一般市民など多様であり，運動自体も重層的に行われている．

　担い手について細かく見ていくと，都市部の住民が中心となっており，自然との関わりや環境問題，子育て問題など自身の課題と，林業不振による森林の荒廃や担い手不足・高齢化，地球環境問題の顕在化に代表される環境問題全般の課題に関心の高い人が関わっている．また，衝突・対立の状況下で特定の課題に関わる問題解決を志向する告発型・対決型の運動とは異なり「誰でも参加できる」という運動の開放性や参加の容易さも特徴で，間口の広い運動である．「木を素材にしたものづくり」とういう行為が持つ実践志向性や表出性，子どもの健全育成との観点から未来志向性も包含しているところも共通している．

第2節 都市部の住民を対象としたことによる成果

　林野庁の「木材の需要拡大を目指した木育」は，消費者教育であり行政主導になると「上からの教育」，「経済優先型木育」に陥る可能性がある。本書で提案した木育は，広くは森林保全教育に位置づけられるが，外縁的な位置づけとなり，それゆえに緩やかで間口の広い活動となった。都市農村交流・グリーンツーリズムなどに近似しており，その性格は「主体生を生かした」，「経済的な運動でなく」，「参加者も楽しみたい，主催者も楽しみたい」という主体性・感受性を重視した運動であると言える。目指す価値観にも柔軟性があり，お互いに考えていく運動であった。さらに，木育を通して「生活見直し」を行う参加者も見られ，「森林化社会」を作る活動としてその第一歩を踏み出したと言える。森林や木と自分たちの暮らしがつながっていることが，人にとっては安定感を，森にとっては安泰をもたらす［浜田 2008］ことを伝える運動である。このようにある一部の集団・職種の閉鎖的な運動でなく，一般の人々が広く共通の関心を持ちうる問題としたことによって，多くの賛同者を得るという結果につながった。次に，対象者ごとに成果について分析する。

① 子ども

　子どもは，森林化社会の一翼を担う「未来の担い手」と考えた場合重要であり，また，感受性が強く，この時期の生活体験が木材需要に関する意識形成にも関わっていることから重要な対象となる。子どもを対象とした取組みは，まず，くまもとものづくりフェアがあり，参加者は年少から小学校4年生までが多い[2]。イベント方式を運動戦略に採ることにより，子どもにも受け入れやすい運動となった。小学校5年生以上は，学校での行事・部活動，塾などで参加者が急激に減少する。この学年に対応するのが，学校教育の一環で実施される「集団宿泊的行事」の中で実施する木育となる。さらには，

---

[2] 詳しくは，第6章第2節を参照されたい。

小学校5年生社会科の「森林環境教育」で全員が学習することとなる。同様に，中学校では技術・家庭科（技術分野）の「材料と加工に関する技術」や「生物育成に関する技術」で学習する機会がある。
② 教育学部学生

　小学校や中学校の教員を目指す学生に対して，森林環境教育を行うことは効果的である。これまで，森林環境教育は学校教育では軽視されており，2011年度全面実施の小学校学習指導要領から大きく取り上げられるようになった。しかし，学生自身，小中学校で学んだことがない分野であり，大学教育でもこの領域に対応した講義はない（一部，社会科に関連する内容ではあるが，実施されているとは限らない）。その中で，教員養成系の講義として位置づけることは，波及効果が高いと言える。なお，現在実施されている現職教員を対象とした「免許更新講習」や「社会教育主事の養成講座」においても，熊本大学では実施しており，効果が期待される[3]。
③ 一般市民

　子どもとその保護者を対象としたイベント方式を運動戦略に採ることにより，外部の支持層（一般市民）を獲得していくことにつながったと言える。木を素材にしたものづくりを通して，木材の良さを理解し，正しい価値観を持った消費者の拡大につながる可能性がある。一般に木材製品は価格が高いという認識があるが，それは個人の価値観やその素材や製品の真価をどれくらい正しく見極めているかによるものである。その意味でも，正しい眼が育つような機会を提供することは有用なことである。

　また，大人を対象とした木育（木育推進員養成講座など）に参加する一般市民やその市民が所属するNPOの関心事は，子育て，環境，福祉，地域おこしなどであった。それぞれの立場に応じた木育の捉え方があり，講座での学びもそれぞれである。個々の学びは，これまでの生活やNPOなどの活動の充実・拡大に寄与していた。さらには，これらの活動により運動資源としてのネットワークの獲得がなされていった。

---

[3] いずれの講座も，著者がそれぞれ2コマ担当している。

④　木材関係者

　木材の製材・流通，木造住宅の設計・施工・販売に関わる人に木育を実施した効果については，先にも述べたが新たな発見がたくさんあったという意見が見られた。専門家であっても木や森を「ヒト」，「クラシ」の視点から見ることは少なく，それを生かした設計，消費者へのPRも少なかったことが伺える。木材需要拡大に直接関わる人が，木の良さを理解し，伝える方法を身につけることは，さらなる木材の需要拡大につながるものと言える。

　木育推進員養成講座を受講後，実際に，個人や企業でものづくり教室を開催した多くはこの木材関係者であった。まず，材料となる木材が手に入りやすいこと，木工作の知識と技能を持っていること，さらには，自身の会社のPRになるとともに企業のCSR活動となることが大きな要因である。

　以上のように，本運動を特定の利害関係のあるものに限定せず，目的も緩やかにしたこと，「参加することの楽しさ」を前面に出したことにより，間口の広い運動となった。その結果，子どもから大人まで，また各種の職業・目的を持った個人が参加することとなった。森林保全運動として取り組まれている里山運動や森林ボランティアは，意識の高い市民が参加するのに対して，本木育運動はすべての市民が気軽に参加できる運動となっている。参加による成果については，一度に多くのものを望むことはできないが，森林保全運動への第一歩を踏み出したと言える。

第3節　対象を高齢者に広げることによる効果

　木育の対象者は，北海道および林野庁の定義とも「子どもから大人」までとしているが，全国の取組みをみてもその中心は子どもやその保護者が多い。熊本県玉名郡長洲町では，子どもとその保護者を対象にしたものづくり教室・ものづくりフェアに加え，2015年度より高齢者を対象としたものづくり教室を開催している。本節では，同町で実施されている介護予防に資する木育活動について紹介する。

近年の介護保険制度の改正に伴い各市町村においては，要支援・要介護になる前の段階から介護予防に資する予防重視型システムの確立が求められている。今後各自治体の裁量に基づき介護予防サービスと地域支援事業に関して一貫性および連続性を重視した事業展開が求められる。このような背景のなかで，介護予防事業に関しては各市町村において種々の試行がなされている[4]。

2000年度以降の高齢化率の推移を見ると，長洲町はすべての年度において全国の平均を上回っている。例えば，2015年度は総人口に占める65歳以上の割合は31.3％で，日本の平均（26.8％）よりも4.5ポイント高い。今後の予想では，その差はさらに広がり，2025年度には8.6ポイントとなる。

高齢者数（高齢化率）が向上するに従い，要介護者数も増加し，介護サービス給付費の増加が懸念され，それは町財政の圧迫につながる。そこで長洲町では，介護予防拠点施設の整備を行い，2008年度9施設から2015年度は32施設に増やしている。これらの施設では，iPadを活用した脳のトレーニング，レクリエーション，各種教室（手芸・書道・料理・体操），サロンの開催（ゲーム・囲碁・将棋など），地域学習講座（カラオケ，茶道など）を実施し，活動の充実を目指した。その結果，施設の利用者も2008年度（1,175人）からの6年間で約10倍（11,911人）に増加している。

それらの取組みにより，介護認定率は，2012年度（19.9％）を境に減少に転じ，2015年度は17.5％であった。さらに，介護サービス給付費も最も高かった2013年度（154,539万円）に比べ，2015年度は151,309万円となり3,230万円減少し，高齢者支援に対する介護サービス給付費など，経費節減の成果も見られるようになった[5]。

4　厚生労働省「これからの介護予防」：http://www.mhlw.go.jp/file/06-Seisakujouhou-12300000-Roukenkyoku/0000075982.pdf

5　中逸博光「町全体での木育・ものづくり活動の取り組み」『第1回木育・森育楽会九州大会講演要旨集』p.7（2016）より。

3.1 長洲町における木育活動

長洲町の公共施設（金魚の館）では，熊本ものづくり塾主催で2010年度より年10回のものづくり教室を実施している。本教室は，予約や参加費は不要であり，だれでも参加が可能で，毎回違ったものづくりを体験できる。その後，2011年度からは，同施

図8.1 ものづくり教室の様子

設で年に3日間，くまもとものづくりフェアを開催し，町民を含めた多くの方に，木を素材にしたものづくりの場を提供している。さらに，それらのスタッフを養成する講座（木育推進員養成講座）を，同施設で2013年度より初級編を4回，中級編を3回開催した。2016年現在，町民130人が熊本大学より木育推進員に認定されている。これは，成人町民の約1％にあたる。さらに，上級編も10名が受講した。長洲町の参加者の職種別内訳を表8.2に示す。

まちづくり課，福祉保健介護課，子育て支援課を中心に，町役場の職員36人が受講し，民生委員など地域のリーダー的役割の方の参加もある。また，保育所・幼稚園の指導者，学童保育の指導者など教育関係者も多い。そして，一般市民の中には，町内会や地域の自治会の代表を務める区長の受講も多い。長洲町の町長の意向を反映した人選であり，木育を中心とした取組みが実行しやすい体制作りを行っている。

3.2 介護予防拠点施設でのものづくり教室

介護予防拠点施設において，2015年度は21日間，14施設においてものづくり教室を開催し円形木琴や金魚の車，積み木，ミニ門松の製作を行った。延べ423人の参加があった。指導は，熊本ものづくり塾および長洲町の木育推進員など延べ70人が担当した。2016年度は，年間12日間（午前と午後の2回，同時に2会場で実施），32施設において延べ48回実施する予定で

表8.2 木育推進員の職種別内訳　　　　　　　　　　　　　　N = 130（人）

所属		人数
行政	町役場（まちづくり課，福祉保健介護課，子育て支援課，町長）	36
行政	民生委員・児童委員協議会	9
行政	教育委員会（委員長職務代行者）	1
行政	広域行政事務組合・社会福祉協議会	7
教育	保育所・幼稚園	26
教育	放課後子ども教室（コーディネータ）	2
教育	学童保育	4
一般	シルバー人材センター	1
一般	一般住民（区長等地区の代表者含む）	37
一般	NPO等（子育て，福祉）	7
	合計	130

ある。指導は，熊本ものづくり塾の会員が延べ48人，長洲町の木育推進員が延べ30人担当する。2016年9月にある地区で実施されたものづくり教室には，町職員5人（4名は木育推進員），指導者4人（全員木育推進員），参加者17人（2人は木育推進員）が参加した。主催者側の職員・指導者の多くが木育推進員養成講座の修了者であり，木育・ものづくり教育についての知識や技能を身につけている。さらに，受講者の中にも講座の修了者がおり，雰囲気づくりや随時指導のサポートに当たるなどスムーズな運営に貢献していた。本地区と他3地区の介護予防体験活動に参加した52人に対して実施したアンケート調査の結果を表8.3～表8.7に示す。回答は，大変効果的を5点，全く効果的でないを1点，どちらともいえないを3点として，それぞれの中間項目を設け，5段階で評価してもらった。

　表8.3から，ほとんどの項目が4ポイント以上を示し，受講者はものづくり活動には多くの効果があると思っていることが分かる。特に高いのは，脳のトレーニングと自分が楽しいという項目であった。また，男性に比べ女性

表 8.3 ものづくり活動によって得られる効果　　　　　　N = 52（ポイント）

対象		人数（人）	パソコンで脳トレ	外出の機会	仲間づくり	交流のきっかけ	喜んでもらえる	やりがい	健康になる	自分が楽しい
全体		52	4.4	4.3	4.3	4.3	4.1	4.2	4.2	4.4
性別	男性	6	3.8	4.0	4.0	4.0	3.8	3.8	3.7	4.0
	女性	40	4.5	4.3	4.4	4.4	4.2	4.3	4.3	4.5

注）性別を未記入の者（6 人）を含む。

表 8.4 ものづくり活動によって得られる効果　　　　　　N = 52（ポイント）

対象		人数（人）	体操	カラオケ	農作業	食事作り	散歩	ものづくり	ものづくりの指導	茶道	料理教室	iPad脳トレ
全体		52	4.4	4.2	3.9	4.2	4.2	4.5	4.3	3.8	4.1	4.3
性別	男性	6	4.3	3.8	4.0	3.8	4.2	4.2	4.2	3.5	3.8	3.8
	女性	40	4.4	4.3	3.8	4.3	4.3	4.5	4.3	3.9	4.2	4.4

注）性別を未記入の者（6 人）を含む。

表 8.5 年齢別のイベント参加状況　　　　　　N = 52（%）

対象	人数（人）	体操	カラオケ	茶道	パソコンで脳トレ	ものづくり	料理教室	書道	囲碁	将棋	手芸
60 代	14	42.9	28.6	7.1	42.9	64.3	21.4	0.0	0.0	0.0	7.1
70 代	21	71.4	47.6	33.3	61.9	71.4	42.9	0.0	0.0	0.0	19.0
80 代	17	88.2	23.5	11.8	76.5	88.2	23.5	5.9	0.0	0.0	23.5

が，ものづくり活動の効果が高いという評価をしていることが分かる。

　表 8.4 から介護予防に効果的な活動は，ものづくりが最も高く，次に体操，そしてものづくりの指導や iPad による脳のトレーニングとしている。本調査においても，農作業以外は女性の値が高い結果となった。

第8章　都市部の住民を対象とした木育　　　　　231

表8.6　年齢別のイベントの効果意識　　　　　　　　　　N = 52（ポイント）

項目 対象	人数（人）	体操	カラオケ	農作業	食事作り	散歩	ものをつくる	ものづくりの指導	茶道	料理教室	パソコンで脳トレ
60代	14	4.5	4.4	4.2	4.2	4.3	4.4	4.4	4.0	4.2	4.2
70代	21	4.3	4.4	3.9	4.3	4.3	4.6	4.4	3.8	4.2	4.4
80代	17	4.4	3.8	3.6	4.1	4.2	4.4	4.1	3.5	3.9	4.4

表8.7　年齢別のものづくりの効果意識　　　　　　　　N = 52（ポイント）

項目 対象	人数（人）	パソコンで脳トレ	外出の機会	仲間づくり	交流のきっかけ	人に喜んでもらえる	やりがいを感じる	体が健康になる	自分が楽しい
60代	14	4.2	4.1	4.1	4.2	4.0	4.1	4.0	4.3
70代	21	4.4	4.3	4.4	4.3	4.2	4.3	4.2	4.4
80代	17	4.4	4.4	4.3	4.4	4.1	4.3	4.3	4.6

　表8.5は，イベントへの参加状況を年齢別に分析したものである。全体的に年代が上がるに従い参加率が向上している。最も参加率が高いのはものづくりで，60歳代の参加率は全体的に低い中でも，唯一60％以上の参加がある。これらのことから，参加率の低い男性や60代の若い方の参加を促すには，ものづくりは効果的であることが分かる。

　表8.6は，介護予防に効果的と思うかについて年齢別に分析したものである。ここでも，ものづくりはどの世代の参加者も，効果があるとしている。さらに，60代・70代の参加者は，ものづくりを指導する立場について高い値を示している。

　表8.7は，ものづくりの効果について年齢別に分析したものである。どの項目についても，どの年代においても高い値が示された。全体的に，60代より，70代・80代の参加者の値が若干高い。また，自分が楽しいや脳のト

図 8.2 熊本ものづくりフェアの様子

レーニングについては，どの年代においても高い値であった。

参加者や町役場職員に対する聞き取り調査によると，他のイベントと比較しものづくりは，楽しみに参加される方が多く，当日の雰囲気も大変なごやかで，介護予防の効果も見られるとしている。聞き取り調査の結果と，アンケート調査による結果は，同じ傾向を示すものとなった。

3.3 ものづくりの指導の効果

2016 年 5 月に同町で実施されたものづくりフェアには，600 人を超える来場者があるとともに，多くの町民がスタッフとして参加していた。それらのスタッフ 21 人に，「スタッフとして参加する効果」や「介護予防に効果的な活動」について質問した。大変効果的を 5 点，全く効果的でないを 1 点，どちらともいえないを 3 点として，5 段階で評価してもらった。スタッフとして参加する効果を，全体，男女，木育講座受講の有無，スタッフへの参加回数，60 歳以上に分けて分析したものを表 8.8 に示す。

同様に，介護予防に効果的な活動についての調査結果を，全体，男女，木育講座受講の有無，スタッフへの参加回数，60 歳以上に分けて分析したものを表 8.9 に示す。

表 8.8 から，すべての項目において 4 ポイント以上を示し，単にものづくりを教えてもらう立場に対して，教える側の経験がより介護予防に対する効果があると思っていることが分かる。特に，参加した人に喜んでもらえる経験の得点が高く，次に，やりがいがある，やっていて自分が楽しいなどの項目が高い。男女で見ると男性の方が，得点が高い結果となった。上記の 3.2 での考察と比較すると，男性は教えてもらう立場より，教える立場にやりがいを感じていると言える。介護予防施設でのイベントにあまり積極的でない男性の参加を促す方策として有効と言える。また，木育講座の受講経験者の

表 8.8　スタッフとして参加する効果　　　　　　　　　　　　　N = 21（ポイント）

対象＼項目	パソコンで脳トレ	外出の機会	仲間づくり	交流のきっかけ	喜んでもらえる	やりがい	健康になる	自分が楽しい
全体（21）	4.3	4.3	4.2	4.3	4.5	4.4	4.1	4.4
性別 男性（10）	4.2	4.2	4.2	4.4	4.6	4.4	4.2	4.6
性別 女性（11）	4.3	4.3	4.1	4.1	4.4	4.3	3.9	4.3
講座受講（13）	4.3	4.4	4.3	4.3	4.5	4.5	4.2	4.5
スタッフ 3 回以上（12）	4.3	4.2	4.0	4.1	4.4	4.4	3.9	4.3
60 歳以上（13）	4.3	4.3	4.3	4.3	4.5	4.4	4.2	4.5

注）表中の（ ）内の数字は，該当者を示す。

表 8.9　介護予防に効果的な活動　　　　　　　　　　　　　　N = 21（ポイント）

対象＼項目	体操	カラオケ	農作業	食事作り	散歩	ものづくり	ものづくりの指導	茶道	パソコンで脳トレ
全体（21）	4.4	4.0	4.3	4.4	4.4	4.7	4.4	3.7	3.9
性別 男性（10）	4.3	3.8	4.4	4.3	4.2	4.9	4.8	3.5	3.9
性別 女性（11）	4.5	4.2	4.3	4.5	4.5	4.5	4.1	3.9	3.9
講座受講（13）	4.5	4.1	4.3	4.3	4.5	4.7	4.5	3.8	3.7
スタッフ 3 回以上（12）	4.5	4.0	4.2	4.4	4.4	4.7	4.5	3.6	4.0
60 歳以上（13）	4.3	3.9	4.3	4.3	4.2	4.7	4.4	3.7	4.0

注）表中の（ ）内の数字は，該当者を示す。

値が，平均値をすべて上回っている。それに対して，ものづくりフェアのスタッフとして 3 回以上参加している者の値は，平均値よりも低い値であった。これらのことから，単にスタッフとしての参加経験の有無より，木育講座で木育やものづくりの意義を学んだ経験が重要であると言える。

表 8.9 は，介護予防拠点施設で実施されている活動について，その効果を

5段階で評価した結果である。最も高い値を示したのはものづくりで，次に，体操，食事作り，散歩，ものづくりの指導であった。色々な活動が介護予防に効果があるとする者が多い。ものづくりの介護予防の効果については，女性より男性が高く，木育講座の受講者，スタッフ経験のある者，60歳以上の者など，どの集団においても高い値を示している。ものづくりの指導が効果的としたのは，男性，木育講座受講者，スタッフ経験者であった。

3.4 木育の介護予防への効果

介護予防には，外出の機会となる場の提供や，仲間づくり・交流のきっかけづくり，家族や地域住民との架け橋になることを通して社会面の予防を図ることが有効であると言われている。長洲町では，これまでも体操やカラオケ，茶道，iPadを活用した脳のトレーニングなどを提供し，効果が見られている。2015年度から取り組んだ木育活動（木や森林についての講話や木を材料にしたものづくり）は，それらに加えさらなる効果が期待される。

また，単に本人が楽しむだけでなく，他者への貢献を促し社会参加・社会的役割を持たせることが生きがいや介護予防につながると言われている。長洲町では，60歳代，70歳代の方に木育推進員の資格を取得させ，その方がスタッフとなり，さらに高齢の方へ指導を行うというシステムを作り，2016年度からは本格的に実施している。さらに，2015年度より行っている新生児の3ヵ月検診の折に町から木製玩具を贈呈する制度でも，その製作に高齢者の方に関わってもらうことを計画している。それぞれが，社会参加・社会的役割を実感できる取組みと言える。

以上のように，本運動の対象を子どもやその保護者に限定せず高齢者を含めたこと，目的も介護予防に着目したことにより，汎用性の広い運動となった。喫緊の課題である介護予防に資する活動が模索されているなか，高齢者の方が小さいときから慣れ親しんだ「木を素材にしたものづくり」を提供したこと，活動後の製作物も孫などの家族へのプレゼントとなり意欲を持ち取り組めたことが，参加者から高い評価を得た要因といえる。さらに，作らせ

てもらうという受動的な立場から，作り方の手ほどきをするという能動的な立場に変わることも，社会参加・社会的な役割を実感させる（自己効力感を感じ取らせる）機会となった。

　木育を通して，高齢者までもその後の生き方を問い直すきっかけになったと言える。木育が介護予防にどの程度貢献しているかについては，継続した調査が必要であるが，高齢者の方へ生きがいや交流の楽しさを提供できていることは間違いない。

[参考文献]

帯谷博明，2003,『河川対策の変遷と環境運動の展開 —— 対立から協働・再生への展望 —— 』博士論文，東北大学．

須藤敏昭・森下一期・松本達郎・名和秀幸・山中泰子・鈴木隆・こどもの遊びと手の労働研究会編，2007,『子どもの「手」を育てる —— 手ごたえのある遊び・学び・生活を！—— 』ミネルヴァ書房．

徳野貞雄，2007,『農村の幸せ，都市の幸せ　家族・食・暮らし』NHK出版（NHK生活人新書）．

———，2011,『生活農業論　現代日本のヒトと「食と農」』学文社．

浜田久美子，2008,『森の力　育む・癒す・地域をつくる』岩波新書．

田口浩継，2015,「介護予防等に関連した木育活動の試行」『日本産業技術教育学会第28回九州支部大会講演要旨集』: 49-50．

———，2016,「熊本県長洲町における介護予防に資する木育活動の実践」『日本産業技術教育学会第59回全国大会（京都）講演要旨集』: 183．

田口浩継・牧星太郎・原嶋友子・佐藤眞巳，2016,「介護予防に資する木育活動の検討」『日本産業技術教育学会第29回九州支部大会講演要旨集』: 49-50．

第9章

木育運動推進のための資源の獲得と拡充

第1節 木育運動推進のための資源

　運動を資源動員論から見ると，成功させるためにはいくつかの資源が必要となる。換言すれば，「不満はどんな社会にもあるが，利用可能な資源を獲得してはじめて社会運動が起きる」というのが資源動員論の中心的な主張とも言える［帯谷 2003］。この場合の資源とは，「運動組織にとって利用可能な一切の属性，環境，所有物」と定義することができる。具体的には，社会運動組織が活動するのに必要な「ヒト」「カネ」「ネットワーク」などであり，これらの資源を重視する。

　帯谷は，J.Freeman（1979）による区分を参考に，金銭や場所などの「物的（有形）資源」とネットワークや専門家などの「人的（無形）資源」とに大別し，「森は海の恋人」運動の資源について表9.1のように整理している［帯谷 2003］。

　表9.1の資源の種類を一般的な項目に直すと，物的資源として資金，活動場所，人的資源として活動する人，ネットワーク，専門家のノウハウに分類することができる。林野庁の木育は，理念も目標も明確と言えるが，実際にどのように進めるかについては不明確であった。林野庁の木育運動を資源動員論的に見ると，木育運動をすすめようとする組織が活動するのに必要な「ヒト」「カネ」「モノ」「ネットワーク」などの資源が不十分であり，その資源の獲得・拡大方法については十分には示していない。これらの資源がどの

表9.1 「森は海の恋人」運動の主な資源

資源の種類		内　容
物的資源	①金銭	若干ある（シンポジウム開催などの運動費用）
	②場所	牡蠣処理作業場（事務所） ＝「合意形成の場」
人的資源	③商売上のネットワーク	部落内外の養殖業者 都内料理店・市場関係者 業界（水産），新聞の編集長
	④他地域（流域）との人脈	上流部：室根村農林課職員 中流部：「反対同盟」リーダー 下流部：市役所職員や市内有力自営業者
	⑤地縁	地元部落の漁業者など
	⑥専門家の関与と理論	大学教員・シンポジウム（人的・情報的資源）

出典）帯谷，2003

程度充実しているかにより，その運動の成果は自ずと決まってくる。

　熊本ものづくり塾を中心とした木育運動は，これらの資源を獲得し，あるいは自ら生成することにより，活動を拡充していったと言える。熊本ものづくり塾が用いた資源について，以下に整理する。

第2節　先導的担い手の獲得と拡充

　環境保全運動の推進や森林化社会の実現のためには，それらの一翼を担うヒトを組織化しなければならない。また，組織化のためにはヒトを集め，集合的に変革させなければならない。この機会となるのが緩やかではあるが「くまもとものづくりフェア」であり，さらには，運動の対象となる都市住民（一般市民）をリードする者・指導者（先導的担い手）の育成が「木育推進員養成講座」などである。ここでは指導者の獲得と拡充について考察する。

　子どもやその保護者に木育を行うための能力（木育運動を推進するための

能力）として，①木や森，木育についての知識，②木を素材にしたものづくりの技能，③子どもやその保護者に分かりやすく伝える教授力，④木育を企画・運営する能力が必要である［田口 2010］。これらの基本的な部分を6時間の講義と演習で学ぶ機会として「木育推進員養成講座」などを設定した。

参加者は木材の専門家，教育の専門家，行政の専門家，一般市民，学生など多様であり，それぞれに得意・不得意分野（履修・未履修分野，経験・未経験領域）がある。本講座では，ある分野に特化した内容とはせず，すべてにおいて基本的なところを押さえるレベルとした。さらに，5～6人の異業種によるグループの混合班編成により研修を行った。この中で，「教え・教えられ」の学びが発生するように意図的に編成している。また，「正統的周辺参加」論に基づき，講座のカリキュラムを構成している［Wenger 1993］。さらに，講座以外に直接ものづくりを教える場面（実践場面）として「くまもとものづくりフェア」を設定し，この中でも「正統的周辺参加」論に基づき，緩やかに知識や技能が伝わる仕組みをとる[1]。

林野庁の木育では先導的担い手を育成する講座として「木育インストラクター研修会」があった[2]。その受講対象では「林業関係者」を中心に据えていたのに対して，本実践では，当初から対象を限定せずに実施したことも特徴の1つである。林野庁は，「木工技術を持った者」，「木材需要拡大に直接的に関わる者」が，先導的担い手として有効と考えていたことが分かる。しかし，この考えは運動を一部の受益者による狭い範囲のものとし，間口を狭める結果になることが懸念される。

一方，熊本ものづくり塾による講座は，2016年末（8年間）で46回開催し1,566人の参加者を得ることができ，その中の約3割が「くまもとものづくりフェア」でスタッフとして活動を経験している。2010年度の参加者の内訳を見ると，教育関係者（高校・大学生，教師，社教主事）が83人

---

1 詳しくは，第2部第6章第3節「木育カリキュラムの開発」を参照されたい。
2 2009年度と2010年度に，全国5会場にて実施されたが，それ以降実施されていない。

(26.0％)，行政が40人（12.5％），企業が93人（29.2％），NPOが103人（32.3％）であった。林野庁が養成しようとした「林業関係者」は79人（24.8％）であったが，本講座は多種多様な人が参加しており，それぞれの立場で木育の視点を新たに加え活動を充実させることができた。これは後のアンケートや聞き取り調査においても明らかとなった。たとえば，修了生が独自（主催または共催）に，各地で木育（主にものづくり教室）を実施している。実施県を挙げると，福島県，高知県，山口県，福岡県，佐賀県，熊本県，大分県，宮崎県，鹿児島県，沖縄県の10県である。主催となっている主な団体・個人は，個人が経営する公務店，建設業，ハウスメーカー（企業として実施），木工所，所属する学校のPTA活動，自然の家，大学（大分大学や鹿児島大学，熊本大学の教育学部）などである。熊本県内にある自然の家では，これまでのカリキュラムの中に木育を積極的に取り入れていこうという動きが見られるようになった。また，教員は森林環境教育に関連する授業の中で，子育てや福祉，環境に関わるNPOではそれぞれの活動の中で木育を導入している。高齢者を対象とした介護予防としての木育にも注目していきたい。

第3節　物的資源の獲得と拡充

　木育運動を進めるにあたり，物的資源の獲得も重要な要因となる。まず，「カネ」では，くまもとものづくりフェアを開始した2005年度から数年間は熊本大学の教員予算，県技術・家庭科研究会の予算，さらには，社団法人熊本県木材協会連合会より木材を無料で提供され開催していた。スタッフはボランティアでの参加で，弁当のみ支給されるという体制で，これでは年間1～2ヵ所での開催がやっとであった。また，その活動も小規模なものであった（ブース数や製作する物の個数が少ないなど）。その後，熊本ものづくり塾の設立により，これらの活動の母体となり，「伝統文化子ども教室」には文化庁から，「くまもとものづくりフェア」には，林野庁や熊本県林業振興課からの資金提供を受けるようになった。2009年度以降は，熊本県から

「水とみどりの森づくり税」の活用事業（「くまもとの木育体験事業」）として，「くまもとものづくりフェア」に資金提供があり安定した運営が行われるようになった。これらのことから，2009年度以降は，県内5カ所（6日間）でくまもとものづくりフェアを開催することが可能となっていった。このように，「カネ」の面では行政による支援が大きな支えとなった。

指導者養成として実施している木育推進員養成講座等を開催するためには，効率よく知識や技能を身につけさせるためのテキストが必要となる。林野庁の補助事業として2009年度に活木活木森ネットワークを中心にテキストの開発が行われた。第1段階のテキストは，「モノ」中心のテキストであり，「ヒト・クラシ」の観点が脆弱であると言わざるを得ない状況であった。第2段階からは作成に著者も加わり，その改善に努めるとともに熊本独自のテキストを開発した。現在の木育推進員養成講座等では，この熊本独自のテキストを使用している。また，受講生が分かりやすく学習できるように学習ソフト（テキストの流れに沿うプレゼンテーション，木材や森林の性質などを学習するソフト［田口 2003, 2004a, 2004b］，円形木琴の製作の手順を示すソフト）を開発し講座で活用するとともに，受講者には無料配布している。これは，受講者が今後，それぞれの地域で木育を実施する場合の資源として活用することを意図している。これらは，営利を目的としない熊本ものづくり塾による主催事業であればこそ可能な取組みである[3]。なお，北海道における木育では，テキストとして「木育達人（マイスター）入門」を2010年に作成し活用している。木や森についての基礎知識の他，木育の理念，木育の効果，木育の事例紹介など充実した内容となっている。

しかし，これまで述べてきた社会教育を通して，木育運動を多くの人に広めるには限界がある。最も効果的なのは，学校教育のカリキュラムの中に木育を位置づけることである。おりしも，2008年の学習指導要領の改訂により，小学校5年生の社会科に「森林環境教育」に関する事項が大幅に拡大さ

---

[3] 2011年度からは，林野庁の補助事業として，東京おもちゃ美術館が主催する講座が開設されているが参加は有料であり，これらのコンテンツは提供されていない。

れた。その副読本としての「森はともだち」[4]の影響は大きい。同様に，教師用の指導書や学習指導案，ワークシート，授業で使用するデジタルコンテンツを開発し，提供することは，木育運動の推進に大きな影響を与える。また，教室での座学に加えて，小学校高学年で実施される「集団宿泊的行事」で訪れる少年自然の家において，施設内外に広がる豊かな森林を活用したプログラムを提供できたことによる効果も大きい。

　行政による支援も含め，これらの物的資源を複合的に利用することにより，森林親和運動はさらに前進することができる[5]。

第4節　人的ネットワークの獲得と拡充

　熊本ものづくり塾は，第4章で分析した3人の合議により運営されている。また，それぞれが持つ人的ネットワークを資源として運動は進められた。代表の原嶋は，熊本県内の企業の役員を務めるとともに，自らも事業を立ち上げ環境教育用の教材の開発と販売を行う。県内企業とのネットワークを活かすとともに，熊本ものづくり塾の活動全般の経理・渉外を担当する。塾頭の佐藤は土木建築会社の代表を務め，全国の事情に精通している。ものづくりの経験も豊かで，製作題材の開発や加工を担当している。田口は教育学部に所属し，現場の教員，学生との連携事業を以前から行っており人的ネットワークとイベント開催のノウハウを持っている［西本・田口 2005］。このような3人の特色を活かしながら活動は進められた。

　くまとものづくりフェアなどを含めた活動は，当時は珍しく新奇な対象・話題となりマス・メディアに多く取り上げられ，それにより認知度を高

4　「森はともだち──くまもとの森林を考える」小学校5年生用は，社会科副読本で熊本県農林水産部林業振興課より無料で配布されている。

5　著者らは，「森はともだち」の改訂作業に取り組むとともに，指導案集，ワークシートを補助資料として添付した資料を作成した。熊本県は，2012年より県内の全小学校に配布している（県の「水とみどりの森づくり税」より）。また，デジタルコンテンツも開発し，熊本大学のWebで公開している。

めると同時に行政や学校関係，社会教育関係の信頼も高めていった。これらの活動に対して，スタッフとして協力する市民や資金提供を行う法人，材料提供を行う個人・企業も見られるようになり，ものづくり塾の活動は安定するとともに拡大していった。現在では，年間150日ほど活動を行い，県内外を含め2万人を超える参加者があるイベントを実施している。前述の2004年度の調査で，熊本県内のものづくり教室の実施状況は，14の組織・団体で年間約1万1千人の参加者であったことからも，その活動の大きさが分かる。

熊本ものづくり塾のメンバーは，それぞれ仕事を持ち安定した生活の上での活動であるため，熊本ものづくり塾の活動は営利を目的とした活動は行っていない。販売している教材も価格設定を低くし，その販売によって得られる利益も，次のものづくり教室の運営にあてている。

最近はくまもとものづくりフェアに参加した市民，地域で定期的に実施しているものづくり教室の参加者，木育推進員養成講座等の修了生，各種イベントで出会う別な団体との交流もあり事業内容自体も変容するとともに拡大している。大まかにまとめると，①二酸化炭素の吸収能力が高く地球環境に貢献すると言われているケナフの植栽とそれを材料にしたものづくり，②規格外のい草を編み細縄にしたものを活用したい草縄工芸品の製作，③蓄光材を活用した各種製品，④県産材を利用した玩具や楽器の製作，⑤伝統文化に根ざした玩具，⑥チェーンソーを使ったものづくりスクール，⑦水稲の栽培や竹の子掘りなどの農事体験，⑧危機管理キャンプ，⑨介護予防事業，などと活動の種類を拡大している（表9.2）。さらに，対象も幼児から小中学生，大学生，保護者，高齢者までさまざまである。行事によっては，塾生の他に一般から公募した参加者も受け入れている。

熊本ものづくり塾は，原嶋と佐藤の信念として特定の企業や団体からの支援を受けることなく，常に自由な立場を保ち，政治的な色合いのあるイベントには参加しないようにしている。木育の運動を続けるにあたり，継続的に自由な意志のもとに活動を続けてきたのは，このあたりの意志と判断によるところも大きい。1度荷担してしまうと，自由は奪われ偏った活動になって

表9.2 熊本ものづくり塾の農事体験等行事

行事名称		開催日	人数	対象	場所・会場
竹林整備，たけのこ堀，たけのこ調理		2010年4月4日	40	熊本ものづくり塾生	鹿北町たけのこオーナー借地，木遊館カントリーパーク
		2010年4月9日	50	熊本市在住外国人	
米作り	田植え	2010年7月4日	40	熊本ものづくり塾生	道の駅小栗郷　木遊館，カントリーパーク，休耕田
	田草取り	2010年8月25日	35	熊本ものづくり塾生	
	稲刈り	2010年10月24日	30	熊本ものづくり塾生	
旬体感〜みんなで守ろう日本の竹林		2011年4月23日	10	塾生・一般公募	鹿北町たけのこオーナー借地，木遊館，カントリーパーク
		2012年3月20日	−	塾生・一般公募	
		2012年3月25日	−	塾生・一般公募	
自然体感みんなで植えよう食べよう日本の米		2011年6月26日	60	塾生・一般公募	道の駅小栗郷　木遊館，カントリーパーク，休耕田
		2011年7月30日	58	塾生・一般公募	
		2011年10月30日	60	塾生・一般公募	
		2012年2月	−	塾生・一般公募	
餅つき体験		2011年7月30日	60	塾生・一般公募	道の駅小栗郷
蕎麦栽培	種まき	2011年9月3日	40	塾生・一般公募	道の駅小栗郷　木遊館，カントリーパーク、休耕田
	収穫	2011年10月30日	45	塾生・一般公募	
	蕎麦打ち	2011年12月	40	塾生・一般公募	
キッズサマーキャンプ		2011年7月29日	60	塾生・一般公募	岳間渓谷キャンプ場

注）2011年10月17日時点での実績による

しまう（見られてしまう）ことを，これまでの仕事の経験から知っている。
　会場を提供（無料または低価格による提供）する国際交流会館や県伝統工芸館，長洲町金魚の館などは，活動の特色の1つとして，ものづくり活動を自身の施設で実施することを望んでいる。文化庁，林野庁，熊本県林業振興課は，それぞれの目的から，木を素材にしたものづくり活動が各地で実施されることを期待している。地元の木工所（ハウスメーカー）も，木製品（木造住宅）への理解や需要の拡大を期待している。しかしながら，これまでに

もそれぞれの団体がものづくり活動を提供するものの，規模や開催数，参加人数，活動内容の充実は十分でなく，効果を上げることができなかった。熊本ものづくり塾という組織の出現が，それぞれの目的を包含するとともに，単独で開催するよりも大規模で，また当初予想した以上の活動の広がりをもたらしたと言える。このように団体間のネットワークも運動の推進に，大きく寄与している。

[参考文献]

大内孝子，2010，『住まいと環境　住まいのつくりを環境から考える』彰国社．
帯谷博明，2003，『河川対策の変遷と環境運動の展開 ── 対立から協働・再生への展望 ── 』博士論文，東北大学．
佐伯胖訳，1995，『状況に埋め込まれた学習　正統的周辺参加』，産業図書．(Lave Jean and Wenger Etienne, *Situated Learning Legitimate Peripheral Participation*, Cambridge University Press, 1991.)
田口浩継，2002，「技術とものづくりにおける製作題材に関する一考察」『技術科教育の研究，8』：27-30．
─────・彌永満之・金子周平，2003，「工具の選択・活用能力の育成を目指したデジタルコンテンツの開発」『技術科教育の研究，9』：13-18．
─────・彌永満之，2004a，「「技術とものづくり」におけるデジタルコンテンツの開発 ── 材料選択能力の育成を目指して ── 」『熊本大学教育実践研究，21』：83-87．
─────・彌永満之，2004b，「情報メディアの活用に関する一考察」『日本産業技術教育学会九州支部論文集，12』：5-12．
徳野貞雄，2007，『農村の幸せ，都市の幸せ　家族・食・暮らし』NHK出版（NHK生活人新書）．
─────，2011，『生活農業論　現代日本のヒトと「食と農」』学文社．
西本彰文・田口浩継，2005，「不登校児童生徒を対象としたものづくり体験活動用教材の開発」『日本産業技術教育学会九州支部論文集，13』：61-66．

終　章

森林化社会への展望

第1節　本書の総括

　本書では，現代日本が抱える森林問題について整理し，木育運動という社会運動に即してその現状と課題を明確にした。過疎化や少子高齢化が進行する中山間地域における，環境保全的な発展や荒廃した社会的共有材である森林の再生にどう取り組むかが主要な課題である。一方，都市部においても物理的環境，生活環境，人間関係など，人間的生活条件の悪化が問題視されている。このような中，山村問題と都市問題を解決する1つの取組みとして，森林と人間との関係，森林と社会との関係を今一度構築し直すという取組みが始まった[1]。それが，「森林化社会」を目指す取組みであり森林保全運動である。この「森林化社会」を目指したファースト・ステージでは，問題の所在を認知させることはできたが，森林化社会という都市まで含めた活動の広がりまでは実現できなかった。セカンド・ステージでは，都市の普通の生活者も木や森との関わりを持ち得る可能性があることを，木育の事例分析を通して明らかにした。

　このセカンド・ステージで森林保全運動の一環として行われている木育に着目し，現代社会におけるその意義と可能性を追求した。この中で，林野庁

---

[1] たとえば，全国的には内山節らの活動，熊本県においては沢畑，正木らの活動がある［内山 1994, 1996, 2005］，［沢畑 2005］，［正木 2002］。

の掲げる木材需要拡大を目指した「消費者教育としての木育」の運動が，現在の都市部住民の実情に適合しないこと，具体的な資源の獲得と運用がなされていないことによる運動の欠点を指摘した。また，木育は経済的目的とは馴染まないことから，本書では木育を「木や森に対する人間の社会的・文化的な関係を再認識・再構築する活動」と位置づけた。このように，本書は木材の需要拡大や森林保全のみを目的としているわけではなく，人間と森林との関係性を見直し，親和性を高めること（森林親和運動）にある。そのことを認識し，体験する場として，熊本ものづくり塾を主宰し木育を設定した。本書は，この熊本ものづくり塾の活動における事業活動の設計・運営・組織体制・資金管理・指導者の人材育成などの社会過程を視野に入れた組織論，事業論への社会学的考察を目指したものである。さらに，この熊本ものづくり塾での一連の実践的活動を通じて，参加者の木・森・自然への態度・認識の変容と習得過程の効果測定を行うとともに，教育学的視点も加味して比較分析を進めた。ここでやや分析の次元を変え，これまで本書で明らかになった点を述べることとする。

　まず第1部では，森林化社会の現状と課題に即して，森林を取り巻く現状を歴史的な視点から3つの時期に分けそれぞれの特色を明らかにした。第1章において，森林を取り巻く現状が大きく変化した1960年代中期以降の「林業衰退と生活との隔離期」について，森林問題を解決するための取組みに注目し分析した。第1期（1960年代中期〜70年代）は林業の不振を木材の生産性の向上や生産量の拡大により解決し，山村の活性化を図ることを目指した「モノ・カネ」を優先した時期である。徳野の言う生産力農業論的な力学による「モノ」と「カネ」が良くなれば，必然的に「ヒト」と「クラシ」の問題が解決するという素朴な理論に基づく施策である。第2期（1980年代）は森林開発と自然保護運動が対立し，森林の役割も木材生産から森林の公益的機能を前面に出した時期である。前者は，自然を「資源」として捉え，人間のために自然を持続的に利用し，賢明な管理（「保全」conservation）を行うべきだと考えたのに対して，後者は，自然はそれ自体価値があるものであり，人間が完全に保護（「保存」preservation）すべきで

終章　森林化社会への展望　　　　　　　　　　　　　　　247

あるとの主張である。森林の役割について「カネ・モノ」をめぐり主張が対立する時期と捉えることができる。第3期（1990年代～現在）は環境保護・持続的な社会の実現のためには木材も利用しつつ自然との共生を図るべきであるとする運動が開始されてから，現在までの「ヒト・クラシ」に着目し始めた時期である。前述した「賢明な管理・保全」に対応しており，林野庁の木育もこの時期に生まれた運動の1つである。

　第2章では，木育活動の生成と課題について，第1節で北海道木育推進プロジェクトの事例，第2節で林野庁の木育の事例についてまとめた。林野庁の木育は，理念や目標は示されているが，実際にどのように進めるかについては不明確であった。林野庁の木育運動は，「ヒト」「カネ」「モノ」「ネットワーク」などの資源が不十分であり，その資源の獲得・拡大方法についても明確なものを持っていない行政施策的な運動であることを指摘した。さらに，第3章では木育の課題について分析を行った。第1節では現代の子どもたちの生活世界が大きく変容していることを指摘した。具体的には，「人間関係」「自然体験」「野外活動」「技術体験」の各次元の経験が減少したことを実証的に示した。また，そのことが木材や木製品に対する親和性の意識と関係しており，児童期に生活体験が豊かな人は，木材や木製品に対して高い親和性を持つことが明らかとなった。つまり，木材の需要拡大には，木や森を理解するための生活体験の有無が作用しているということである。さらに，木材を積極的に利用していこうという意識と，従来の単なるものづくり体験は関わりがなく，ものづくり体験自体にも工夫が必要であることを指摘した。第2節では「木材需要拡大に関する意識」の獲得に大きな影響を与えるものづくりなどの体験が実際にどの程度実施されているかについての調査をもとに分析している。近年において，一見多くのものづくりの機会が保障されているように見える。しかし，実態は受け入れ可能な人数は極端に少なく，開催地にも偏りがあり，恩恵を受ける子どもには限界があった。また，実施しているものづくりは単発的で予算消化的なものがあることも，効果が望めない理由の1つである。その他の課題として，指導者が少ない，今後の拡大が見込めない，単独開催がほとんどで他団体との連携がないことが明ら

かとなった。第3節では現代の学校教育および社会教育における森林環境教育の現状から課題を整理・検討した。小学校教育においても森林環境教育は大きく取り上げられるようになったが，その実践は少なく現場の教師にとっても暗中模索の状態である。また，全国共通のテキストはあっても地域に即した教材は少ない。さらに，森林環境教育については，地域の実態に応じた教育が効果的であるにもかかわらず，各地域においてどのように進めるべきかについては，未だ明確に示されているとは言えない。同様に，現役の教師は過去に学習した経験もなく，教員養成の課程においても「森林環境教育」に対応する講義はなされていないのが現状である。このようななか，具体的にどのような教材を使用し，どのように指導していくかについて課題があることを指摘した。

　第2部では，第1部で明らかになった現状と課題をもとに，課題を解決するための提案を行うとともにその有効性の検証を行った。第4章で「森林親和運動」としての木育運動の生成と展開について述べた。第1節で木育運動を正統的周辺参加論に基づきモデル化し一般化を試みた。第2節で運動組織の主体である熊本ものづくり塾の活動の生成と発展，現状について整理した。運動の資源として「ヒト」「カネ」「モノ」「ネットワーク」について分析するとともに，発展・拡大した要因について考察した。次に熊本ものづくり塾の具体的な運動内容について，第3節で子どもを対象とした木育，第4節で大人を対象とした木育，第5節で豊かな森林の中で実施する木育について検討を行った。また，第6章においては，木育運動を推進するための資源の生成と獲得について整理した。第1節で木育用の教材の開発について，第2節では木育用の製作題材の開発，第3節では木育カリキュラムの開発について正統的周辺参加論から説明するなど，本書で扱う木育の特徴を整理した。

　第3部では，森林化社会における木育の現代的意義をマクロな視点で検討した。まず第7章において，社会学における農業論を生活論的に再構成した「生活農業論」に示唆を得て木育の意義（運動の視角・原理）を提示した。第8章では都市部の住民を対象とした木育の意義（運動対象），第9章では木育運動の資源（運動の資源・組織）から，なぜ今日木育が必要とされてい

るかについて論究した。これらの木育運動を構築・推進するにあたり，「生活農業論」を参考にするとともに運動論の分析パラダイムとしても用いた。木や森林との関係性が希薄な都市住民に対しては，林野庁の「消費者教育としての木育」は先駆性があったが効果が望めず，「ヒト」「クラシ」といった生命・生活原理の視点から，丁寧に伝えていく必要がある。木を育て，森を守る人間やその「クラシ」，また木育によりもたらされる自らの「クラシ」の変化にも眼を向けさせることが重要であることを指摘した。さらに，自らの生活・安全が，森林と大きく関わり，森林を管理するヒトの存在と関わっていることを理解させるところから始めなければならない。

　本書で提案する木育は，環境教育，森林環境教育，ものづくり教育など子どもを中心としたソフトな運動スタイルをとっていることが特徴である。さらに，運動の担い手は環境や子育て，福祉，地域おこしに関わるNPOや行政，研究者，一般市民など多様であり，運動自体も重層的に行われている。その運動推進も，都市部の住民を中心に「主体生を生かした」「経済的な運動でなく」「参加者も楽しみ，主催者も楽しむ」という主体性・感受性を重視した運動にすることで参加者が増えることが明らかとなった。また，目指す価値観にも柔軟性があり，一方的に押しつけるものではなく，お互いに考え創りあげていく運動であった。さらに，木育を通して「生活見直し」を行う参加者も見られ，「森林化社会」を創る活動としてその第1歩を踏み出したと言える。このような運動を「森林親和運動としての木育」と定義し，これまでの市民運動型や住民運動型の森林保全運動と協力可能な第3の運動という位置づけとした。この分析概念を使うことにより，現在行われているエコツーリズムやスローライフ，合鴨農法，逆手塾など種々の運動の関係性も見えるようになった。

　終章では，これまでの議論を踏まえ，森林化社会を目指した諸活動の「セカンド・ステージの課題」と森林親和運動としての木育運動の今後の展望について述べる。そして，現在進行している木育運動について，今後の展望と限界について言及し結びとしている。

第2節 森林化社会の展望

　木々を育む森林は，自然環境の保全や山崩れなどの災害防止に役立つことをはじめ，さまざまな公益的機能を合わせ持っている。森林は，私たちの暮らしを守り支えるほか，種々の生き物の住みかになり，私たちに木材や食料を供給してくれる。さらに，大気中の二酸化炭素を取り込み，地下水を蓄えるなど，目に見えないところで，ヒトやクラシにとって必要不可欠な働きをしている。

　しかし近年，川上では管理の行き届かない森林が増加し，森林の荒廃が進み，公益的機能の低下が懸念されている。ある特定の地域の問題ではなく，全国で発生しており熊本県も例外ではない［岡田 2007］。これに対して里山保全のための，植林活動などで森林を守ろうという動きが活発になっている。ただし，これにも限界がある。意識の高い一部の市民が参加しているに過ぎず，多くの都市住民はその重大さに気づかず我関せずの状況である。さらに，今でも「森の木は伐ってはいけない」という，天然林と人工林の区別さえつかない都市住民が多い。天然林は人が余計な手を加えず保護することが大切である一方，国土の森林面積の約7割を占める人工林は，人の手で定期的な間伐を行い，伐りだした木材を有効に活用することではじめて，森林としての機能を発揮するのである。こうした違いは川下（都市部）の人々には，十分理解されているとは言えないのが現状である［平野 2003］。

　そこで豊かな森林資源を次の世代に残すために，川上での里山保全や林業振興などの対策に加え，子どもの頃から木の良さや利用の意義を学ぶといった，川下での教育活動も必要となる。それが「木育」である。

　木育では，「木や森を知る」「木や森に触れる」「木で創る」ことを通じて，木に親しみ，木の文化への理解を深めていく。たとえば，木について学ぶ木育の授業や，木を素材にしたものづくりフェアの実施，それらを支援する木育推進員の養成講座など，総合的な取組みが重要となる。また，森林と触れ合う貴重な機会として少年自然の家などでの集団宿泊的行事にヒトやクラシ

の視点を入れた木や森林を知る学習と，ウォークラリーなどの木育プログラムを取り入れることは，効果が期待できる。

熊本県は，木育の取組みでは他県に先んじており，熊本ものづくり塾が中心に行うものづくり教室には，県内外で年間2万人の参加者があり，それらを支援する大人の木育（木育推進員養成講座等）への参加者は，2016年末（8年間）で1,566人に達した。この講座の修了者が，各地でそれぞれの木育を実践する段階に進んできている。このような，講座の修了者が所属する企業や団体が取り組むようになった木育活動には，力強さと今後の発展の可能性が感じられる。人が本を読みたくなれば図書館へ，映画を見たければ映画館に行くように，木と触れ合う，木を素材にしたものづくりに取り組みたくなった場合の受け皿（施設）の設置が望まれる。講座の修了者の中から，自らの会社の一部をそれにあてる動きや，廃校となった小学校を会社・団体で買い取り（または借り受け）活動の場とする案が熊本県でも現在提起され，実施される見通しである。さらに，木育を森林環境教育の一環として，学校教育や少年自然の家などでの恒常的な教育活動に導入できる可能性が高くなった。すべての国民がある時期，一定の時間を費やし学ぶ状況になれば，最も効果が望めると言える。その資源となるテキストやデジタルコンテンツを含む教材の開発は進み，利用を待つだけの段階となった[2]。

森林化社会を目指した「森林親和運動としての木育」は，時間も労力もかかり，木や森の良さを伝えるには遠回りに思える。しかし，森林の働きや，その価値について正しく理解してもらうことが，将来的な木材需要の拡大や森林資源の保全，ひいては森林化社会の実現につながると言える。

---

[2] 熊本大学教育学部田口研究室のWebページで公開している。http://wood.educ.kumamoto-u.ac.jp/

第3節 本書の残された課題

　林野庁をはじめとする行政は，木育を経済的な視点から捉えているがその限界性はある。また，里山保全運動などの環境保全運動は，生活や経済的な視点が抜け落ちている。さらに，本書で扱った森林親和運動としての木育は，ヒトやクラシの視点を導入したが経済的側面からのアプローチが弱くなっている。たとえば，木材の需要低迷の原因の1つにプラスチックや金属製品などの代替物の出現があるが，ヒトが代替物に移行していった原因については，その機能性や経済性などと推察されはするものの，これらは研究の対象としてこなかった。このように，これらの代替物とヒトとの関係性についてや，木育の経済的な視点からの論考はなされておらず残された課題である。森林化社会の実現には，これらの要因について今後総合的な取組みが求められると言える。

　木育を食育と比較した場合，食育の対象物である食材は，基本的に農水産物でありそれに替わる代替品は少ない。それに対して，木の代替品は豊富にあり，優れた素材も多い。樹木や森林の機能で代替できないのは，地球温暖化防止，治山治水，水資源の涵養，野生動物の生息の場などの公益的機能であり，これらを全面に出さざるをえない状況でもある。さらに，自らと対象物との関わりにおいても，食育は毎日の生活で意識でき，命や健康などその重要度も理解しやすいが，木育はこの点からも弱い。このような理由から，食育に比べ木育は論理的な展開が難しいとも言える。

　また，熊本県における木育運動の推進は，各地でいろいろな取組みがなされるようになってきたが，依然として熊本ものづくり塾を中心においての活動である。熊本ものづくり塾代表原嶋・佐藤らのボランティア的な活動により支えられている部分が多く，彼らが撤退した場合には何も残らない可能性も含んでいる。それぞれの地域，組織・団体で恒常的な活動ができるような支援やシステムの構築が喫緊の課題である。本書では，取組みが開始された事例を紹介したが，その取組みがきちんと継続し機能するかについては，言

及することができなかった。

　一方,「木材需要拡大を目的とした消費者教育」を木育の1つの側面と捉えた場合,「教育」に伴う課題が見えてきた。木や森林に関する興味・関心を高め,知識を身につけさせることは可能であるということが明らかとなり,開発した木育カリキュラムや製作題材についても,その有効性を検証することができた。さらに,消費行動につながる態度育成についても,木の良さを理解させ,我が国の森林の現状,それに従事するヒトの経済的困窮についても理解させることができ,自らが取るべき理想的な意識や行動を想起させるという機能を明らかにすることはできたように思う。しかしながら,調査期間が短期であったことから,実際に消費という明確な行動までは,本書では確認することができなかった。理解することと行動することには隔たりがあり,どのような要因が影響を及ぼし,どれくらいの期間があれば行動が変容するかについても明らかにすることはできなかった。

　ものづくり教室へ参加する子どもは増え,それらを支える木育を理解した大人を増やすことはできた。この数がある域を超えれば,何らかの大きな社会的な変化が見込めるであろうか。また,それが見込めるとすれば,どれくらいの規模であろうか。さらには,森林化社会はいつ実現することができるのであろうか。木育は都市部の住民に間口を広くすることができたが,それは木や森林,環境,福祉,子育て,ものづくりなどに関心のある人に止まっており限界がある。

　まだ,木育は緒についたばかりであり,もうしばらくは辛抱強く継続してみなければその答えは得られそうにない。木の生長に長い年月がかかるように,森のことを理解する人を育てるのにも多くの時間が必要である。

[参考文献]

内山節, 1994, 『森にかよう道　知床から屋久島まで』新潮社（新潮選書）.
―――, 1996, 『森の旅　山里の釣りからⅢ』日本経済評論社.
―――, 2005, 『「里」という思想』新潮社（新潮選書）.

岡田知弘・にいがた自治体研究所編，2007，『山村集落再生の可能性 ── 山古志・小国法末・上越市の取り組みに学ぶ ──』自治体研究社．
沢畑亨，2005，『森と棚田で考えた』不知火書房．
徳野貞雄，2007，『農村の幸せ，都市の幸せ　家族・食・暮らし』NHK出版（NHK生活人新書）．
────，2011，『生活農業論　現代日本のヒトと「食と農」』学文社．
平野秀樹，1996，『森林理想郷を求めて　美しく小さなまちへ』中公新書．
────，2003，『2020年日本の森林，木材，山村はこうなる　森林化社会がくらし・経済を代える』全国林業改良普及協会．
正木高志，2002，『木を植えましょう』南方新社．

謝　辞

　本書は，私の博士論文「現代日本の森林問題における木育の意義に関する研究 ── 森林化社会に向けた都市住民行動の分析視覚から ── 」をベースに作成しています。私が本書を書き終えることができましたのは，多くの方々からの大変有用なご支援・ご指導・ご助言の賜に他なりません。この場をかりて，それぞれの方々にお礼申し上げます。

　まず，研究の方針や内容，社会学的な視角の持ち方について多大なるご指導を賜りました熊本大学名誉教授の徳野貞雄先生に深くお礼を申し上げます。さらに，熊本大学文学部教授の牧野厚史先生には有益で懇切丁寧なご助言をいただきました。

　それから本書の中心的位置を占める「熊本ものづくり塾」の生成と展開の調査については，代表の原嶋友子氏，塾頭の佐藤眞巳氏にご協力いただき深くお礼を申し上げます。また，熊本での木育活動にご協力いただいた中学校の先生方，熊本大学教育学部の教員・職員，学部・大学院の皆様，長洲町の中逸博光町長はじめ職員の皆様，写真を提供いただいた熊本県，そして熊本ものづくり塾の皆様に深く感謝申し上げます。

　本書が，ご協力くださった地域や団体の今後の活動に少しでも役立つ知見を含むものであれば幸いです。

　本書刊行には日本学術振興会平成28年度科学研究費助成事業（科学研究費補助金）「研究成果公開促進費」（課題番号：16HP5258）の支援をいただいております。出版に当たっては九州大学出版会の永山俊二氏に多くのご助言をいただきました。

　最後に，研究・実践を最後まで支えてくれた家族に感謝します。

資料 5.1 木育参加者用調査用紙

1. 年齢：　　　　歳　　2. 性別：　男・女
3. あなたは，最近の1年間（12ヶ月）に，何回ものづくり教室やものづくりのイベントに参加しましたか。
   ①一度もない　②1～2回　③3～4回　④5～6回　⑤7～8回　⑥9回以上
4. 木材の利用について，あなたの気持ちに近いものを①～④の中から一つ○を付けてください。
1) 木を植えて育て，切って利用し，また木を植えることをくり返すことは良いことですか。
   ①良いと思う　②なんとなく良いと思う　③あまり良くないと思う　④良くないと思う
2) 木材を利用することは，森林づくりにつながると思いますか。
   ①そう思う　②少し思う　③あまり思わない　④まったく思わない
3) 木材を使ったものづくりにもっと取り組みたいと思いますか。
   ①取り組みたい　②少し取り組みたい　③あまり取り組みたくない　④取り組みたくない
5. あなたの気持ちに近い方の文章に○を付けてください。
   ①自分用の机やイスを購入するとき，(1) 木でできた製品を購入したい
   　　　　　　　　　　　　　　　　　(2) 金属やプラスチックでできた製品を購入したい
   　　　　　　　　　　　　　　　　　(3) どちらでもよい
   ②家を購入するとしたら，　　　　　(1) 木がたくさん使われている家を購入したい
   　　　　　　　　　　　　　　　　　(2) 鉄筋やコンクリートでつくられた家を購入したい
   　　　　　　　　　　　　　　　　　(3) どちらでもよい
   ③気に入った木製品があったとき，　(1) 高ければ購入しない
   　　　　　　　　　　　　　　　　　(2) 高くても購入したい
6. あなたの行動に近い方の文章に○を付けてください。あなたは友だちと比べて，木材でできた製品を使っている方だと思いますか。
   ①使っている方である　②あまりかわらない　③使っていない方である
7. ものづくり教室に参加し，なにか変化はありましたか。あてはまるものに○を付けてください。（いくつでもかまいません。）
   • 樹木や木製品を見るようになった
   • ものづくりがじょうずになった
   • イベントや活動に参加してみたいと思うようになった
   • 木に興味をもつようになった
   • 地域や熊本のことについて興味がわくようになった
   • ものづくりが好きになった
   • ものづくりの大切さを感じるようになった
   • ものづくりの仕方を知ることができた
   • 木の特徴を知ることができた
   • 木製品を以前より購入するようになった
   ※その他にありましたら，裏面にお書きください。

資料 5.2 修了生による木育の実

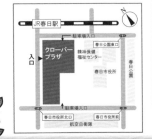

資料 5.3 大学生の自由記述の分類

興味・関心の高揚　記述数：143
- 普段目にしていても気にとめることのなかった木や木製品に眼がいくようになった（9）
- これまで木材について考えることはなかったが，授業後，興味を持った（10）
- 木製品に意識的に眼を向けるようになった（6）
- 木製家具に対して興味を持つようになった（5）
- 木についてもっと知りたいと思った（21）
- 木の魅力・不思議さを感じるようになった（9）
- 木が好きになった（9）
- 木は奥が深く面白いと思うようになった（8）
- 大学や家の近くの樹木に眼がいくようになった（18）
- 建設途中の住宅を興味深く見るようになった（2）
- 忘れかけていた木の大切さを考えるようになった（2）
- 木に対する親近感や愛着がわいた（6）
- 木に親しみがわき，木製品に温かさを感じるようになった（2）
- 木の生命力，力強さを感じるようになった（3）
- 割り箸は，条件によっては環境によい製品となることに興味がわいた（29）
- 木製のお碗と瀬戸物の茶碗の使い分けなど，人々の知恵が生かされていることに感動した（4）

〈まとめ〉　これまであまり木に興味がなかったものが，講義を通して木の魅力や不思議さを感じるようになり，樹木や木を意識して見る行動が発生している。さらに，木について知りたいという欲求や木製品である割り箸やお碗についても興味を示している。特に割り箸の環境に対する影響について興味を持っている学生が多い。

知識の増加　記述数：88
- なにげなく見ていた木についての知識が増えた（26）
- これまで木材の性質について学ぶ機会がなかったので勉強になった（12）
- キチンとした理由を持って木の良さが理解できるようになった（8）
- 木に対するイメージはもともとよかったが，それがより強固になった（5）
- 木が私たちの生活を快適にしてくれているのが理解できた（5）
- 木の性質や良さについて，また，木を使うことのメリットについて知ることができた（3）
- 木は人にも環境にも良い素材であることが理解できた（6）
- 木製品を使う方が金属製品を使うよりも（人や環境に）良いということは知っていたが，それがなぜ良いのかは知らなかったが今回知ることができた（7）
- プラスチックや金属などの人工物より，自然の素材である木が環境に良いことは感じていたが，さらに，二酸化炭素の吸収や固定により環境に良いことが分かった（4）
- 今までの木のイメージは悪かったが，講義によりその良さ・悪さがキチンと理解でき

正しく評価できるようになった（5）
- 木は燃える，腐るという悪いイメージから，正しく素材の特徴を判断できるようになった（4）
- 木製品には長く使われている理由があることが実感できた（1）
- 木も植物や自然の一部であることを感じた（2）

〈まとめ〉 これまで木や木材について学ぶ機会が少なく，身近にありながらもその性質について知らなかったのが，講義を通して理解できるようになったと感じている学生が多い。また，木の良さは何となく感じていたものが，その理由が明確となりより木や木製品の良さが実感できるようになったとしている。中には，木材に対して悪いイメージを持っていた学生もいるが，その長所・短所が理解でき適切に判断できるようになったとしている。木育を通して木も自然の一部であることを再認識した学生もいる。

林業に対する理解の深化　記述数：42
- 木に対する関心を高めることが林業の再生に繋がると思う（12）
- 一人一人が木材の良さをきちんと学ぶことが日本の林業の発展につながると思う（5）
- 国産の木材を有効に利用していかなければならないと思った（9）
- 国産材の需要などが低いので，もっと世間に木材の良さを伝えた方がいいと思った（3）
- 国産材をたくさん使うことが，荒れた森林の再生につながると思った（3）
- 森林を伐採してはいけないと思い込んでいたが，そうではないことが理解できた（8）
- 木材需要を増やすためのPRをしていくべきだと思った（2）

〈まとめ〉 国産材の利用低迷による林業衰退の事実を理解し，その解決のために利用を促進する必要があること，さらには，それを進める第1歩が木に対する興味や関心を高めることであるとする記述が見られた。

利用促進の意欲　記述数：84
- 木製品は少し高いが，産業のためにも国産の木材・木製品を積極的に購入したい（9）
- 良い木製品があれば，積極的に購入していきたい（15）
- 木材を使った製品を生活に取り入れていこうと思った（15）
- 木製の商品を見ても，手作り感から来る木の温かみは感じてはいたが，利便性・耐久性では，プラスチックや金属に劣っていると思っていた。しかし，木製品ならではの良さ（長持ち，湿度管理，環境への影響）を知ったことで，木製品を買うのもいいなと思うようになった（2）
- 家を建てるときには，木造にしたいと思った（12）
- 同じくらいの値段なら木製品を購入する（9）
- 木でできたお風呂が将来欲しい（1）
- おしゃれな鉄筋の家がいいと思っていたが，やはり木造がいいと思うようになった（2）
- 住宅を購入するときは，木造にしようと思った（10）

- 木製品（家具や調理器具など）を購入してみようと思った（5）
- 木の良い香りがする製品を見ると欲しいと思うようになった（4）

〈まとめ〉 利用促進行動の前段階に位置する「利用促進の意欲」においては，木材の良さが理解でき興味・関心も高まったことから利用促進の意欲につながっていると言える。興味が高まったことによる意欲と，利用することの意義を理解したことによる利用促進の意欲の2種類が見られた。

木製品への見方・意識の変化　記述数：123
- 木や木製品を見る眼が変わった（14）
- 木の良さを感じ取ることができるようになった（8）
- 木や木製品に興味がわき，その良さを感じるようになった（16）
- 身の回りの生活に多くの木が使われていることが意識できるようになった（4）
- 木はどんなところに使用され，どんな意味があるのか考えるようになった（9）
- 木は自分たちの生活と密接な関係があることが実感できた（4）
- 木製品を購入するときに，木をしっかり見て購入しようと思う（9）
- 今まではデザイン重視だったが，モノの本質を見るようになった（2）
- 木は当たり前のようにあるのだけど，実はその良さや本質を捉えていなかった（2）
- 木材の特徴や性質を知ることで，製品の選び方が変わった（2）
- 築100年前後の自宅のすごさを感じるようになった（1）
- 木や木製品の価値観が変わった（2）
- 木造住宅が増えてくるといいなと思う（1）
- 人と環境に優しい製品選びをしていきたい（4）
- 家の柱や梁などの構造や木の模様などに目がいくようになった（1）
- 古い木造建築の実家が，誇りに思えるようになった（2）
- 木造の住宅に温かみを感じるようになった（5）
- 場合によっては，鉄筋コンクリートの建物より，木造住宅が長寿命であることに驚き，見方が変わった（9）
- 木は私たちの生活に欠かせないモノであると再認識できた（5）
- 材料にも命があったことや，木製品一つ一つにどれほどの手間がかけられているのかが見えるようになった（1）
- 木の模様などに眼がいくようになった（3）
- 次に引っ越すときは，木が使われているアパートにしようと思うようになった（2）
- 木は生き物であるという実感がわいた（2）
- 木や木製品を大切にしていきたい（8）
- 良い木製品を選んで購入し，長く使っていきたい（2）
- 丈夫な良い木で作られている私の家を大事にしようと思う（1）
- 木製品の良さも分かったので，大切にしていこうと思ったし，使えるならば長く使っていきたいと思った（1）

〈まとめ〉 木や木製品の性質や環境との関係，林業振興との関係などが理解できるよう

になることにより，木や木製品の見方・価値観が変化している。特にプラス方向への見方の変化が顕著に表れている。さらに，具体的な消費行動と結びつく「商品を選択する視点」の拡大・深化も見られた。また，木造住宅に対する意識が変化した学生もいる。

利用促進に繋がる行動　記述数：27
- 家具や木製品の雑誌を読む機会が増えた（2）
- ホームセンターの木材コーナーを見るようになった（2）
- 今までは木製品には興味がなかったが，お店で木製品を見ると手にとって眺めるようになった（2）
- 住宅の広告などを詳しく見るようになった（2）
- 木に関するテレビや様々な情報に少し興味がわき，見るようになった（3）
- 友だちや親と木や木造住宅について話をするようになった（3）
- 木を使うことが林業の再生に繋がるという意識で，生活できるようになった（2）
- 木製品の価値が分かり，大切に扱うようになった（7）
- 木を材料にした紙についても，むだに使わないようになったり，再利用するようになった（4）

〈まとめ〉　実際に木製品を購入してはいないが，それにつながるような行動について27人が記述している。木製品に関する雑誌・広告・テレビ番組や，店頭で実物を見る機会が増えたとしている。木製品の価値が分かり，大切に扱うようになることも今後の消費行動につながると言える。

利用促進の行動　記述数：18
- 木材需要拡大のために，（国産の木や竹の）割り箸を積極的に購入し，使用するようになった（5）
- 以前より木の製品を買うようになった（3）
- マイ箸を購入し，使用するようになった（4）
- 物産館で県産の木材で作った手作りの箸を購入した（1）
- 環境に良く，安心な国産の割り箸を使うようになった（5）

〈まとめ〉　この2週間の間に18人の学生が，木製品を購入するなどなんらかの消費行動を行っている。ただし，期間が短いこともあり，木製品を購入したものが3人，マイ箸の購入が5人，割り箸の5人と人数も少なく，購入した物品自体も小物が多い。本項目については，長期的な調査が望まれる。

生活の改善　記述数：45
- 木が人の生活に果たす役割について考えるようになった（5）
- 今後，どのように木と向き合っていくかについて考える機会になった（2）
- 生活に役立つ豆知識が得られた，実践していきたい（9）
- 木育での知識は，生活を豊かにする（生活に役立つ）知恵でもあると思い実践している（2）

- 今後も木に対する知識を増やし，生活に生かしていこうと思った（7）
- 自分では当然と思っていることが，そうではないことに気づいた。自分で考えて行動するようにしたい（5）
- もっと身近なモノに眼を向けて興味・関心を持って生活していきたい（2）
- 製品を購入するときに，素材や環境特性なども考えて購入したい（4）
- 身の回りには昔からの知識，生活様式によって作られたもので溢れていることに気づき，モノをもっと大切に使おうと思うようになった（9）

〈まとめ〉 木と自らの生活との関わりを認識し，木をきちんと理解した上で生活に活かしていこうとする意見が多く見られた。さらに，木や木製品に止まらず身の回りのものに眼を向けるとともに，大切に使おうという意識が生まれている。

ものづくりへの意欲 記述数：52
- 木でものを作ってみたいと思うようになった（18）
- 木材の性質にあった加工法などを考えて作ってみたい（5）
- 木を使った道具や玩具を実際に見て，ものづくりに対する興味がより一層高まった（2）
- ものづくり教育に対する印象が変わった（8）
- ものづくりは，これまでは好きではなかったが興味を持つようになった（5）
- ものづくりの教育的な意義が理解できた（5）
- 木製家具のメンテナンスを自分でしたい（2）
- 工具の特徴や使い方がわかったので，使ってみたいと思う（5）
- ものづくりは，素材の特性を理解した上で，長所を生かしたものづくりをするのが良い（1）
- 木の性質や特徴に従い加工の仕方があって，それを考えるのが面白かった（1）

〈まとめ〉 木材の需要拡大とは直接結びつかないが，ものづくりへの意欲向上については多くの記述が見られた。また，2週間の間に実際にものづくりを行ったという記述は見られなかったが，今後，ものづくりに取り組む場合，材料としての木材の購入だけでなく，木製品の需要拡大も期待できると言える。

広める意欲 記述数：98
- 木の良さを子ども達に伝えていきたい（26）
- 木に触れることの大切さを，伝えていきたい（3）
- 子どもの頃から木材のことを知っていたら，木材に対する興味・関心が変化したと思う（2）
- ものづくりの意欲を高めるためにも木に対する知識が重要で伝えていきたい（12）
- 木材やものづくりを教えるときにも科学的な見方が重要であることを伝えていきたい（2）
- 環境のためにも木の製品を購入して，周りの人にも木の良さを伝えていきたい（2）
- 木育は重要であるが，これまでの学校教育では不足している内容だと思った（3）

- 木に対する興味・関心を高めるような授業をしていきたい（13）
- 子ども達に木のこと，環境のことを伝える意義が理解できた（5）
- 子ども達に木のことを分かりやすく説明できるようになりたい（9）
- 木育で自然のすばらしさや生命の尊さを実感することができたので，それを伝えたい（2）
- 自然素材の良さ，威力の凄さ，植物の強さに驚かされるとともに，ものづくりを通してそれを体感していくことが大切だと思った（1）
- 自然と触れ合うことが少なくなった現在，子ども達には，様々な経験として，自然の凄さを知ってもらいたい。木育はその一つとなると思う（4）
- 講義を受けていない人にも伝えていきたい（8）
- 学校で作った木工作品をすぐに捨てる子どもを作らない木育を実践したい（6）

〈まとめ〉 教育学部の学生であり，講義の中での木育であったことから，木育を広める意欲が高まったとする記述が多く見られた。木育の意義や教育的効果，指導方法を学ぶ中で，意欲の向上が見られたと推察できる。

環境問題・環境教育への関心と意識　記述数：52
- 割り箸などを見るとその生産地を確認するようになった（4）
- 様々な視点から環境について考えていきたい（4）
- 木材の受給率や環境との関わりについて考えるようになった（4）
- 何をもって体に良い，環境に良いのかというのを考えるようになった（1）
- 木育を通して環境問題を身近に感じるようになった（5）
- 環境問題に関心を持ち，自分ができる身近なところから取り組んでいきたい（4）
- 木材など，身近なものを深く追求することが「生活」の本来の授業であるのかなと思った（1）
- 木や木製品・木造住宅が環境によいということが理解できた。知らなかったら環境に悪く，自分にとっても損だと思った。木は日々の生活と密接に関係しているだけに，正しい知識を持っていることで，正しい選択ができて生活が豊かになると思った（1）
- 割り箸1膳とティッシュペーパー1組が同じ木の量を使っていることを知り，ティッシュを安易に利用していることにビックリした（7）
- 環境問題について深く考える機会となった（3）
- 環境のために良いと思っていたことがそうでないことがあることを知り，考えて行動するようになった（3）
- 環境のために木材をはじめいろいろなモノを大切に使おうと思う（4）
- 環境問題については，自分で判断する力を持つことが必要と思った（9）
- 自然とのつながりを感じるようになった（2）

〈まとめ〉 木育の授業から，環境問題や環境教育に関心を持ち，意識が変わったとする学生が52人見られた。樹木や木製品は，これらの課題と密接に関係しており，より具体的に考えることができたのではないかと推察できる。

木育の推進　記述数：34
- これからの日本にとって木育の重要性を感じた（2）
- 植物は野外調査に行かないと触れることができないが，木製品を通して木や森のことが考えることができると思った（1）
- 地球温暖化が進むなかで，木の果たす役割は大きいという実感が出てきた（3）
- 木育は自然を大切にする心を育てることができる（8）
- 自然に触れさせることのできる一つの機会になる（5）
- 木を素材にした教育は，知識や知恵の宝庫だと思った（1）
- 木育は，環境教育や道徳，生き方まで考えさせることのできる教育だと感じた（2）
- 木製品は，一般の人には，伝統工芸などのイメージで，値段が高い，あるいは古いものと思われがちだ。木以外に化学的に便利な材料がどんどん利用される中で，木の存在が消えないのは，独特の温かさや，木の特性を生かした昔ながらの知恵や使い方があるからだと感じた。子どもには，木の正しい知識・加工の仕方を教えるべきだと思う（1）
- 現体験の少ない子ども達に木育を実施することは重要だと感じた（2）
- 子どもは，遊びを通して感性を磨き，自然と関わることが大切。中でも，木というのは外で遊ぶ際，最も身近な自然の一つである。木育では誰もが一度は関わったことのある木についての知識を楽しみながら学ぶことができる。この楽しみながら学ぶということが非常に大切だと思う（1）
- 森林の多い日本であるなら，義務教育に木育を導入すべき（2）
- 木育で何も感じなければただの風景だが，そこから違った観点から見れば，面白いものが見えてくることが，実感できた（5）
- 自分が生きる環境において，木の存在は欠かせないと思う。我々動物が呼吸するためにも必要だし，かつて殆どの人が木材住宅に住んでいた。紙を作るためにも鉛筆を作るためにも不可欠である。木の重要性を身近な知識として学び取り，それを，これからの人生で生かしていきたい（1）

〈まとめ〉　木育の重要性について，現代的な課題や環境教育的な視点などから指摘していた。

木工具・人の知恵　記述数：18
- 木を加工する道具についても人の知恵が生かされていることが分かった（7）
- 道具を見る眼が変わった（8）
- 道具は，文化に根ざしていることが分かった（2）
- 日本の鋸が周囲の人に危険が及ばないためというのに，日本の美学を感じた（1）

〈まとめ〉　木育の中で紹介した木工具について言及している学生もいた。木と同様に道具に対する見方が変わったとする学生や，道具の中にヒトの知恵が生かされており，文化に根ざしたものとなっていることを実感している学生がいた。木工具を通してヒトや文化に眼を向けていると言える。

資料6.1　子どもの木育の実践例

本実践例は，小学校の「総合的な学習の時間」や公民館などでの社会教育の中で実践されている，「木の顔探し（ネイチャーゲーム）」や「木の生長と年輪の不思議」を中心とした木育の学習です。

1. 木の顔探し

まず，①の写真を見せ，「この木は，何に見えますか？」という質問から始めます。児童からは，例えば，ここが目で，ここがくちばしで，頭，胴体だと鳩に見えるとか，またはウサギに見えるとか色々な意見が出てきます。同じように，②の写真だったら，ピノキオや象というような回答があります。

2. 木の生長の不思議

次に，丸太の写真③を見せながら，「木はどの部分が生長するのでしょうか。小さい木がこのように大きく生長しますが，1．その中心の部分が大きくなるのか，2．全体で大きくなるのか，3．外側に何か新しいものがくっついて雪だるまみたいに大きくなるのか」と質問すると，3つバラバラに回答が出てきます。

次に「例えば，④の木は真ん中の部分が空洞になっていますが，まだ大きくなり続けています」とヒントを出します。この例で，中心ではないなということに気づきます。何らかの影響で傷とか虫が入って中が腐っていき，それでも大きくなっているという事例です。できれば，輪切りにされた空洞のある木を提示します。実物を見せることで，児童はさらに木に対するイメージ，見方が変わってきます。不思議だなという感情を持ちます。次に，年輪が2個ある木の輪切り⑤を提示します。「テーブルの上にある普通の丸太は中心が1個ですが，中心が2つある木があるよ。これはどのようにしてできたのかな」と質問します。

答えは，たまたま近い所に生えていた木が大きくなる途中で合体したものであると説明します。これは色々な地域にあり，「夫婦スギ」というよう

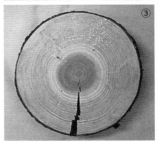

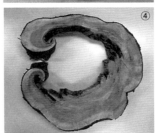

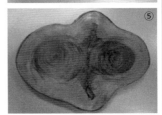

な名前がついているのもあります。この木は，最初，幹が2本あったのでそれぞれに中心があり，それぞれ単独で生長していましたが，途中でくっついてそして大きくなったものです。実際，中心部に入り皮といって，樹の皮がまだ残っていることもあります。中には，⑥のように中心が5個ある木もあります。

3. 節の不思議

「板には節があるのもあります。節は枝の部分が最後まで残った時にできる部分です」と説明し，「節は普通，板の反対側にも貫通しています。押せば取れる節もありますが，それに対してこれは反対側には節がありません。こちら側には節があるのに反対側には節がないのです。なぜでしょう？」と質問します。⑦の側面を示し，きれいに切り取った跡があるのを確認させます。「どうしてこのような線ができたか不思議ですね」「これは，枝打ちといいます。枝を切り落とすことによって，きれいな，⑧のように節のない材料ができるから高く売ることができる」と説明します。誰かが枝を折ったり，切り取ったりしたところに覆い被さるようにして木は生長するから，最初に見た「木の顔」のように見えることがあります。木は自ら傷を修復する力があるのです。

最初にクイズを出して，樹木の表面をじっくり見させているため，後半の説明が理解しやすくなっています。

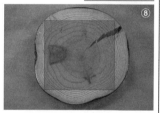

4. シャボン玉の実験

次に，「⑨はなんの顕微鏡写真でしょうか。あるものを75倍にしました」というクイズを出します。倍率を下げていくと丸太の表面（木口面）であることが分かります。全員に配布した丸太を示し，「実はみんなのテーブルの上に置いてある丸太を拡大していくとこのようになります」と説明します。「この木の顕微鏡写真は何に見えるかな？」と聞くと，蜂の巣や段ボール，蛇の抜け殻などと答えます。「では，一個一個は何に見える？」と聞

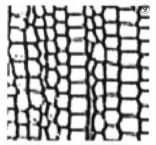

くと，ストローという回答があります。「木は本当
にストローが集まっているようになっているか確
認したいけど，何かストローで遊んだことはあり
ませんか？」と聞くと，児童からはシャボン玉を
作ったことがあると答えます。そこで，⑩のよう
に実際に木（バルサ材の棒）に石けん水をつけて
反対側から吹いてみると泡が出てくることを児童
に体験させ，「木材には穴があいていて，⑪のスト
ローのようなものが集まったような形で大きくな
る」と説明します。その他に，木はストローの集
合体の構造になっているので色々な木の特徴が生
まれることを紹介します。

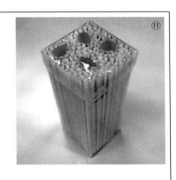

5. 年輪のできかた

「外側にストロー状の細胞ができますが，春にな
ると細胞ができ始めます。特に初夏に大きな細胞
がたくさんできます。ただ，夏は暑すぎて生長の
スピードが落ちて，小さい細胞が少しできます。
秋や冬はほとんど生長しません（落葉する木もあ
ります）。春から初夏にまた大きな細胞がたくさん
できます。そして，夏になると小さい細胞ができ
ます。この繰り返しで木は大きくなっていきます」
と，手書きやパソコンのアニメーションで説明し

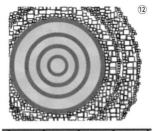

ます。「⑫は何かに見えませんか。模様が見えてきますね。大きい細胞のところは黄
色っぽく，小さくて密集しているところは茶色に見えます。この模様を年輪と呼んで
います」と説明します。

6. 年輪の不思議

さらに，細胞ができる条件を，
良い条件と悪い条件で考えてみま
すと，「温度はどうか？ 降水量
は？ 光の量は？ では条件が良
い時には生長量はどうでしょう？
1個1個の細胞の大きさは？」な
ど考えさせることで，気象条件の
違いで細胞の大きさや生長量が違

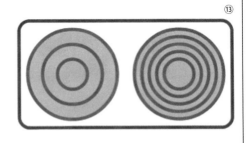

うことが理解できます。⑬は直径は同じで，年輪の数が違う丸太を2個提示して，「こ
れは同じ丸太だけど何が違うかな？」と聞くと，「年齢が違うとか，同じ品種でも植え
てある場所によって生長が違うのではないか」と答えてくれます。

寒いところと温かい地域，日が良く当たる山の南側斜面と北側，間伐が良くされて日が当たる森とそうでない森，養分が豊かな森と岩だらけの森などたくさん予想します。さらに，「⑭はこの部分だけ年輪の間隔が狭いところがあるけれどなぜでしょうか？」と聞くと，その年が木の生長にとってよくない条件の年（気候）であった，たとえば冷夏だとか，降水量が少ないとか，そういうことを児童なりに感じ取っています。「それでは，テーブルに置いてある丸太は何歳かな？ みなさん数えて調べてみよう」と言うと⑮のように一斉に数える活動が始まります。この時，ちょうど小学校6年生の児童には12本の年輪があるものを渡しておきます。つまり，自分と同じ年だということに気づくことになるのです。さっき見た時の丸太は，ただの「モノ」にしか見えなかったけれども「自分と同じ年なんだな」と気づくと，親近感が湧いてきます。さらに，「この木は熊本県産の木材だから，みんなと同じ空気と水を飲んで大きくなったんだよ」と付け加えます。

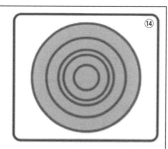

7. 年輪はタイムレコーダ

最後は，おさらいクイズ。「この木は何歳でしょうか？ 熱帯で育った木には年輪はありますか？ 年輪が狭い年が続くと農家の暮らしはどうなりますか？ これが江戸時代だったらどんな社会現象が起きているかな？」と聞きます。すると，農作物が収穫できなくて，江戸時代であれば飢饉や打ちこわし，百姓一揆が起こったのではないかと想像する児童もいます。

このように，年輪の幅を調べることによって，木が育った当時の様子（気候・社会現象）を予想することができるのです。「⑯の丸太を見せこの丸太には，106本の年輪がありますが，外側から順番に数えていくと，自分が生まれた年を見つけることができます。みんなが生まれた年は，どんな年だったのかな」。年輪は気候や歴史のタイムレコーダで，いろいろなことを教えてくれます。

次に，⑰の屋久杉（縄文杉）の写真を提示し，「2500年くらい前に生まれた木だと言われていま

す。ところでみなさんは何歳ですか？ 11歳か12歳ですね。木に比べるとうんと年数が短いね。⑱の屋久杉の板は，幅が12 cmですが100本の年輪があります。12 cm大きくなるために100年かかりました」と説明します。（余談：樹齢が千年未満の木は，屋久杉でなく小杉と呼ばれています。）

自分たちは，そういう長い年月をかけて育ってできた，育ててもらった木を使ってものを作るという意識にたてば，簡単に作った物を捨てるということは少なくなるのではないかと思います。このような学習やものづくり教室が重要ではないでしょうか。そこに存在しているモノの価値に気づかせたいと思います。

ものづくりをする時にも，あえて子どもたちと同じ樹齢の木または枝の部分を使って，⑲のカスタネットやコマ，ペンダントなどを作らせるのも効果的です。

8. 知識を生活に生かす知恵に変える

これは玄翁ですが，昔の大工さんは玄翁の柄を買うときも，しっかり木を見てから買っていました。⑳で折れやすいのはどっちかな？ 左の柄は泡が上面から出たから，繊維が真っ直ぐ通っています。右の柄は途中から出たというのは繊維曲がって切れていて（目切れ）弱いです。だから買ったら駄目だよ。これは100円ショップのカマですが，私が買った時もしっかり繊維の様子を見てから買ってきました。実際，先端に石けん水をつけて逆から吹くと泡が出てきます。㉑の登山用のピッケルも柄の部分は以前は木製でした。右のような柄では，登山中に折れて，命まで危うくなることもあります。このように，木材の性質を知っていると，製品を買う時のモノを見る眼や買い方も変わってきます。

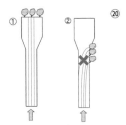

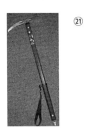

9. 児童の変容

このような木育の学習を実施することにより，随分，児童は変わるようです。木製品や木造住宅を見る眼が変わるというデータも得られています。教育だからこそできることであり，取り組んでいかなければならないものであると思っています。生活を豊かに

というのは木育のテーマでもありますが，紹介した木の良さや，生い立ちを知っていることによって，樹木や木製品を見る眼が違ってきます。木に詳しい先生との会合で，ちょっと変わったテーブルが置いてあるお店に行くと，必ずみんなテーブルを叩いています。下から覗いてみてどんな構造になっているか，すごく楽しそうにしています。それは，木についてや，加工についてよく知っているからこそ，その良さが見えてくると言えます。そして楽しんでいます。これからよりたくさんの児童に，そのような木への興味・関心を持ってもらいたいものです。

10．ものづくり体験

県産のヒノキで，㉒の楽器（円形木琴）を作らせることがあります。持って帰る前に，「今でもすごく良い音が出るけど，実はまだ接着剤がきちんと乾いてないから，明日になったらもっと良い音がするよ。1週間後にはさらに乾いていて良い音がするんだよ，1年後にはどうなるかな」と話します。木材は，伐採時より年数が経過するごとに強度が上昇し，200年後が最も強いというデータもあります。「木はどんどん強度が増すので，もしかすると10年後の方がもっと良い音がするかもしれないし，100年後の方がさらに良い音がするかもしれないよ，それを楽しみに使いましょう。何十年か後の未来に，自分の子どもや孫がこれで遊ぶ可能性もあります，大事にとっておいてね」とい

㉒

うような話をして終わることもあります。（補足：今聞いている音は，今しか聞けない音でもあります。）

11．おわりに

単なるものづくりでなく，使用する木について学習させ，興味・関心を高めるとともに，親近感を持たせ，木の価値を理解させることにより，木育やものづくりの効果は高まると言えます。作るモノから作るヒトに焦点をあてる取組みを行うことも木育の目的です。子ども同士，親子，孫と祖父母でのものづくりにより，ヒトの関係性が高まります。これらを通して，木材の有効利用の意義や森林の多面的機能の理解へと繋がることでしょう。何を作らせるかが目的でなく，素材（この場合は木）のことや，素材と自分との関係や生活との関係などにまで想いを巡らせてくれるような視点を，木育などの学習を通し養ってもらいたいと思います。

索　引

ア行

合鴨農法　20, 22
安保林の制度　9
活木活木森ネットワーク　60, 123, 240
生きる力　85, 94, 143
い草の小物入れ　112, 120, 195
田舎暮らし　20, 22
違法伐採　18, 40, 175
入会地　8
ウッドスタート　61
ウッドマイレージ　189, 190, 192
運動の担い手・担い手　19, 21, 36, 60, 99, 222
エコツーリズム　20, 22
エコロジー・ブーム　13
円形木琴　191, 112, 120, 192, 201, 240, 258

カ行

カーボンオフセット制度　41
カーボンニュートラル　182
介護サービス給付費　227
介護予防　226, 227, 229, 232, 239, 242
外材輸入・外材需要　12, 13, 30
顔の見える木材での家づくり　56
学習指導要領　86, 89, 132, 133, 190, 225
拡大造林　13, 30, 32, 212
過疎化・高齢化　17, 39
課題解決能力・課題を解決していく力　43, 143
価値観　137, 175, 211, 215, 225, 249

学校教育　86, 94, 132, 189, 202, 224, 240
カネ・モノ　21, 22, 29, 33, 116, 180, 187, 216, 236, 246
環境・自然保護問題　33
環境意識　87
環境汚染　12
環境教育　37, 58, 86, 107, 189, 190, 191, 222
環境税　41
環境破壊　63, 88
環境保護　29, 247
環境保全　35, 48, 62, 171, 181, 221, 245, 252
環境保全運動・環境運動　36, 222, 220, 237, 252
環境問題　21, 37, 45, 63, 86, 107, 223
技術・家庭科　86, 103, 106, 117, 121, 133, 180, 186, 225, 239
技術体験　66, 69
木づかい運動　47, 57
木の文化　54
教授力　125, 238
共生社会　16
京都議定書　57, 61
木を活かす・森を育てる（副読本）　180, 187
くまもとの木で育む教育推進事業　159, 200, 240
熊本ものづくり塾　102, 108, 114, 239, 241, 243, 246
くまもとものづくりフェア　101, 115, 118, 145, 215, 224, 232, 238, 241
グリーンツーリズム　20, 224

経済至上主義　12
経済的需要喚起論　210
限界集落　1
原生的自然　34
原生林　34, 175
原体験　77
公団造林制度　30
高齢者支援　227
国産材の利用拡大　55
子育て支援　58
子育て・福祉　48, 58, 61, 101, 161, 167, 216, 223, 225, 239, 253
国土緑化大会・緑化運動　10

サ行

再造林　32
逆手塾　20, 22
里山　25, 46, 210
里山イニシアティブ　26
里山保全運動・里山運動　4, 18, 19, 37, 92, 100, 226, 252
山村社会の崩壊　1, 40, 211
山村地域社会型価値観　17
山村問題　2, 14, 16, 245
CSR活動　57, 115, 226
ジグソー方式　204
資源動員論　236
システム思考　218
自然災害の防止　132, 211
自然体験　66, 69, 115
自然保護　34
自然保護運動　21, 22, 29, 34, 220, 221, 246
持続可能な社会　29, 80, 87, 189, 180, 191
実践共同体　98, 100
師範力　204
市民運動　19, 21, 220
社会教育　79, 92, 94, 114, 200, 236, 240

社会教育主事　200, 225
社会体験　115
社会的共有財　245
社会的コスト　39
十全的参加　200, 203
集団宿泊的行事　132, 224, 241, 250
住民運動　19, 21, 220
松根油　9
少年自然の家　132, 134, 151, 200, 241
消費者教育　58, 101, 210, 224
消費者の四類型　99
食育　190, 252
植樹祭　10, 36, 221
植林運動・活動　36, 222, 223, 250
知床問題　19, 33
人工林　9, 10, 13, 41, 141, 175, 210, 250
人的資源　114, 237, 241
人的ネットワーク　110, 241
森林開発公団法　30
森林化社会　1, 2, 15, 16, 100, 179, 224, 237, 245, 249, 253
森林環境教育　18, 37, 54, 86, 89, 91, 132, 189, 225, 240, 251
森林基金　39
森林教室　133, 151
森林組合　30
森林資源　6, 12, 15, 16, 40, 89, 132, 180
森林親和運動　3, 20, 145, 213, 223
森林都市論　17
森林の公益的機能　18, 22, 37, 39, 99, 132, 211, 214, 246, 250
森林博士に挑戦（学習ソフト）　134, 139, 140
森林法　9
森林保護　92, 181, 214
森林保全　1, 20, 21, 92, 99, 115, 125, 211, 224, 246,

索　引

森林保全運動　18, 37, 92, 99, 100, 102, 226, 245
森林問題　15, 26, 29, 115
森林理想郷　17
森林率　46
森林・林業基本計画　50, 86
森林・林業白書　54
水源涵養　31
スローライフ　20, 22
生活技術の総合性　2, 25, 42
生活資源　11, 25, 46, 94
生活体験　65, 67, 115, 224
生活農業論　22, 116, 180, 209, 211, 217
生活保全活動　220
生活力　43
製作題材　23, 111, 121, 179, 187, 188, 191, 198, 213, 241, 253
生産力農業論　246
正統的周辺参加論　97, 199, 200, 202, 203, 238
生物遺伝資源保全林　35
先導的担い手　220, 237, 238
掃除指導　143
造林臨時措置法　32
素材生産コスト　31

タ行

大学等地域開放特別事業　81
体験農園　20
第二の森　46
脱工業化社会　16
脱都市化　16
地域おこし　3, 21, 37, 48, 58, 101, 111, 167, 216, 225, 239
地域開発論　17
地球温暖化　37, 38, 45, 46, 56, 86, 211, 252
治山治水　37, 252
調湿作用　177, 214

鎮守の森　8
適材適所　178, 214
伝統・文化　181, 185
天然林　8, 11, 210, 250
都市問題　2, 16
留山　8

ナ行

日本林業不要論　40
人間関係　66, 69
人間的生活条件の悪化　1
認知的徒弟制　199
熱の伝導率　177, 183, 203

ハ行

半自然文化　16, 43
ヒト・クラシ　29, 180, 187, 210, 212, 214, 216, 240, 246, 250
氷山モデル　218
フォレストピア（森林理想郷）　17
物的資源　114, 237, 239, 241
腐葉土　7, 139
フリーライダー　211
プロボノ　114
分収造林・分収方式　30
防災意識　39
保全的自然保護　33
保存的自然保護　33

マ行

マイ箸運動　63
水とみどりの森づくり税　39, 185, 186, 240,
緑の羽募金　10
村持山　8
木育運動　3, 22, 115, 202, 212, 236, 245
木育カリキュラム　199, 155, 201, 253
木育推進員養成講座　101, 123, 161, 163, 199, 201, 215, 225, 226, 229,

237
木育推進プログラム　125，127
木育スクール　47
木育体験ツアー　199，203，204
木育達人（マイスター）　179，240
木育のいっぽ　47
木育広場　61
木育フラワー　51，52
木材供給量　5
木材需要拡大　5，48，58，99，101，151，210，216，238，246，253
木材の性質・特徴・特性　177，183，214，240
木材博士に挑戦（学習ソフト）　134，135
木材は循環資源　182
木材輸入の自由化　13
木材利用意識　74，147，148
木材利用拡大　71
木材利用の行動　149，150
木灰　7，46
モノ・カネ　21，22，29，32，33，116，179，210，212，216
ものづくり　84，94，103，144，190

ものづくり教育　93，107，190，202
ものづくり教室　47，50，66，81，103，109，145，150，242，253，258
ものづくり体験・活動　23，75，78，102，110，118，168，187，201，230
ものづくりへの意欲　147，148，172，174，263
森は海の恋人運動　19，35，221，236
森はともだち（副読本）　134，187，241

ヤ・ラ行

野外活動　66，69
焼畑・焼畑農法　7，8
役物　11
ライフサイクルアセスメント　189
ライフスタイル　22，60，211，
林業公社　30
林業従事者　5，14
林業衰退　22，29，211
林業バブル　11
林業補助金　32
林道網　31

〈著者紹介〉

田口浩継（たぐち・ひろつぐ）

1960年，熊本県天草市生まれ。1983年，鹿児島大学教育学部卒業。
熊本県内の中学校に勤務の後，熊本大学教育学部助手などを経て2012年より，同大学教育学部教授。博士（公共政策学）。
専門は，技術科教育学・ものづくり教育，授業開発・教授法の研究。

木育と技術科教育やものづくり教育は共通する部分が多く，木育という言葉が生まれる前から木育に取り組み，2003年度は熊本県伝統工芸館が主催する伝統工芸師養成木工芸講座を受講。木材や森林に関する知識だけでなく，木工の技の習得に努めている。

木育アドバイザリーボードメンバー（林野庁委嘱：活木活木森ネットワーク，日本グッド・トイ委員会，電通，木づかい子育てネットワーク）。
熊本ものづくり塾・顧問として，年間2万人にものづくりの場を提供，木育を広める人材育成講座で8年間に約1,600名の木育推進員を養成。
その他，日本産業技術教育学会理事，技術・家庭学習指導要領作成協力者（文部科学省），東京書籍「技術・家庭科教科書」監修代表などを歴任。

著書に，『新技術科教育総論』（2009年，日本産業技術教育学会，共同執筆），『暮らしの視点からの地方再生』（2015年，九州大学出版会，共同執筆）ほか。

森林親和運動としての木育
ものづくりの復権と森林化社会の実現

2017年3月14日 初版発行

著 者 田 口 浩 継

発行者 五十川 直 行

発行所 一般財団法人 九州大学出版会
〒814-0001 福岡市早良区百道浜3-8-34
九州大学産学官連携イノベーションプラザ305
電話　092-833-9150（直通）
URL　http://kup.or.jp/
印刷・製本／大同印刷㈱

Ⓒ Hirotsugu TAGUCHI, 2017　　　　ISBN978-4-7985-0202-1

暮らしの視点からの地方再生
地域と生活の社会学

徳野貞雄［監修］
牧野厚史・松本貴文［編］
Ａ５判・384頁・2,700円（税別）

地方に暮らす人々の生活に分け入ることで
初めて理解できることがある。
地方の現実と可能性を問う，
「地方消滅」論に対する反論の書。

〈主な内容〉

人口減少時代の地域社会モデルの構築を目指して
――「地方創生」への疑念　　　　　　　　　　　　　　　／徳野貞雄

第１部　地域と家族の暮らし

都市・農村の良いところ・悪いところ――過疎農山村研究の２つの課題
　　　　　　　　　　　　　　　　　　　　　　　　　　　／山本　努
農業と環境――環境論としての生活農業論の可能性　　　　／牧野厚史
新しい地域社会調査の可能性　　　　　　　　　　　　　　／松本貴文
結婚・家族から見た現代農村　　　　　　　　　　　　　　／池田亜希子
生活構造論的視点から現代トルコ農村を読み直す　　／トルガ・オズシェン
　　――Ｔ型集落点検のトルコ社会への応用可能性を探る

第２部　地域課題と課題解決実践――多様な生活課題と地域の持つ可能性

過疎山村における交通問題――大分県日田市中津江村の事例から　／加来和典
人口減少社会における社会的支援と地域福祉活動　　　　　／高野和良
　　――山口県内の「見守り活動」の実態から
地域社会と生活困窮者支援　　　　　　　　　　　　　　　／稲月　正
　　――北九州市での若年生活困窮者への伴走型就労・社会参加支援事業を事例として
地域の生活からスポーツを考える　　　　　　　　　　　　／後藤貴浩
現代日本の森林問題における木育の意義　　　　　　　　　／田口浩継
　　――森林化社会に向けた都市住民活動の分析視角から
「食と農の分断」再考　　　　　　　　　　　　　　　　　／堀口彰史
　　――現代日本における「食」と「農」の結び直しの事例を通して

第３部　特論：これからの研究課題――過去の農村研究成果から

鈴木榮太郎の社会学と時間的視点――農村社会学の射程　　／辻　正二
山の神と祖霊――中国と日本の水と山の事例から　　　　　／鳥越皓之
監修者あとがき　　　　　　　　　　　　　　　　　　　　／徳野貞雄